한반도 평화와
개성공단의 미래

이 저서는 2017년도 정부재원(교육부)으로 한국연구재단 한국사회과학연구사업 (SSK)의 지원을 받아 연구되었음(NRF—2017S1A3A2066514).

한반도 평화와
개성공단의 미래

서울대학교 아시아도시사회센터

백일순 정유석 박은주 홍승표
정현주 박소영

앨피

2부
개성공단의 사회경제적 특성과 함의

서론
개성공단 연구 동향과 포스트영토주의 관점의 접목 가능성

| 백일순 |

이글은 백일순, 〈개성공단 연구의 동향과 포스트영토주의 관점의 접목 가능성〉, 《공간과 사회》 71, 2020, 322~355쪽의 내용을 수정, 보완한 것이다.

개성공단에 대한 남북한의 동상이몽

남북관계의 변동성이 높아지는 가운데, 남북경협 사업의 재평가가 필요한 시점에 도달하였다는 여론이 높아지고 있다. 동북아시아의 안보 긴장 완화와 한반도 평화경제를 이끌었다고 평가받는 남북협력 사업들의 평가가 날로 악화되고 있기 때문이다. 특히 2019년 10월 김정은 위원장의 금강산 시설 철거 지시는 남북경협의 대표 사업이었던 개성공단 사업에도 부정적인 영향을 미칠 것이라는 예측[1]으로 이어지고 있다.

이로 인해 개성공단에 대한 남북한의 비전은 2016년 중단 이후 서로 다른 그림으로 그려지고 있다. 경협에 대한 남북의 구상이 불일치하는 가운데, 김정은 시기의 개성공단은 경제특구 정책의 변화와 맞물려 있다고 볼 수 있다. 대북 제재로 인한 경제활동 차단과 주변국과의 협력 사업이 난항을 겪자, 지체된 특구 사업들을 복구하고 독자적인 개방 프로그램으로 외자를 유치하겠다는 전략이 김정은 정권의 경제특구 정책의 핵심이다(유현정, 2018). 김정은 정권은 「경제개발구법」을 통해 대외 경제협력·교류를 재개하고 이를 바탕으로 국가경제 발전과 인민 생활수준을 회복하겠다는 의지를 보이고 있으며, 단순한 외화 획득 수준이 아닌 북한 기업이 주체적인 참여를 통해 개발과 운영을 경험하도록 추진하고 있다(배종렬, 2014; 조봉현, 2014).

이러한 변화 속에서 개성공단이 그 지위는 유지하겠지만 제재 국

---

1 〈北신년사에 9.19 군사합의 무효·개성공단 철거 담을수도〉, 《머니투데이》 2019년 12월 10일자.

면이 전환되지 않는 이상 실질적인 기능을 수행할 수 없을 것이라는 예측이 나오고 있다. 하노이회담에서 금강산과 개성공단에 대한 제재 예외 논의가 언급되었지만 제제 해제 범위를 두고 이 두 사업이 우선 고려 대상이 아니었다는 점과, 최근 지정된 경제개발구들에 대한 적극적인 지원 공세 속에서 개성공단의 지위가 날로 축소되고 있다는 점에서 근거를 확인할 수 있다.

반면, 문재인 정부의 '한반도 신경제지도'에서 개성은 환서해벨트의 중심이자 접경지역과 환동해벨트를 연결하는 지점으로 남북경협 실현을 위한 주요 결절지로 그려지고 있다. 최재덕(2018)은 한반도 신경제지도를 통한 한반도 평화경제 구축과 더불어 중국의 일대일로一帶一路와의 협력을 통해 남한의 북방 진출 기회를 확보하고 한반도의 지정학적 가치를 높여야 한다고 주장한다. 예를 들어, 개성–신의주–중국으로 연결되는 철도 연결 사업은 남북의 인적·물적 교류를 하나로 잇는 인프라 구축을 의미하며, 이 벨트의 확장을 통해 유럽까지 이어지게 되면 동북아시아의 경제적 연결성이 강화될 뿐만 아니라 한국의 지정학적 한계도 극복할 수 있을 것이라고 가정하고 있다.

이러한 청사진에 대한 기대에도 불구하고, 한반도 신경제지도 구상은 신자유주의적 자본주의 체제의 지리적 확장 수단에 불과하다는 비판도 제기되고 있다. 개성공단에서 나타난 저임금 노동력과 지하자원의 잠재력에 대한 남한의 시각은 북한을 단지 '프런티어 시장'으로만 보는 협소한 접근에 불과하다는 것이다(정규식, 2019). 남한의 통일경제정책은 북한을 남북관계가 회복된다면 '어디든지 개발 가능한 곳'으로 간주하고, 계획이란 미명 아래 북한의 영토에 선을 굿고 색을 칠하는 것을 서슴지 않았다는 점에서 논쟁의 여지가 남아 있다. 이러한 영토적 상상은 남북통일에 대한 비전의 가시화일 수 있으나, 북과 합의되지 않은 일방적인 시선이라는 점에서 일종의 식민지적 영토화 전략으로 보일 수 있다는 점을 부인할 수 없다.

이처럼 개성공단은 남북경협의 상징지역이었음에도 불구하고, 중단 이후 서로 다른 기대 속에서 재개가 이루어지지 못한 채 폐쇄 상태를 이어 가고 있다. 이것이 가지는 함의는 무엇인가? 이 시점에서 개성공단을 어떻게 재평가해야 하는가? 남북의 접경지역으로서 개성공단은 어떠한 관점에서 설명되어야 하는가?

이에 대한 힌트를 '포스트영토주의Post-territorialism'에서 찾아보고자 한다. 국가 영토를 새로이 바라보는 하나의 관점으로서 포스트영토주의는 국가의 경계와 그를 둘러싼 접경지역에 대해, 국가의 영토성과 안보의 논리에 기반한 고정성, 안정성, 불변성, 상호배타성에 의해 만들어지는 것이 아닌 다양한 차이의 의미와 상징·권력들이 다층적으로 작동하면서 구성되는 유동성, 모호함, 비연속성, 상호구성성의 공간으로 설명한다(박배균 외, 2019). 그렇기 때문에 영토의 제도적 산물인 경계 및 접경지역은 시공간적 차원에서 우연적이고 역동적일 수밖에 없으며(Passi, 1991), 이를 둘러싼 실천들은 다양한 집단의 정치적 요구뿐만 아니라 경제적·사회적·문화적 맥락을 반영하고 있는 것으로 볼 수 있다.

본고는 개성공단을 설명하는 방식으로서 포스트영토주의적 관점의 유효성을 검토하기 위하여, 개성공단 설립 논의가 시작된 2000년대 초반부터 2021년 현재까지 개성공단을 다룬 연구들의 동향을 정리하고자 한다. 연구 방법에 있어, 현대아산과 북한 아태(조선아시아태평양평화위원회)·민경련(민족경제협력연합회)이 〈개성공업지구 건설운영에 관한 합의서〉를 체결했던 2000년 8월 이후부터 2019년까지 개성공단을 주제(제목, 주요어 포함)로 하는 학위논문과 학술논문을 중심으로 분석하였다.

개성공단 연구의 시기별 동향

본격적인 이론적 동향을 분석하기에 앞서, 개성공단 연구의 시기별 흐름을 간략하게 정리하면 다음과 같다. 개성공단 연구 초기에는 남북경협에 대한 경제적 타당성, 정치적 함의 중심으로 연구되었다. 개성공단 진출 방안과 이를 위한 선결 과제, 활용 전략 등을 중심으로 기업 지원과 관련된 내용들이 주를 이루었다(신동호, 2001; 전의천, 2003).

윤영선, 김태황(2002)은 개성공단이 3단계까지 추진 완료될 경우, 개성시 인근 지역과 남한의 경기 북부 지역의 발전에 기여할 것이라고 예측하였다. 북한의 경우 개성시의 주거 수준 개선 및 도시화가 급진전될 것이며, 개성과 해주 간의 경제권 확대 및 북한 주요 내수 상품 공급지로서의 성장을 예측하였다. 남한의 경우 경기 북부 지역의 대북 물류 유통 기지화와 수도권 배후 복합 관광도시화, 접경지역의 인적·물적 교류 확대 등의 파급효과가 나타날 것이라고 내다봤다.

개성공단 설립을 통해 북한은 산업구조 재편의 구체화, 경제개발 모델 응용, 동북아 시장 진출 확대 등을 노릴 수 있으며, 남한의 경우 정보 파악 선점 효과를 발휘하여 동북아 진출 전진기지화를 추진할 수 있을 것이라고 전망하였다. 이처럼 개성공단 초기의 연구들은 개성공단의 효과에 대하여 남북한 경제뿐만 아니라 지역의 발전과 산업구조의 변동까지 야기할 것이며, 정치적으로 평화 상태를 유지할 수 있는 최상의 선택이라고 평가하고 있다(최갑식, 2004; Gower, 2011).

국방, 안보 차원에서 긴장 완화의 효과를 분석하는 연구들의 등장이 이러한 연장선에 있다고 볼 수 있다. 김연수(2006)는 개성공단 건설로 인하여 북한의 기습적인 공격과 도발이 억제될 것이며, 성공적인 사업 모델로 안착될 경우 북한의 개혁개방을 촉진하는 등 긍정적 영향을 미칠 것으로 예상되지만, 이와 동시에 정보 노출로 인한 북한의 전력 강화 및 대남 군사적 오판 가능성 증대 등 부정적인 영향도 배제할 수 없음을 지적하였다.

개성공단과 같은 남북경협 사업에 대한 선행 경험이 없는 상황에서, 정치적인 변동이 개성공단의 운영뿐만 아니라 남북관계에도 영향을 미칠 것으로 내다보는 연구들이 다수를 차지하였고, 이러한 기대와 우려가 공존하는 상태를 다양한 측면에서 다루는 연구들이 개성공단 운영이 본격적으로 시작된 2005년부터 증가하기 시작하였다.

개성공단 연구 결과물의 증감은 개성공단의 운영 및 남북 간의 정치 환경과 밀접한 연관성을 갖는 것으로 보인다. 〈그림 1〉에서 알 수 있듯이 개성공단을 주제로 하는 학위, 학술논문의 양은 개성공단 운영이 이루어진 2005년부터 꾸준히 증가하다가 '북핵 문제가 해결되지 않으면 개성공단 확대는 어렵다'는 한국 정부의 강경 분위기에 영향을 받아 연구물도 다소 위축되는 양상을 보인다. 이후 2013년 개성공단 가동이 중단된 뒤 연구물의 수가 다시 늘어나다가, 2016년 폐쇄 조치 시기에 이를 분석하는 연구물들이 급증하여 다시 한

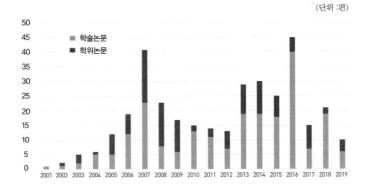

〈그림 1〉개성공단 연구물 연도별 동향

(단위 :편)

- 학술논문
- 학위논문

번 연구자들의 관심이 집중되었음을 확인할 수 있다.

개성공단은 남북경협이라는 경제적 요인과 함께 동북아시아의 지정학적 효과와 남북관계에 영향을 받는 정치적 요인이 결합되어 있는 장소로서 안보-경제 연계(security-economy nexus)가 재현되는 공간이다. '안보-경제 연계'는 개성공단과 같은 접경지역에서 정치적 안보의 논리와 경제적 이익의 논리가 분리되어 따로 작동하기보다는 서로 깊이 결합되어 작동함을 강조하기 위한 개념이다(Coleman, 2005). 결과적으로 이러한 연구 주제의 중요도 변화는 개성공단의 이슈와 정치적 변동에 상당한 영향을 받았음을 의미한다.

한편 공단 조성이 본격화되고 운영이 이루어지기 시작한 2003년 후반부터 이를 정상적으로 작동시키기 위한 인프라, 법제도 제정 등에 관한 논의들이 나타난다(장명봉, 2003). 개성공단의 경우 남북관계를 규율하는 남북합의서를 포함한 상위 법률 체계를 기준으로 두지만,

이와 동시에 공단의 특성을 반영한 예외적인 지원 법률이 적용된다. 예를 들어, 개성공단은 남한 기업인이 진출하여 북한 노동자를 고용하는 형태로 기업이 운용되는데, 공단의 성장 과정에서 노동 관련 분쟁이 발생할 가능성을 배제할 수 없기 때문에 행정법적 규율을 어느 쪽의 것으로 적용하느냐의 문제가 야기된다. 이때 원칙적으로는 「개성공업지구법령」이 적용되지만, 근로자가 남한 근로자일 경우와 같이 일부 영역에서는 남한 법률인 「개성공업지구 지원에 관한 법률」(이하 「개성공업지구지원법」)이 기준이 된다(이효원, 2008).

「개성공업지구지원법」 자체에 대한 분석(이효원, 2005)뿐만 아니라 실제로 공단 내 기업 운영에 필요한 노동법(문무기, 2007; 이건주, 2009), 세금 관련 법(안창남, 2005), 환경보호법(정응기, 2008) 등과 같은 연구들이 주를 이루면서, 남북한의 기존의 법 체계를 유지하면서도 예상할 수 있는 혹은 예상하지 못한 사안들에 대한 법·제도가 새로 구축되는 과정과 결과들이 주는 다양한 함의들이 도출되었다.

여러 영역에서 구축된 개성공단의 법제는 다양한 행위자들의 참여를 전제하는 개방적 거버넌스 구조를 가지고 있으며, 현실적인 법적 문제점을 해결하는 것을 목표로 하는 특성을 지닌다(박정원, 2008). 그러나 개성공단의 법률 적용의 예외성·복잡성으로 인하여 개성공단에서 발생할 수 있는 문제들은 여전히 상존하고 있으며, 이를 적절히 판단할 수 있는 법질서의 확립이 중요하다는 점(Schattle, 2010; 이효원, 2011)에서 관련 제도의 마련과 적용에 대한 연구는 여전히 진행 중이라고 할 수 있다.

한편, 2016년 개성공단 폐쇄 이후에는 중단에 대한 평가와 위험, 정치적 불확실성의 대처 그리고 향후 재개를 위해 정비해야 할 개발

〈그림 2〉 연도별 개성공단 연구물 특성(학술논문 기준)

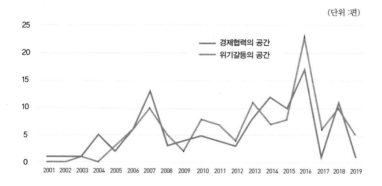

(단위 :편)

전략 등으로 연구의 흐름이 변해 왔다. 〈그림 2〉[2]에서와 같이, 개성공단 논의가 활발해지고 운영이 정상화되었을 때는 경제적 측면의 연구들이 많았던 반면, 개성공단 중단 및 폐쇄가 일어났던 2012년, 2016년 전후에는 개성공단의 위기와 갈등을 다루는 문헌들이 증가하는 것을 볼 수 있다.

이러한 연구 동향의 변동은 공단 중단 시기 개성공단이 갖는 긍정적인 효과보다는 그것이 내재하고 있는 정치적 위험, 개성공단 중단

---

2 검색엔진은 학술·학위논문을 검색할 수 있는 학술연구정보서비스(www.riss.kr)를 활용하였으며, 단행본과 용역보고서는 제외하였다. 검색 기간은 2000~2019년 사이로 한정하였고 연구물의 분류 기준은 다음과 같다. 학술지 분류에 따라서 경제·행정·경영·금융학 등으로 포함된 논문들은 경제 분야로, 정치·군사·외교·사회·법학 등으로 포함된 논문은 정치 분야 논문으로 1차 분류한 뒤, 경제협력·남북협력·경제적 효과 등의 주요어를 담은 논문은 경제 분야로, 위기(리스크 포함)·정치경제·안보·제재 등을 주요어로 포함하는 논문은 정치 분야로 2차 분류를 거쳐 총 224편의 논문을 대상으로 그래프를 작성하였다.

그 자체에 대한 평가, 재개에 대한 가능성 여부 등이 연구 주제로 반영된 것과 관련 있다. 개성공단 중단 이전에는 군사 · 안보적 효과와 관련해서 평시 우발적 교전 감소로 인한 긴장 완화와 북한 주민들의 변화로 개혁개방의 견인 가능성, 장기적 안목에서는 남북 간 신뢰 구축을 도모할 것이라는 분석(김연수, 2006; 탁성한, 2013)이 주를 이루었으나 공단의 중단과 재개, 폐쇄가 이루어진 2010년 이후에는 한반도 안보의 불안정성, 남북경협 사업의 취약성을 비판하고 이에 따르는 위험을 관리할 수 있는 방안을 제시하는 연구들이 등장하였다.

예를 들어, 개성공단의 정치적 리스크를 최소화할 수 있는 대안으로서 남북경협보험과 같은 기업의 투자 보장 제도 등에 대한 개선과 법적 검토를 분석한 연구들이 다수 나타난 것은, 기업가들이 자신의 의지와 상관없이 사업을 철수하게 되었을 때 제한된 보장과 한계를 받아들여야 한다는 현실적인 문제의식에서 비롯된 것으로 이해할 수 있다(김재성, 2014; 신동호 · 이재열, 2016; 안택식, 2016).

2012년 이후 개성공단의 정치적 상황이 급변하였음에도 남북한 근로자들의 인식과 태도 변화에 대한 관심이 연구로 이어졌는데, 이는 개성공단을 통해 대남 · 대북 인식이 지속적으로 유의미하게 변화하였으며 상호의 사정에 대한 이해가 확대되었기 때문이다. 따라서 개성공단 사업을 통해 남북 주민들의 만남, 접촉 등이 증가함에 따라 상호 변화를 중심으로 하는 비非경제, 비非정치적 요소가 연구 주제로 주목받기 시작하였다(양문수 · 이우영 · 윤철기, 2013; 이주철, 2014).

강미연(2013)은 개성공단 특유의 작업장 문화가 분단이라는 정치적 특수성으로 인하여 내재적으로 긴장과 갈등을 품고 있으나, 입주기업들이 고안해 낸 '안정화 기제'가 남북 근로자들 간의 충돌 최소화와 안정적인 생산력 확보에 매우 중요한 영향을 끼쳤다고 보았다. 즉, 협력이라는 사회정치적 목적 하에 남북한 행위자들이 상호이해의 문화를 형성해 나가는 과정은 개성공단 설립 목표의 달성이기도 하지만, 끊임없는 상호이해의 조정 작업에 의해 발생했다는 점에서 문화적 산물로서 개성공단을 설명하였다고 볼 수 있다.

개성공단에서 북한 근로자들과 함께 근무한 남한 근로자들을 심층면접한 정은미(2014)에 따르면, 북한 주민들의 자본주의에 대한 경험이 늘어나면서 정체성의 균열 지점들이 발견되는데, 이러한 결과는 북한 체제의 모순과 결핍에 기인한 것이라고 볼 수 있다. 다시 말하자면 남한 기업의 문화, 노동생산력에 대한 자본주의적 시각의 적용이 북한 근로자들에게 체화되면서 북한의 현실을 깨닫게 되는 사례를 통해, 개성공단이 가지는 효과가 정치경제적인 거시적 차원 외에도 개별 근로자들의 정체성과 행동양식에 상당한 영향을 미친다는 것을 알 수 있다.

이와 같이 개성공단 연구는 개성공단의 성쇠와 맞물려 진행되어 왔으며, 개성공단의 설립 배경과 과정에 따른 경제적·정치적 특성뿐만 아니라 사회·문화적인 측면까지 포괄하는 연구가 활발히 이루어져 왔다. 다양한 학문 분야와 주제에도 불구하고, 개성공단 연구의 줄기는 '위기 아니면 협력'이라는 다소 이율배반적인 관점의 공존으로 압축할 수 있다. 개성공단이 갖는 정치-경제의 혼합적 성격은 이분화된 연구 흐름으로 이어졌고 정권에 따라 강조점을 달리하면서 진화한 것이다. 그렇다면 경제적 측면과 정치적 측면의 연구들이 어떠한 방식으로 교차하면서 개성공단을 기술하고 있는지 구체적으로 살펴보겠다.

개성공단 연구의 두 축: 경협의 도구화와 위기의 가시화

협력의 공간으로서 개성공단

"남측의 자본과 기술, 북측의 토지와 인력의 결합으로 민족 공동 번영의 새 역사를 쓴 개성공단", 남한의 개성공단을 관리하는 개성공업지구 관리재단 홈페이지[3]의 개성공단 소개 문구이다. 개성공단을 남북한의 자원을 바탕으로 민족 공동 번영을 위해 조성된 지역으로 설명하고 있는데, 이러한 접근은 개성공단에 대한 대중적인 이해와 맞닿아 있으며, 개성공단이 경제적인 측면의 성과뿐만 아니라 정치적인 협력 관계를 도모하기 위한 경제특구 역할을 부여받았음을 보여 준다.

개성공단에 대한 경제적 측면의 분석은 주로 경협의 효과에 대한 실증적인 접근을 중심으로 이루어져 왔다(이영훈, 2004; 최갑식, 2004; 최장호 외, 2017). 지역별 입출량 모형을 이용하여 개성공단의 경제적 영향을 추정한 전명진·정지은(2010)은 개성공단에서 발생하는 경제적 영향력의 90퍼센트 이상이 건설과 생산시설, 중간재를 포함한 수출에 의한 것이며, 이에 대한 수혜를 서울을 비롯한 수도권이 받고 있다고 분석하였다. 이를 통해 통일 후 개성을 포함한 북한 서남 지역의 성장이 남한 수도권과 밀접하게 연결될 것이라고 예측하고 있으며, 북한의 경제 발전 전략에 있어 수도권 북부 지역의 발전에 주의를 기

---

3   개성공업지구 지원재단 공단 소개. https://www.kidmac.or.kr/010101/content/history/
    (검색일: 2020일 2월 10일)

울일 필요가 있음을 지적하였다.

신석하·김영준(2018)의 연구는 개성공단 규모의 경협 사업이 한국 국내총생산의 0.02퍼센트, 북한 국내총생산의 0.6퍼센트를 증가시키는 경제효과를 얻을 뿐이지만, 직접적 경제효과로 남북경협의 전체적인 경제효과를 부정적으로 평가할 수 없으며 수치적으로 측정할 수 없는 비경제적 효과도 함께 고려해야 한다고 보았다. 이처럼 경제협력 측면에서 개성공단은 여러 주의 사항이 있지만 결과적으로 남북 모두에게 도움이 된다는 전제를 강하게 담고 있다.

개성공단이 경제협력 하에 작동하고 있다는 점은 크게 세 가지 측면에서 설명될 수 있다. 첫째 평화경제·민족경제의 실현, 둘째 성공한 경협 모델의 마련, 셋째, 중국과 같은 경제협력 사업의 성과 도달 가능성 증대가 그것이다. 개성공단의 경제적 측면을 다룬 연구물들에 따르면, 개성공단을 통한 남북한 경제협력은 한반도의 유일한 성공 사례로서 통일경제의 초석이자 중국과 견줄 만한 경제협력 모델로 언급된다.

첫째, 개성공단은 한반도의 평화경제, 민족경제를 대표하는 공간이며 경제공동체를 실현하는 장소로 묘사된다. 이러한 관점은 적극적 평화가 정치적 긴장감 완화에 영향을 주며, 상호 신뢰의 형성뿐만 아니라 군사비용 감축을 통한 경제 발전 비용 확보에 기여한다고 보는 '한반도 평화경제론'을 중심으로 전개되어 왔다(김연철, 2007; 성경룡·윤황, 2010).

김연철(2006)은 경제기능주의나 무역이 가져올 평화 효과보다는 평화와 경제의 상호관계적 효과에 주목해야 하며, 이러한 차원에서 개성공단은 단순한 경제협력의 거점 이전에 한반도 평화 실현의 상징적인 장소가 되어야 한다고 설명한다. 개성공단의 평화 효과를 확산시키기 위해서는 장기적으로 추구해야 할 목표로서 적극적 평화 개념을 도입하고, 평화의 유지를 넘어 평화를 만드는 것으로의 방향성 전환을 염두에 두어야 한다고 보고 있다.

이러한 논의를 좀 더 구체적인 차원에서 검토하고 있는 성경륭 (2009)의 연구는 남북경협의 장기적인 전략 목표가 한반도 경제공동체 건설이 되어야 하며, 이를 이루기 위한 기본 방향으로 남북 경제의 통합적·보완적 구조 형성을 비롯하여 동북아 협력 증진 전략을 추진해야 한다고 주장한다.

즉, 한반도 평화경제론은 남북이 하나의 경제공동체로서 협력할 때, 한반도의 평화적 상태가 유지되고 동북아의 중심지로서 성장할 수 있다고 본다. 이러한 관점은 '경제우선주의'에 따른 것으로 경제적 차원의 발전 없이 평화에 도달할 수 없으며, 평화가 지속되기 위해서는 반드시 경제적 발전이 동반되어야 한다는 입장이다. 따라서 남북경협은 평화적 환경을 조성하기 위한 필수조건으로 설명되고, 개성공단 역시 평화를 위한 하나의 수단으로 설명되고 있다.

둘째, 개성공단은 한반도 경협 사업의 성공한 '모델'로서 끊임없이 그 이미지가 재생산되고 있다. 특히 개성공단이 2016년 이후 폐쇄되었지만 남북경협의 최초이자 유일한 모델로서 회자되고 있다. 개성공단을 지칭하는 '남북경제협력의 성공 모델'이라는 수식어가 함축하는 의미는 다음의 세 가지로 정리해 볼 수 있다. 첫째, 개성공단 이후의 사업들이 추구해야 할 목표나 방향성에 있어 개성공단이 반드시 참조해야 할 기준점이 되었다는 점이다. 둘째, 개성공단이 첫 번째 남북경협 사업이라는 점에서 '선구자'적인 의미를 내포하게 되었다. 마지막으로, 개성공단은 실체가 있는 대상으로서 정형성을 가지며, 그렇기 때문에 이 모델의 확산·재적용·응용·복제가 가능하다는 것을 전제한다.

김영근(2009)은 개성공단 입주기업을 대상으로 개성공단 모델의 성공 조건에 대해 질문하고, 이에 대한 답변을 바탕으로 경협 모델의 틀을 제시하였다. 개성공단의 지향점을 중장기적 경영이익의 실현, 개혁개방을 위한 실천의 장, 북한 경제난 극복의 수단 등으로 설정하고 남북 상생의 개발 모델로 자리 잡을 수 있도록 정부의 지속적인 제도 개선과 기업의 경영 노하우 축적을 뒷받침해야 한다고 보았다. 이러한 성장 모델의 예시로 시장경제 확대와 적극적인 대외 개방을 전제로 한 중국식 경제개발 모델을 적극적으로 참조할 필요가 있음을 강조하였다.

특히 모델로서 개성공단 논의는 남북 공동 거버넌스와 같은 법 혹은 제도 구축 등과 관련한 연구들에서도 잘 나타난다(박정원, 2008; 박지연·조동호, 2016). 현재의 개성공단 법제는 현재 시점에서 발생한 문제를 즉각적으로 대응하기 위한 형태를 띠고 있기 때문에, 완벽한 법 체계를 가진 것이라고 볼 수 없다. 예를 들어, 개성공단의 거버넌스는 주인-대리인 관계의 문제, 동일한 대리인에 대한 양측 대표기구의 레벨 차이 문제, 집행기관의 자율성 및 책무성 문제가 존재한다(박지연·조동호, 2016).

즉, 개성공단은 남북 중앙정부와 개성공업관리기구 간의 의사 결정 체계의 불합리성으로 인하여 효율적인 의사 결정이 어려운 거버넌스 구조를 가지게 되었다. 따라서 박정원(2008)은 남북 법제 거버넌스 마련을 통하여 입법 과정과 이해 관계자들의 조정 제도가 남북

뿐만 아니라 국제적으로도 납득될 수 있는 차원에서 강구될 필요가 있음을 지적하였다. 이러한 측면에서 '모델'로서 남북경협은 개성공단 이외에는 선례가 없었기 때문에 수많은 시행착오들이 여실히 드러나게 되었고, 그러한 과정에서 획득된 경험과 지식들이 쌓이면서 제2의 남북경협 사업의 참조점으로 활용될 수 있게 되었다.

또한 '모델'로서 개성공단은 〈표 1〉에서 보는 것처럼 일종의 단계적인 성장을 거쳐야 하는 것으로 기술되는데, 이러한 설명 방식은 개성공단이 일정하게 도달해야 할 기준이 있으며, 순서에 따라 발전할 것이라는 근대화 이론과 유사한 논리로 전개된다. 실제로 어떤 지역이나 산업 발전의 단계는 특정 단계를 건너뛰거나 동일한 단계라도 다른 형태로 전개되는 경우가 많음에도 불구하고, 개성공단에 대한 대다수의 경제적 접근은 단계적인 성장과 결과적으로 남한의 산업 발전 수준으로 수렴될 것이라고 가정한다. 따라서 이러한 연구들의 결과를 정리하면, 개성공단을 통한 남북경제협력의 과정은 일종의 '경제통합의 도구화'로 설명할 수 있다.

〈표 1〉 한반도 경제공동체 건설 방안의 추진 구조

경제교류협력 단계	한반도 경제공동체 단계	남북 통합 단계
경협 특구 확대 • 기존 개성공단 확대 • 해주, 남포, 원산 등 추가 개발	경협 특구 간 연계 서측: 개성–남포–신의주 동측: 금강산–원산–나선	경협 거점의 확산 • 연안–내륙 지역 연계 확대
남북 경제 간 보완성 강화	한반도 산업 재배치	동북아 협력 체계 구축
단기, 제한적, 일방향 경제협력	지속, 구조적, 쌍방향 경제협력	통일경제, 대외 지향의 개방적 경제협력

출처 : 성경륭(2009), 저자 재구성.

경협 공간으로서 세 번째 특성은 중국, 베트남 등 유사한 경제체제를 가진 국가의 경제협력 사업들과 비교하고 이를 통해 얻을 수 있는 시사점을 도출하는 연구들에서 찾을 수 있다(김영진 외, 2004; 고정식, 2006; 임을출, 2007; 김석진, 2011). 예를 들어, 중국-북한-러시아를 잇는 경협 사업의 배경과 운영 방식 및 각종 지원 제도를 분석하여 남북경협 사업의 가능성을 검토하고, 개성공단의 안정적인 운영을 위한 대안을 제시하는 연구들이 주를 이룬다.

임을출(2007)은 개혁개방 초기에 중국이 외자 유치를 통한 경제특구 발전을 위해 임금 결정과 고용의 자주권 보장 등의 제도를 선제적으로 도입하려 했으나 실제로는 점진적으로 이루어졌다고 설명하였다. 새로운 법, 제도의 실시가 본격화되기 이전에 기존의 관행이 병존할 수밖에 없다는 점이 개성공단의 사례에서도 확인되면서 법제 구축의 후속적인 조치와 시장 지향적인 개혁이 함께 병행되어야 한다고 보았다.

한국 기업이 많이 진출해 있는 중국의 경제개발구와 개성공단을 비교한 고정식(2006)은 교통, 생산, 유통 인프라 등의 측면을 종합적으로 평가하였다. 외자 유치를 위한 투자 환경을 고려해 보았을 때, 개성공단은 남한의 각종 인프라와 결합될 필요가 있으며, 특히 인천을 비롯한 수도권과 분리해서 개발하는 것은 불가능하다고 지적하였다. 또한 중국의 각종 노동비용에 비하여 상대적으로 저렴한 편임에도 세금 우대 조치와 같은 우대 혜택은 중국과 같거나 기준에 못미쳐, 더 많은 투자를 유인하려면 각종 인프라의 전면적 개편이 요구된다고 보았다.

이러한 연구 흐름은 북한과 유사한 경제체제를 가지면서도 가장 따르고 싶어하는 대상으로서 '중국의 경제성장' 담론을 개성공단에 적용, 재생산하였다는 점에서 중요하다. 다시 말하자면, 유사한 정치·경제체제를 가진 중국이 현재의 발전을 이루게 된 교훈을 북한에 대입해 봄으로써, '중국처럼 행동하면 경제 발전에 도움이 될 것이다'라는 전제를 정당화하고 있다.

한편, 남한의 측면에서는 중국을 대북 사업의 경쟁 대상으로 서술하면서, 대북 사업에 대한 중국과 한국의 경쟁 관계를 강조하고 있다(정은이, 2015). 이성봉(2018)은 북한의 경제제재 시기 중국과 북한 간교역 증대가 일어남으로써 북한의 외화 획득을 차단하는 효과를 얻지 못하였다는 것을 통계적으로 검증하였다. 특히 개성공단 폐쇄는 북한의 외화 획득을 차단하는 효과를 거두었지만, 2016년에도 북한 경제가 플러스 성장을 하였다는 점에서 북한이 중국을 남한의 대체시장으로 적극 활용하였음을 확인할 수 있다.

이와는 반대로, 중국의 역할을 긍정적으로 간주하고 북한을 경제·사회적 폐쇄성으로부터 벗어나게 하는 매개체로 해석하는 연구도 있다. 권영경(2007)은 2000년대 이후 증대되고 있는 북-중 교역 규모는 북한식 개혁개방의 의지를 확인할 수 있는 대목이며, 중국이 '동북진흥계획'에 의해 추진하고 있는 여러 사업들이 맞물려 북중 양국 간의 경제적 수요가 조응하게 된 결과라고 분석하였다.

이러한 북한의 중국식 경협 모델의 모방과 북중 간 교역 확대가 북한 경제의 개방도를 높이고 시장화를 촉진하는 환경을 마련하는 데 영향을 미치고 있음을 시사한다. 또한 중국의 경협 사업과 비교, 적용하는 과정 속에서 북한이 기존의 개혁 시스템을 수정하고 개방 수준을 확대하는 것에 대한 거부감을 최소화함으로써 대외의존도를

<표 2> 개성공단과 중국 경제개발구의 투자 조건 비교

구분	개성공단	중국경제개발구
생산성	한국의 60~85퍼센트	한국의 70~85퍼센트
도로 및 철도	절대 부족	개발구별 전용 철도, 고속도로 연결
토지 사용 비용	평당 약 3달러	평당 약 6~15달러
물류운송비	서울-개성 20~35달러	칭다오-인천 80달러
우대 규정의 세목화	일반적인 규정만 존재	업종별, 지방별 세부 규정
금융 및 보험	1개 금융 및 보험회사 참여	3~5개 관련 기업 참여
물류창고	절대 부족	다국적 물류기업

출처 : 고정식(2006), 일부 내용 재정리.

높이는 안전판 역할을 중국이 하고 있다고 볼 수 있다. 결과적으로 '중국'의 경협 사업을 어떻게 해석하느냐에 따라, 중국이 북한이 닮고 싶어하는 모델이 될 수도, 한국이 견제하는 경쟁 상대가 될 수도 있다는 점에서, 개성공단의 경제적 측면을 다룬 연구들 내에서도 관점과 방향성이 분기하는 것을 알 수 있다.

이처럼 협력의 공간으로서 개성공단을 바라본 연구들은, 한반도에 경제적인 효과를 가져다줄 뿐만 아니라 사회정치적인 안정과 평화를 동반하는 것으로 설명한다. 또한 하나의 기준으로서 미래 남북의 경협 사업이 추구해야 할 목표로 인식되었던 개성공단은 중국과 유사한 형태로 발전할 가능성이 있다고 평가되며, 경제적인 측면에서 북한의 개혁개방을 유도하고 남북 간의 통일 시기를 앞당기는 효과가 있다는 우호적인 결론으로 수렴하는 것을 확인하였다.

위기의 공간으로서 개성공단

개성공단의 위기는 개성공단 내부의 남북한 관계자의 갈등에서부터 대남·대북정책과 같은 국가 간의 의견 차이에서도 발견된다. 또한 개성공단의 생산물자가 가지는 특수성으로 인하여 국제 제재와 상품에 대한 차별적 규제가 부여되는 등 다양한 스케일에서의 위기가 생산되고 서로 얽힌다. 이처럼 개성공단을 바라보는 또 다른 관점의 하나로 위기(혹은 위험)의 공간으로서 개성공단은 끊임없는 갈등과 긴장 속에서 진화하였으며, 갈등을 해결하고 긴장을 완화하는 과정에서 전례 없는 남북의 협력 공간을 확장 혹은 축소시켜 왔다.

첫 번째, 개성공단이라는 경제 공간을 둘러싼 위기는 남한 근로자들의 신변 보장 문제(박광섭, 2004; 한명섭, 2008; 심재철, 2010), 기업의 권리와 투자자산 보호와 대책(신동호 외, 2016; 안택식, 2017), 투자 분쟁이나 계약 불이행에 대한 법적 조치(오현석, 2019; 황보현, 2019) 등과 같은 개성공단에 참여하는 행위자들 간의 갈등과 조정 과정에 대한 논의를 중심으로 이루어졌다.

예를 들어, 2016년 개성공단 가동 중단 결정 이후, 기업의 자산과 손실 보전과 관련된 문제들을 해결하기 위한 연구들이 집중적으로 진행되었다. 대다수의 연구에서 개성공단 투자에 따르는 위험은 한국 정부의 지원과 보증을 통한 정책적 손실 보조 제도와 남북 투자 보장협정에 의존하고 있지만 다양한 규모와 분야를 가진 기업들의 적극적인 투자를 유도하기에는 상당한 불확실성이 상존하고 있음을 지적하고 있다(허은숙, 2007; 김재성 2014).

개성공단 내의 분쟁 중에서 가장 첨예한 대립을 보인 것은 노동쟁의 문제였다(문무기, 2007). '노동', '노동자'에 대한 인식의 차이는 근로자의 관리 방식, 임금 수준의 결정 등에 대한 남북 간의 의견 불일치로 이어졌다. 일례로, 2014년 11월 북한이 개성공단 근로자의 최저임금 인상 규정을 일방적으로 개정하고 근로자의 임금을 약 5퍼센트 이상 인상하겠다고 통보하여 한국 정부와 갈등을 빚은 사건은, 개성공단 내의 노동쟁의가 근로자뿐만 아니라 국가적 차원에서도 중요한 이슈임을 보여 주는 것이라 하겠다. 예를 들어, 개성공단의 임금대장을 분석한 박천조(2015)는 개성공단 임금제도가 임금직불과 같이 한국 기업들이 요구했던 부분들은 회피하면서, 기존 사회주의 노동법상의 개념으로 회귀하였다고 보고, 공단 시행 초기에 비해 전반적으로 후퇴하고 있다고 비판하였다.

유현정·정일영(2015)은 이러한 노동법제의 불안정성이 지속되는 원인이 근로자의 고용과 해고, 임금의 결정과 지급, 공단의 관리·운영과 상사 분쟁에 있음을 지적하였다. 따라서 경제특구 내의 법치경제 실현을 위해 가장 선결되어야 하는 과제는 무엇보다도 북한 당국의 인식 전환이며, 개성공단과 관련한 법규의 제정과 이행에 있어 관련 법규의 실효성에 관해 협의할 수 있는 제도적 장치가 마련될 필요가 있음을 강조하였다. 개성공단 내에서 갈등과 위기가 발생하는 요인을 다룬 논문들은 대체적으로 남북 간의 입장 차이로 인한 충돌뿐만 아니라 개성공단의 합리적 운영과 어긋난 불합리한 제도의 강요, 지지부진한 협상 방식 등 '북한' 당국이 취하는 사회주의적 업무 처리 방식에 문제를 제기하고 있다.

두 번째, 개성공단의 가동과 중단에 지대한 영향을 미치는 요인이 남북 사이의 정치적 위기에서 비롯된 것으로 보는 연구들이 있다. 이처럼 북한의 핵실험, 정권에 따른 대북정책의 변동 등이 개성공단의 위기를 야기했다고 보는 관점은, 개성공단이 단순한 산업 공간이 아니라 정치적 결정에 의한 실험 공간이었다는 것을 전제한다

(Kim and Cho, 2019). 개성공단의 가동 여부가 경제적인 논리가 아닌 남북 간의 정치적 의견 차이에서 비롯되었다는 점에서, 위기는 가변적이며 예측하기 어려운 성질의 것이라고 할 수 있다.

개성공단의 설립은 그것이 남북 간의 정치적 긴장 완화에 도움이 되었는지, 오히려 위기를 야기했는지에 대한 관심으로 이어졌다(남주홍, 2009; 탁성한, 2013; 김창희, 2015). 이러한 연구들은 정치·군사적 상황과 맥락에 따라 개성공단의 정치적 효과가 매우 다르게 나타날 것이라고 보고 있다. 특히 정권별로 대북정책의 추진 전략과 정치적 해석이 다르기 때문에 개성공단 사업에 대한 평가도 차이를 보이고 있다. 예를 들어, 강주현(2013)은 여론 분석을 통해 북한의 도발 상황이 유사하였음에도 불구하고 대북 포용정책을 펼쳤던 노무현정부에서 보수적 대북정책을 펼친 이명박정부로의 정권 교체가 남북 인적 교류 감소 및 경계 대상으로 북한을 인지하는 비율의 증가로 이어졌음을 증명하였다. 이러한 북한에 대한 인식 변화는 정권 교체에 따른 대북정책의 변화와 함께 북한의 끊임없는 도발 및 북핵 문제로 인한 국민들의 안보 위협의 인지가 증폭된 결과로 볼 수 있다.

남북관계 차원에서 개성공단은 '위기의 가시화'로 설명할 수 있다. 이성우(2015)는 개성공단의 부침을 관심분산이론을 적용하여 한국의 국내 정치적 상황이 개성공단의 협력 재개에 미치는 영향을 분석하였다. 이 연구는 한국 정부가 대중의 관심을 분산시키기 위해서 갈등 혹은 협력의 대외정책을 실천할 가능성이 상당히 높으며, 북한 역시 개성공단을 대남정책의 도구로 삼아 북한 내의 정치에 활용함으로써 정권의 정당성을 강화하고 있음을 밝혀냈다.

개성공단이 설립 시작부터 '위기'를 내포하고 있었다고 보는 연구

〈표 3〉 정권별 대북정책 기조와 개성공단

정권별 대북정책 기조	개성공단 진행 상황	주요 대남 도발
〈김대중정부〉 대북화해협력정책 대북 지원과 교육 협력 확대를 통해 북한의 자발적 변화 유도	1998년 '남북경협활성화조치' 발표(남북경협 확대를 위한 제도적 기반 마련)	1999년 연평해전 발생
〈노무현정부〉 평화번영정책 김대중정부의 화해협력 원칙을 계승하면서도 대북정책의 범위를 한반도를 넘어 동북아로 확대	2003년 개성공단 착공식 2004년 〈개성공업지구와 금강산관광지구 출입 및 체류에 관한 합의서〉 채택	2006년 장거리 미사일 발사 및 1차 핵실험 강행
〈이명박정부〉 상생공영정책 대북정책의 최우선 목표를 비핵화에 두고 '비핵·개방·3000'에 기반한 '상생공영정책'을 추진. 대규모 경제 지원을 위한 전제 조건으로 북한의 비핵화를 제시	2010년 5·24 조치 2013년 개성공단 남한 근로자들 철수 및 남북당국회담 무산	2008년 금강산 관광객 피격 2009년 북한 2차 핵실험 2010년 천안함 침몰 사건
〈박근혜정부〉 한반도신뢰프로세스 튼튼한 안보를 바탕으로 남북 간 신뢰를 형성함으로써 남북 관계를 발전시키고 한반도에 평화를 정착시키며 나아가서 통일 기반을 구축	2016년 개성공단 폐쇄	2013년 북한 3차 핵실험 2016년 북한 수소폭탄 실험 강행(4차) 2016년 북한 5차 핵실험
〈문재인정부〉 한반도평화프로세스 북한, 동북아 이웃 국가, 국제사회와 함께 한반도와 동북아를 아우르는 '평화'와 '번영'을 구현하고자 하는 우리 주도의 장기적으로 포괄적인 정책	2019년 개성 남북공동연락사무소 재개와 중단 반복	2017년 북한 6차 핵실험

들도 존재한다(박상현, 2009; Lim, 2011; Wrobel, 2014). 이러한 연구에 따르면, 개성공단 사업은 남북한이 서로 상이한 목표와 선호도를 가지고 있기 때문에 언제든 갈등이 발생할 수 있고, 갈등이 일단 발생하면 장기화될 수 있는 소지가 많았다. 특히 남한은 개성공단 사업에서 위기에 대한 높은 취약성을 가지고 있었는데, 투자 방식과 자원 공

급 방식 등 사업구조의 성격상 북한보다 더 큰 타격을 받을 수 있기 때문이다. 따라서 잠재된 위기를 최소화하기 위해서는 협력에 대한 합의사항 준수뿐만 아니라, 지속적인 안정을 유지할 수 있는 제도를 마련해야 한다고 제언하는 연구들이 많았다.

김현정(2019)은 2013년 개성공단 1차 잠정폐쇄와 2016년 2차 잠정폐쇄 과정을 정치·경제적 측면에서 살펴보고, 이를 바탕으로 특구 내 갈등을 조정할 위기 관리 시스템의 필요성과 함께 한국과 제3국이 북한과 동시 참여하는 국제화 혹은 지역 경제협력 내 역외가공지역 인정 방식으로 추진하는 방안을 제시하였다. 개성공단이 가지는 대내외적 위기의 해소는 남북한의 해결 의지만으로는 부족하며 주변 국가와의 협력적 공조를 통해 가능하다는 것을 강조하는 제언들이 많았다. 또한 개성공단 재개가 이루어지는 미래 시점에는 개성공단에서 발생할 수 있는 위기의 예방과 관리가 중요하다는 대안을 제시하는 연구들도 진행되었다(박민정, 2018).

세 번째, 개성공단의 위기는 이를 둘러싼 국제정세와 밀접한 연관관계를 맺고 있다. WTO 미가입국가로서 북한의 생산품을 판단하는 데 있어, 개성공단도 같은 룰을 적용하게 되면 높은 세율을 적용받게 될 상황이었다. 그러나 개성공단은 민족 내부 간 거래라는 특수성 때문에 한국이 체결한 8개의 FTA에서 역외가공지역으로 예외적 허용이 가능하게 되었다(남궁영, 2007: 구해우, 2008).

이처럼 개성공단에서 생산한 상품의 원산지 문제가 각국의 FTA 협상에서 중요한 이슈가 된 것은 상품 자체의 가치보다는 상품이 생산되고 반출되는 국가의 정치적, 경제적 상황을 더 중요한 요인으로 간주하였기 때문이다(Knuden and Moon, 2010). 즉, 개성공단에서 발생하는 상품의 생산과 유통은 남북 간의 문제로 국한되지 않으며, 글로벌 경제체제와 연동되어 그 성격과 가치가 결정된 것으로 볼 수 있다.

FTA 체결과 개성공단의 문제는 체결 국가의 입장에 따라 다소 미묘한 차이를 보이고 있다. 이영달·이신규(2016)의 연구에 따르면, 한·중 FTA의 원산지규정은 다른 협정과 큰 차이를 보이지 않으나 일부 항목과 상품에 대해서는 개별 조항을 적용하는 것으로 나타났다. 예를 들어, 원산지 상품 결정 영역이 당사국으로 한정되어 완전 생산품의 누적이 허용되지 않고, 개성공단 생산품에 대해서는 다른 협정보다 더 많은 품목에 대해 역내산으로 인정되도록 하였다.

한·EU FTA의 경우, 양측의 교역 관계를 비교적 균형 있게 반영한 중립적인 특혜원산지규정인 점이라든지 한반도 역외가공지역위원회를 통하여 개성공단 및 이외의 북한 지역에서 제조된 물품에 대하여 한국산과 동일한 특혜관세를 부여받을 수 있는 여지를 남겨 둔 점 등이 다른 FTA 체결 조항과 다르다(채형복·황해륙, 2010). 이와 같이 개성공단의 정치적 특성은 각 국가별로 다르게 해석되어 원산지 인정 범위와 거래 방식에 대한 협정 내용의 차이를 발생시켰다. 다시 말하자면, 북한이라는 '원산지' 문제는 지극히 정치적인 사안이며, 국제사회에서 북한을 받아들이는 방식에 따라 다른 형태로 해석되고 있다는 것을 알 수 있다.

한편으로, 개성공단에 대한 글로벌 리스크는 제재를 통한 개성공단의 기능과 역할의 축소, 변용 등의 연구와 관련되어 있다(신용도, 2016). 개성공단 사업이 중단된 2016년 이후, 국제사회의 대북 제재는 대량살상무기WMD 통제에 국한되지 않고, 북한 경제 전체에 대한 광범위한 제재로 확산되고 있다. 유엔 안보리 제재 이외에도 미국,

일본, EU에서 독자적으로 제재를 가하고 있는데, 미국의 독자 제재는 유엔의 제재보다 강력한 영향을 미치고 있다. 미국은 제재 대상 국가와 거래하는 제3국을 압박하는 방식인 세컨더리 보이콧 규정을 적용함으로써 두터운 제재 효과를 발휘하고 있다(최명순, 2019). 이와 같이, 개성공단은 일반적인 시장경제 논리를 따르지 못하고 다양한 스케일의 행위자들과의 갈등과 위기 속에서 운영이 결정된다는 점에서 매우 복잡한 정치적 산물이라 할 수 있다.

그런데 흥미로운 것은 이러한 북한에 대한 제재의 효과에 대한 연구가 상당한 효과가 있다는 입장과 그렇지 않다는 입장으로 나뉜다는 점이다. 이강복(2014)은 북한의 핵 개발 및 미국과 유엔의 대북 제재를 남북경제협력의 저해 요인으로 꼽고, 제재 완화를 통해 경색되어 있는 남북 문제를 해결하는 것이 필요하다고 설명한다. 북한에만 영향을 주는 것이 아니라 남북관계 및 동북아시아 경제질서에 영향을 미친다고 본 것이다. 반면에 양운철·하상섭(2012)은 유엔은 대북 제재안을 제대로 이행하지 않는 국가를 처벌할 강제력이 결여되어 있다는 점, 유엔의 대북 제재에 참여하고 있는 주요 국가들의 제재에 대한 의지와 능력이 불일치한다는 점 등을 들어 유엔의 목표와 다르게 대북 경제제재의 효과가 낮게 나타나고 있다고 주장한다.

위기의 공간으로서 개성공단을 다루는 연구들은 그 자체가 가지는 남북 근로자 간의 갈등, 개성공단 운영에서 발생하는 시행착오 등에서 야기되는 미시적 위기를 비롯하여, 남북 간의 정치적인 충돌, 정권별로 다르게 추진되는 대북정책, 북한의 핵미사일 발사 등과 같은 대남 도발 등으로 인해 개성공단을 '위험'이 잠재되어 있는 곳으로 묘사한다. 뿐만 아니라 개성공단의 경제적 기능과 역할이 글로벌 제재로 인하여 차단되고, 개성공단의 중단과 재개에 대한 결정 여부가 미국 등과 같은 강대국에 의해 결정된다는 점에서, 위기가 매우 다양한 스케일에서 발생하며 스케일 간의 위기가 복잡하게 연결되어 있다는 점을 보여 준다.

지금까지의 논의를 요약하면 〈표 4〉와 같이 정리할 수 있다. 개성공단 연구는 '경협의 도구화와 위기의 가시화'라는 두 가지 측면으로 분리되어 이루어졌기 때문에 경제, 정치적 상황이 변화할 때마다 개성공단에 대한 해석이 극명하게 나뉘었다고 볼 수 있다. 경협의 공간으로 보았을 때는 남북경협의 성공한 '모델'로 서술되고 한반도의 평화경제를 달성할 수 있는 수단이라는 관점이 우세했던 반면, 위기의 공간으로 접근한 연구물들은 설립 초기부터 발생했던 남북 간의 의견 충돌과 정치적 갈등, 위기 등이 잘 드러나는 곳으로서 개성공단을 묘사하고 있다. 또한 중국 등과 같은 국가들의 경제 전략을 개성공단에 적용할 수 있는 방안, 글로벌 제재가 개성공단에 미친 정치경제적 영향 등에 대한 연구들을 통해, 개성공단의 현재 상황이 한반도를 포함한 국제사회의 지정-지경학적 상호작용의 결과물임을 확인할 수 있었다.

〈표 4〉 개성공단의 이론적 동향

경협 공간	위기 공간
• 민족경제, 한반도 평화경제, 경제공동체 • '모델'로서 개성공단: 최초의 시도에 대해 높이 평가, 확산 · 복제 가능한 모델 • 중국과의 비교 대상(북중 경제협력을 배우면서도 견제)	• 개성공단 내의 분쟁: 신변 보장, 기업의 권리와 투자자산의 보호, 계약 불이행 • 남북간의 안보 리스크: 핵실험, 정권에 따른 대북정책의 변동 • 글로벌 리스크와 제재 : FTA(원산지 문제, 전략물자 통제) 미국, UN, EU의 제재

개성공단 연구의 한계와 포스트영토주의 접근의 접목

2000년 현대아산과 북한 간 〈개성공업지구 건설운영에 관한 합의서〉 체결 이후 개성공단의 탄생과 성장 그리고 2016년 공단 폐쇄에 이르기까지, 이를 주제로 한 많은 연구들이 개성공단이 가진 가능성과 한계, 이를 뛰어넘기 위한 제안을 도출하기 위해 다각적으로 접근하여 분석을 시도하였다. 그러나 기존의 연구들이 개성공단을 서술하는 방식은 다음과 같은 한계를 보인다는 점에서 이를 극복하기 위한 공간적 관점이 요구된다.

첫째, 경제협력, 남북교류라는 행위가 비공간적인 것이라고 인식하였다는 점을 지적할 수 있다. 예를 들어, 한반도 평화경제의 실현에 있어 평화의 경제적 효과나 경제성장의 전제 조건으로서 평화에 대해 집중적으로 다루고 있지만, 그러한 서술에서 평화가 어떤 장소, 어떤 지점에서 가능한지, 평화 상태의 공간성이란 무엇인지에 대한 고민이 결여되어 있다. 협력과 교류가 발생하기 위해서는 반드시 공간적, 물리적인 만남과 접촉이 수반되어야 한다. 그러나 기존의 연구들에서는 이러한 부분을 사소한 것으로 다루고 있다. 또한 남북 근로자 개인에서부터 정부 간의 협상 과정 전체가 공간을 전제로 한 것임에도 불구하고, 해당 공간들은 이미 주어져 있는, 의미가 부여되지 않은, 비어 있는 것으로 인식하고 있다는 점에서 문제를 제기할 수 있다.

둘째, 남북경제협력의 목표 달성과 긴장 완화 실현의 전제로서 '한반도'라는 규범적 공간 인식론을 강조하고 있다. 경제적인 협력 측면의 당위성을 한반도의 공동체성 회복에 둠으로써 분단 이전의

국토 형태에 정당성을 부여하는 공간 인식론을 되풀이하고 있는 것이다. 즉, 개성공단의 성과 혹은 문제들이 분단된 남북한의 체제나 사고방식의 차이에 기인한 것으로 설명함으로써 '한반도'라는 공간적 회귀가 이러한 부분들을 해결할 수 있으리라고 기대하고 있다.

셋째, 국가 단위의 접근으로 인하여 미시적 스케일의 공간 변화를 놓쳤다는 것을 지적할 수 있다. 대다수 연구들이 가지는 문제로 개성공단에 대한 설명 방식을 국가적 관점에서 다루었다는 점을 들 수 있다. 경협 공간의 측면과 위기 공간의 측면 모두 개개의 행위자뿐만 아니라 개성공단과 연관되어 있는 개성시, 경기도 북부, 수도권 등 지역적 수준에 이르는 미시적 스케일에서의 크고 작은 변화와 그 요인들을 충분히 담아내지 못하고 있다는 점에서 좀 더 구체적인 연구가 필요하다. 이러한 접근은 유연하고 비정형의 양상으로 펼쳐지는 개성공단의 역동성을 충분히 담아내기 어렵다는 점에서 문제를 가지고 있다.

그러므로 앞으로의 개성공단의 연구 분야와 주제들은 공간적인 측면을 함께 고려하는 방향으로 수정될 필요가 있다. 르페브르(2000)가 지적한 바와 같이, 서로 다른 방식의 공간 생산 양식을 살피는 것은 구조와 양태의 차이를 파악하는 것을 넘어 해당 사회의 이데올로기와 공간에 부여되는 다층적인 의미를 확인하는 것이라는 점에서, 공간적 측면의 분석은 개성공단이 북한이면서도 남한의 특성을 갖는 완전히 다른 형태의 공간으로서 기능하였다는 것을 보여 주기 위해 필요한 관점이라고 하겠다. 즉, 개성공단의 공간성에 대한 이해는 기존 연구들이 '비非공간적 혹은 탈脫공간적'이라고 간주하였던 개성공단의 형성과 변천의 전 과정을 재해석하고 비판적으로 분석하기 위한 시도라고 볼 수 있다.

그러므로 개성공단의 공간적 특성을 분석하는 것은 다음과 같은 이유에서 중요한 의미를 가진다. 첫째, 개성공단의 공간적 함의는 통일국토로 가기 위한 점진적 공간 모델이라는 점이다. '공업단지'라는 공간 생산이 남북경협의 목표이자 수단이었기 때문에 이와 같은 작은 규모의 공간적 협력 경험이 향후 통일국토를 예상할 수 있는 단초가 될 것이다.

둘째, 21세기의 통일국토는 능동적인 변화를 내재한 공간이어야 한다는 사고에서 출발해야 한다. 즉, 남북한을 포함한 글로벌한 지정학적 상황들이 고려된 유연한 공간성을 지향해야 한다. 그동안의 개성공단은 정치적으로 매우 경직된 공간이었다. 그러나 개성공단의 성장과 그 가능성이 남북 양측으로 확산되기 위해서는 누구나, 무엇이든 유동할 수 있는 좀 더 개방적인 공간이 될 수 있도록 해야 하며, 그것에 대한 대안을 모색할 수 있는 연구로 이어질 필요가 있다.

셋째, 개성공단의 공간성은 국가뿐만 아니라 수많은 행위자들의 이해와 충돌의 결과물임을 인지할 필요가 있다. 개성공단이 살아 있는 유기체로서 작동할 수 있었던 것은 그 안에서 끊임없이 상호작용했던 수많은 행위자들의 접촉과 교류 때문이었다. 그들의 사소하지만 중요했던 만남들이 개성공단의 의미와 사용 방식을 바꾸고 다시 그들 스스로의 정체성을 바꾸는 데 결정적인 영향을 미쳤듯이, 이러한 미시 공간들을 촘촘히 분석하는 것이 요구된다.

개성공단의 공간성은 단순히 개성이 가진 입지적 장점이나 접경지역이 갖는 특수성을 보여 주는 것 그 이상으로, 공간 생산의 결정 과정과 선택 양상이 예측불가함, 우연성, 혼종성 등으로 점철되어 있다는 것을 포착할 수 있다는 데 큰 의의가 있다. 이러한 인식은 영토의 복합성과 다층성, 그리고 경계의 '다공성porosity'을 강조하는 '포스트영토주의'적 인식론과 맞닿아 있다(박배균, 2017; 박배균·백일순, 2019).

포스트영토주의적 관점에서 국가의 경계는 국가 사이에 존재하는 고정화된 자연스러운 범주가 아니라 사회적, 문화적, 정치적 과정의 구성물(Newman and Passi, 1998)이다. 경계를 중심으로 형성된 이원화된 구분을 거부하며 배제와 포섭, 타자화의 형성과 변용에 초점을 둔다. 따라서 경계에 인접한 접경지역은 국가 경계의 안과 밖에서 온 다양한 차별적 요소들이 모이고 접합되면서 경합적, 복합적인 정체성을 만들어 내는 혼합과 혼종의 과정(Delaney, 2008)에 의해 구성되는 것으로 이해할 수 있다.

지리학을 중심으로 진행되고 있는 개성공단의 공간적인 측면에 집중하여 분석하는 논문들은 '예외공간', '관계적 공간', '접촉지대' 등 각각 다른 개념 틀을 취하여 설명하고 있지만, 이러한 공간적 접근을 통해 해당 연구들이 보여 주고자 했던 것은 근대적 영토성을 넘어서는 '포스트영토주의'적 관점이라는 부분에서 유사한 방향성을 가지고 있었다고 할 수 있다.

개성공단의 '예외공간' 개념을 제시한 이승욱(2016), 박배균(2017)의 연구는 동아시아 발전국가들이 신자유주의적 축적을 촉진하기 위해 선택적으로 국가 영토를 재분할, 구획하여 주권의 예외적인 작동 방식을 취한다는 옹Aihwa Ong(2006)의 논의를 발전시켰다. 이승욱(2016)은 개성공단이 기존의 영토주권에 대한 예외적인 공간이라는 성격과 함께 한반도 차원에서 단절·대결의 지정학적 논리와 협력의 지경학적인 논리가 서로 다른 정치세력에 의해 선택적으로 강조되는 공간으로 구성되어 있다고 설명한다. 즉, 근대국가의 영토성에서 예외화된 공간을 통해 남북한의 새로운 접합 지점이 탄생하게 되었고, 그 결합을 효과적으로 유지하기 위한 논리와 제도들이 발생하게 된 것으로 설명한다.

듀셋Jamie Doucette · 이승욱(Doucette and Lee, 2015)은 개성공단이 주권, 영토 등 근대국가 영역을 넘어서는 실험적인 형태의 영토를 대표한다고 주장한다. 즉, 개성공단을 구성하는 다양한 행위자들 사이의 상호작용이 주기적으로 중단되거나 프로젝트를 중단하겠다고 위협하는 상황은, 그곳이 가지는 독특한 지정학적 위치 때문이며 매우 불안정한 형태를 띤다. 따라서 이러한 변동성은 북한 체제의 구조적 특성만으로 접근해서는 안 되며, 오히려 한반도 적대적 틀의 지속과 남북경제협력의 한 형태로서 개성공단의 자본주의적 성격에 의해 제기된 윤리적, 정치적 측면에서 다루어야 한다.

기존의 통일 담론에서 공간과 영토에 대한 논의 부재를 지적한 정현주(2018)는 공간을 가변적인 것으로 간주하고 개성공단의 예외공간적인 측면과 행위자-네트워크 이론ANT 측면으로 바라볼 것을 제언하였다. 이러한 공간적 관점을 통해 주권과 주체, 영토의 새로운 정의를 시도하였을 뿐만 아니라 이것들 간의 관계 재설정이 가능하다는 상상력을 제공하였다. 또한 통일의 효과가 차별적으로 드러나게 될 것을 감안하여, 다양한 지점에서 발현될 차별과 차이를 배태하는 공간들을 인지할 것을 지적하고 실천적인 차원에서도 공간성의 탐색이 중요함을 강조하였다.

접촉지대로서 개성공단을 분석한 백일순(2019)은 개성공단의 공간 계획을 통해 실제 개성공단이 형성된 과정은 경제적인 측면보다는 서로의 생각과 아이디어를 확인하고 실현 가능한 선택지를 결정하는 일들이었다는 점을 보여 주었다. 특히 북한이 고수해 왔던 사회주의 계획 모델이 남한의 자본주의적 계획 모델과 충돌하고 협상하는 과정을 통해 변형되어 결국은 새로운 산물을 만들어 냈다는 점에서 개성공단이 가지는 공간적 함의를 재확인할 수 있었다.

이러한 공간적 접근은 개성공단이 남북 공동의 경제 공간으로 성장해 나가는 과정을 추적함으로써 이 지역이 가지는 진화적인 성격을 포착하는 데 유용하다. 여기에서 진화적 공간이란 모든 공간적 특성이 서로 연관되어 있으며, 누적과 수정을 통해 지속적으로 변화해 가는 과정적 측면의 접근이라 할 수 있다. 다시 말하자면, 진화 공간으로서 개성공단은 ①개성공단의 공간적 정체성이 고정되어 있지 않다는 점, ②경제적인 공간과 정치적인 공간이 공진화한다는 점, ③두 체제가 접촉하면서 변용을 수용하는, 과정적인 측면이 반영되어 있는, 예측 가능하지 않은 공간이 형성된다는 점, ④적대에서 협력·공존 가능성을 보여 주는 공간이었다는 점에서 의미가 있다.

공간적 인식의 전환, 공간적으로 사고한다는 것은 무엇을 의미하는가. 개성공단의 사례에서 볼 수 있듯이 공간을 통한 신뢰의 형성이 생산성, 학습 등을 용이하게 하며 거래비용, 유연성, 혁신, 정보의 질 또는 지식의 흐름에 상당한 영향을 준다는 점에서 중요한 힌트를 찾을 수 있다(성신제·이희열, 2007). 또한 남북경협이라는 정치-경제가 복합된 공간에서 이 중 한쪽 측면으로만 접근하거나 남한 혹은 북한에만 국한되어 개성공단의 위치성을 설명하려고 할 때 놓칠 수 있는 부분들을 극복할 수 있다는 점에서 포스트영토주의적인 접근의 중요성을 재확인할 수 있다.

각 장 소개

본서는 크게 개성공단과 '한반도 평화지대 구축'과 '개성공단의 사회경제적 특성과 함의'라는 두 주제로 구성되어 있다. 〈남북 경제공동체와 평화경제협력지대 구상〉을 다룬 정유석의 글은 개성공단을 중심으로 하는 DMZ와 남북 접경 배후도시를 적극 활용하는 새로운 접근 방식이 요구된다는 점을 강조한다. 한반도 평화의 시계가 더디게 흘러가는 이 시간을 어떻게 사용하느냐에 따라서 개성공단의 재개는 물론이고 곧 마주하게 될 북한과의 대화의 성패를 가를 중요한 의제가 될 것이기 때문이다. 현재 대북 제재의 틀 안에서 이와 보조를 맞춘 단계적인 남북교류협력 방안의 마련이 중요하다. DMZ와 접경지역을 통한 남북교류협력에 관한 논의는 오래전부터 추진되어 왔다. 기존의 논의가 변화된 남북관계와 한반도 정세에 다소 부합하지 않는 측면이 존재하기에, 정유석은 새로운 형태의 '평화경제협력지대'를 제시한다. 지속가능한 미래지향적 복합공간의 개념인 '평화경제협력지대'는 통일 이전 남북 경제공동체 형성을 위한 전진기지가 될 것이며, 첨단 산업과 무역·관광을 포함하는 국제적인 특구를 지향한다. 이를 위해 '준비-시범-가동-심화-확장'의 5단계로 구분하고 각 시기에 맞는 사업 및 기구들을 '평화경제단지, 평화상징단지, 협력지원단지'로 설정하여 구상하였다. 평화경제협력지대가 본격적으로 가동되면 정치·군사적 긴장 완화 및 평화 정착, 국토 균형 개발, 생산 유발 및 고용 등 우리 경제에 다방면의 긍정적 영향이 나타날 것으로 예상되며, 남북 하나의 시장을 위한 본격적인 출발점이 될 것으로 보고 있다.

박은주의 〈실체적 평화를 이끄는 접경지역 국제평화지대화〉는 우리가 도달해야 할 '한반도 평화'라는 목적지가 어떤 모습인지 구체화하고, 접경지역을 포함한 특정 공간에서의 접촉 확대가 한반도 평화를 이끄는 데 도움을 줄 수 있는지 파악하는 데 초점을 맞추었다. 관념적ideological 한반도 평화에서 실체적substantive 한반도 평화로의 전환이 무엇보다 중요한데, 한반도 평화에 대한 실체적 접근은 한반도 평화로 가는 경로를 명확히 하는 데 도움을 줄 수 있기 때문이다. 또한 현재 단절과 분열의 공간인 접경지역이 소통과 협력의 공간으로 변모한다면, 남북관계에 긍정적인 영향을 줄 수 있을지에 대해 검토해 볼 필요가 있다. 개성공단 사례에서 확인할 수 있듯 남북한이 협력할 수 있는 공간이 양국 주민들에게 미치는 영향은 적지 않기 때문이다. 이를 바탕으로 실체적인 한반도 평화에 도달할 수 있는 최적의 방안으로 '접경지역 국제평화지대화'는 한반도 평화 구축을 위한 현실적인 해결책이 될 수 있으며, 특히 접경지역 일대의 발전은 단순한 '개발'이 아닌 '평화적 발전'이라는 측면에서 바라봐야 한다고 보았다. 국제평화지대 구상은 공간이 가지는 상징성을 변화시키고, 실질적인 협력 공간으로 발전되어 그 자체가 한반도 평화에 이바지할 것이다.

〈개성공단의 협력 거버넌스〉를 다룬 홍승표의 글은 개성공단에 대한 지금까지의 관점과 논의의 틀에서 벗어나 개성공단이라는 공간을 미시적으로 바라보고자 하였다. 그중에서도 개성공단에서 최초로 남북이 함께 만든 거버넌스인 '개성공업지구관리위원회'의 남북 통합과 협력적 역할을 중심으로 살펴보아 추후 있을 남북협력에 실질적인 시사점을 주고자 하였다. 개성공업지구관리위원회는 개성공단을 관리하기 위해 북한의 적극적인 협조 하에 남북이 함께 만든 거버넌스로서, 개성공단을 운영하고 관리하는 공식적인 역할을 부여받았으나 설립 과정부터 상당한 시행착오를 거치며 만들어졌다. 개성공업지구관리위원회는 명시되어 있는 공식적인 업무 이외에도 남한 측 참여기관과 기업, 북한 측 협력기관과의 협력 체계를 구축하기 위해 다양한 역할을 하였다. 뿐만 아니라 개성공단에서 남북협력과 합의의 중심기관 역할을 하면서 합의의 기록을 누적, 관리, 전파하는 경험을 지속적으로 축적하는 과정을 통해 개성공단에서의 남북 통합 경험을 보유하게 되었으며 다양한 채널의 협력 체계를 구축하였다. 이러한 역할은 시간이 지나면서 이해관계가 점차 복잡해진 개성공단에서의 협력에서 상당히 중요한 것이었다. 추후 남북협력에 있어 개성공업지구관리위원회가 개성공단에서 주도했던 거버넌스의 협력적 역할은 상당히 중요한 시사점을 가지며, 이러한 시사점을 잘 활용하면 시행착오를 줄이고 협력을 좀 더 빠르게 연착륙하는데 도움을 줄 수 있을 것으로 보인다.

〈젠더화된 노동공간으로서 개성공단〉에 대한 정현주의 글은 개성공단이 서구에서 주로 제기된 제3세계 경제특구 여성노동자의 희생자 담론과는 일정 정도 차별성이 있다는 점에 주목하였다. 개성공단 여성노동자는 남성노동자와 같은 보수를 받았으며 이들의 임금은 국가와 국가 간 협약으로 일괄 통제되었다는 점에서 결정적 차이가 있다. 개성공단은 국가가(당이) 지원하는 특수 사업이었기 때문에 대외협력사업이라고 일컬어지는 경제특구 노동이 북한 사회에서 갖는 우월적 지위, 남녀 동일임금 원칙 및 여성의 (공식 부문) 노동자화를 사회주의혁명의 우선순위로 삼아 김일성 정권 때부터 확립해 온 북한의 노동시장 조건 등 분단과 냉전체제의 개입으로 인해 창출된 새로운 변수들이 개성공단을 일반적인 경제특구의 상황과 차별화시키는 중요 지점이 되었다. 따라서 개성공단 여성노동을 제대로 이해하려면 추가로 요구되는 관점이 있으며, 그 핵심에는 북한이라는 전근대적 사회주의 시스템이 노동의 젠더분업에 개입하는 양상에 대한 이해가 필요함을 강조하였다.

〈'고도古都' 개성 경관의 형성과 발전 방향〉을 다룬 박소영은 개성이 2013년 6월 북한에서는 두 번째로 유네스코 세계유산위원회 WHC: World Heritage Committee에 '개성역사유적지구'로 등재된 사실에서 출발한다. 개성역사유적지구로 지정된 고려시대 유물군 9개와 조선시대 유물군 3개는 현재 개성 경관의 기본을 차지하고 있다. 그리고 조선 후기부터 일제강점기에 건설된 조선한옥과 근대문화유산 등이 더해졌으며, 한국전쟁 때에도 도시 내 피해가 적어 지금까지 역사를 간직할 수 있었다. 한국전쟁 이후 전후 복구와 함께 시작된 개성의 도시 발전은 과거의 역사를 보존하면서 사회주의적 시설들이 추가되는 형태로 진행되었다. 개성이 보호할 가치가 있는 역사유적지구임에도 불구하고 주민을 위한 민생시설은 매우 열악하다. 주민들은 대부분 1950~1980년대에 만들어진 낡은 아파트와 공동주택에 살고 있으며, 주택 내부의 생활환경 시설은 매우 열악한 상황이다. 김정은 정권 이후 평양 등 일부 지방도시에서 개발사업이 진행되고 있지만, 개성은 휴전선과 가까운 국경도시이기 때문에 지역개발이 제한적인 상황이다. 오히려 북한 정권의 관심이 집중되면서 지역이나 주민들의 자체적인 도시개발이 저해되고 있다. 그럼에도 개성은 역사유적지구로 지정된 만큼 역사도시·관광도시로 성장할 가능성이 많다. 지속적으로 역사유적지의 발굴·보존과 함께 역사도시경관에 어울리는 도시재생사업을 진행하고, 개성 지역의 역사성이 주민 삶의 질을 향상시키는 데 긍정적으로 작용할 수 있게 해야 한다고 제언한다.

백일순의 〈접촉지대로서 개성공단의 공간적 특성 분석〉은 개성공단이 한반도의 지리·역사적 주요 결절지역이었던 개성의 입지적 특성을 이어받아 남북경협의 가능성을 보여 준 사례임을 밝힌 연구이다. 남북관계의 변동에 따라 순조롭게 운영되지 않았던 기간도 많았지만, 여전히 개성공단은 남북 간의 연대 가능성을 보여 주는 주요 상징지표로 간주되고 있다. 개성공단의 공간은 남한의 기술과 자본, 북한의 노동력뿐만 아니라 두 국가 간의 끊임없는 제도적 진화과정에 의해 남북의 접촉지대로 만들어졌다. 이 글은 개성공단의 공간 분석을 통해 상호 간의 공간적 사고가 전달, 수용되는 과정들이 반복될 때 평화적 가치들을 공유하는 기회가 증진될 수 있다는 것을 보여 주었다.

마지막으로 〈모빌리티스 패러다임으로 본 개성공단〉은 개성공업지구와 개성시를 포함하여 공단 주변 일대에서 운영된 '통근버스'가 새로운 모빌리티 시스템으로 작동하면서 새로운 사회−공간을 생산하는 네트워크 자본으로 전환되는 사례를 탐색하였다. 개성공업지구 통근버스는 북한 근로자의 생활권과 통근권을 확장하였을 뿐만 아니라 공단 근로자와 개성 일대 북한 주민들에게 새로운 삶의 리듬과 자본, 권력관계를 제공하였다. 마치 국가 경계처럼 간주되었던 개성공업지구의 실질적 경계는 사람과 사물의 모빌리티에 의해 다공질적이고 가변적으로 구성되었는데, 그것은 공단의 울타리 너머 개성시와 인근 지역을 아우르는 인적·물적 네트워크에 의해 작동되었다. 이러한 네트워크를 구성한 가장 결정적인 기제는 통근버스라는 새로운 모빌리티 시스템이었다. 해당 연구에 적용된 모빌리티 이론은 국가중심적 담론에서 다루기 어려운 북한 사회의 사회문화적 미시적 변화상을 포착하는 데 통찰을 줄 뿐 아니라, 통근버스 모빌리티라는 남북 공조 시스템이 유연하고 능동적인 사회경제적 공간을 만들어 낸 과정을 고찰하는 데 유용성을 준다. 이를 통해 개성공단의 실질적 효과를 다차원적으로 조명하였다.

이와 같이 각 장은 개성공단의 여러 다른 모습을 조명하고, 그것이 가지는 사회, 정치, 경제적 함의를 밝히는 데 새로운 관점이 가능함을 보여 준다. 평화의 상징으로서 개성공단은 남한의 기술과 북한의 노동력이 결합되는 방식을 통해 가격경쟁력 확보 및 빠른 생산-공급 체계 구축 등과 같은 경제적인 효과뿐만 아니라 오랜 기간 지속되었던 남북 접경지역의 긴장 완화 및 정치적 안정에도 기여하였다. 포스트post-개성공단의 가동이 빠른 시일 내에서 이루어지기 위한 단초로서 이 책에서 제시된 다양한 학자들의 생각과 의견들이 남북협력 재개의 마중물이 되기를 희망한다.

참고문헌

강미연, 〈개성공단 경제특구의 작업장 문화〉, 《북한학연구》 9(2), 2013, 113~138쪽.

강주현, 〈노무현·이명박 정부 시기 남북관계 및 교류와 대북지원 여론 분석〉, 《21세기정치학회보》 23(3), 2013, 83~110쪽.

고정식, 〈중국의 경제개발구와 개성공단의 투자조건 비교〉, 《한중사회과학연구》 8, 2006, 1~32쪽.

구해우, 〈한미FTA와 개성공단 생산품의 법적 문제〉, 《국제관계연구》 13(2), 2008, 135~167쪽.

권영경, 〈한미FTA의 체결이 남북경협에 미치는 영향과 대응전략〉, 《평화학연구》 8(3), 2007, 255~280쪽.

김석진, 〈중국 경제특구의 외지 노동력 고용 경험과 개성공단에 대한 시사점〉, 《북한경제리뷰》 13(11), 2011.

김연수, 〈개성공단건설이 남북한 군사적 긴장완화에 미치는 영향〉, 《북한연구학회보》 10(2), 2006, 113~147쪽.

김연철, 〈한반도 평화경제론: 평화와 경제협력의 선순환〉, 《북한연구학회보》 10(1), 2006, 51~73쪽.

_____, 〈한반도 평화체제와 경제협력: 쟁점과 과제〉, 《역사비평》 81, 2007, 16~33쪽.

김영표·한선희·최병남·최윤경, 《글로벌 연성국토를 향한 공간프로젝트 해외 진출 전략》, 2010, 국토연구원.

김영근, 〈북한 개발 모델의 성공조건에 관한 시론: 개성공단의 장애요인 및 활성화 방안을 중심으로〉, 《평화학연구》 10(4), 2009, 75~104쪽.

김영진·박문수, 〈개성공단의 노동환경과 노무관리: 중국 하얼빈시 투자기업사례와 비교하여〉, 《동북아연구》 9, 2004, 117~140쪽.

김재성, 〈개성공단 진출 기업에 대한 정부지원과 리스크 관리〉, 《무역상무연구》 64, 2014, 245~260쪽.

김창희, 〈남북관계에서 신뢰형성은 가능한가?〉, 《정치정보연구》 18(3), 2015, 1~28쪽.

김현정, 〈개성공단 재개 가능성을 둘러싼 정치경제〉, 《세계지역연구논총》 37(3), 2019, 113~143쪽.

남궁영, 〈한-미 FTA와 개성공단: 갈등과 쟁점〉, 《국제정치논총》 47(3), 2007, 99~118쪽

남주홍, 〈기로의 남북한 관계: 위기관리의 문제에 관한 소고〉, 《통일문제연구》 21(1), 2009, 163~189쪽.

문무기, 〈한미 FTA와 개성공단 노동법제의 운용실태〉, 《노동정책연구》 7(2), 2007, 73~101쪽.

박광섭, 〈남북교류에서 신변안전보장과 북한의 형사재판권문제〉, 《법조》 53(8), 2004, 38~81쪽.

박민정, 〈개성공단의 정치적 위험관리 연구〉, 《입법과 정책》 10(1), 2018, 5~25쪽.

박배균, 〈동아시아에서 국가의 영토성과 예외적 공간: 동아시아 특구의 보편성과 특수성〉, 《한국지역지리학회지》 23(2), 2017, 288~310쪽.

박배균 · 백일순, 〈한반도 접경지역에서 나타나는 '안보-경제 연계'와 영토화와 탈영토화의 지정-지경학〉, 《대한지리학회지》 54(2), 2019, 199~228쪽.

박상현, 〈국제협력의 관점에서 본 개성공단사업의 특징과 발전방향〉, 《평화학연구》 10(3), 2009, 57~80쪽.

박정원, 〈개성공단의 법제 인프라구축을 위한 거버넌스 확충〉, 《서울국제법연구》 15(2), 2008, 117~147쪽.

박지연 · 조동호, 〈개성공단에서의 공동 거버넌스 연구: 모델의 구축과 함의를 중심으로〉, 《통일정책연구》 25(2), 2016, 111~131쪽.

박천조, 〈임금대장을 통해 본 개성공단 임금제도의 변화 연구〉, 《산업관계연구》 25(4), 2015, 59~91쪽.

배종렬, 〈김정은 시대의 경제특구와 대외개방: 평가와 전망〉, 《북한연구학회보》 18(2), 2014, 27~57쪽.

백일순, 〈접촉지대로서 개성공단의 공간적 특성 분석〉, 《문화역사지리학회지》 31(2), 2019, 76~93쪽.

성경륭, 〈한반도경제공동체 형성을 위한 전략적 선택과 과제〉, 《평화학연구》 10(3), 2009, 23~56쪽.

성경륭 · 윤황, 〈한반도경제공동체 건설과 동북아평화협력체제 구축의 연계 모색: 구상모델과 전략방향〉, 《동서연구》 22(1), 2010, 1~42쪽.

성신제 · 이희열, 〈경제공간에서 신뢰형성에 관한 이론적 고찰〉, 《대한지리학회지》 42(4), 2007, 560~581쪽.

신동호, 〈개성경제무역지대 진출 남한기업의 위험담보 방안에 관한 연구〉, 《통일문제연구》 13(1), 2001, 235~251쪽.

신동호 · 이재열, 〈개성공단 남북경협보험 개선방안에 관한 연구〉, 《한독경상논총》 34(1), 2016, 91~115쪽.

신석하 · 김영준, 〈남북경협의 직접적 경제효과 분석: 개성공단의 경우〉, 《사회과학연구》 44(3), 2018, 43~66쪽.

신용도, 〈UN 안보리 제2270호의 대북제재가 북한경제에 미치는 영향 분석〉, 《한국테러학회보》 9(1), 2016, 7~32쪽.

심재철, 〈개성공단 남측 인원의 신변안전 확보 방안〉, 《북한법연구》 12(1), 2010, 143~170쪽.

안택식, 〈개성공단 경협보험제도의 개선방안〉, 《보험법연구》 10(2), 2016, 133~159쪽.

안창남, 〈개성공업지구와 세금〉, 《조세법연구》 11(2), 2005, 110~140쪽.

양문수 · 이우영 · 윤철기, 〈개성공단 북한 근로자에 대한 남한 주민의 태도에 관한 연구〉, 《통일문제연구》 25(1), 2013, 143~180쪽.

양운철 · 하상섭, 〈UN의 대북한 경제제재의 한계: 강제성의 제한과 전략적 선택의 확대〉, 《통일정책연구》 21(2), 2012, 143~175쪽.

오현석, 〈남북 투자분쟁해결의 법적쟁점에 관한 고찰〉, 《중재연구》 29(2), 2019, 3~34쪽.

유현정, 〈김정은 시기 북한 경제특구정책의 변화와 개성공단 재개에 주는 함의〉, 《북한학보》 43(1), 2018, 340~372쪽.

유현정 · 정일영, 〈개성공단의 안정적 운영과 법치경제의 모색: 고용, 임금, 분쟁에 관한 노동법제를 중심으로〉, 《북한학연구》 11(1), 2015, 139~170쪽.

윤영선 · 김태황, 〈개성 산업단지 개발의 남북한 경제적 효과 분석〉, 2002, 한국건설산업연구원.

이강복, 〈남북 경제협력의 현황과 저해요인 분석〉, 《한국동북아논총》 19(3), 2014, 263~284쪽.

이건주, 〈북한의 경제특구(개성공업지구) 종사자에 대한 노동법 적용에 관한 연구〉, 《노동문제연구》 17, 2009, 145~181쪽.

이성봉, 〈남한의 경제제재가 북한의 외화 획득에 미친 영향〉, 《21세기정치학회보》 28(3), 2018, 119~138쪽.

이성우, 〈관심분산이론의 적용을 통해본 2013 개성공단사태에 관한 연구〉, 《세계지역연구논총》 33(1), 2015, 59~76쪽.

이승욱, 〈개성공단의 지정학: 예외공간, 보편공간 또는 인질공간?〉, 《공간과사회》 56(2), 2016, 132~164쪽.

이영달·이신규, 〈한·중 원산지규정에 관한 연구〉, 《관세학회지》 17(1), 2016, 27~50쪽.

이영훈, 〈남북경협의 평가: 결정요인과 남북한경제에 미친 영향을 중심으로〉, 《북한연구학회보》 10(2), 2004, 216~253쪽.

이주철, 〈북한 주민의 외부 접촉과 대남 인식 변화〉, 《아세아연구》 57(3), 2014, 180~211쪽.

이효원, 〈북한법률의 국내법적 효력－개성공단에서의 적용 가능성과 범위, 한계를 중심으로－〉, 《법조》 54(4), 2005, 19~66쪽.

_____, 〈개성공단의 법률체계와 남한 행정법 적용 여부〉, 《법조》 57(12), 2008, 5~63쪽.

_____, 〈개성공단의 법질서 확보방안〉, 《저스티스》 124, 2011, 352~377쪽.

임을출, 〈중국 경제특구와 개성공단의 초기 조건 비교: 임금·고용 법제와 실제를 중심으로〉, 《북한연구학회보》 11(1), 2007, 251~279쪽.

전명진·정지은, 〈다지역 투입-산출모형을 이용한 개성공단 사업의 지역경제파급효과분석〉, 《한국지역개발학회지》 22(1), 2010, 1~15쪽.

전의천, 〈한국 기업의 개성공업지구 진출을 위한 선결과제〉, 《산업경제연구》 16(1), 2003, 259~271쪽.

정규식, 〈신(新)동북아시대 지역 질서의 재편과 새로운 경제협력 모델 모색〉, 《한중관계연구》 5(1), 2019, 1~22쪽.

장명봉, 〈북한의 경제특구법제에 관한 고찰: '개성공업지구법'을 중심으로〉, 《통일정책연구》 1, 2003, 183~218쪽.

정은미, 〈개성공단 북한 근로자의 정체성 인식과 행동 양식의 메커니즘〉, 《북한연구학회보》 18(2), 2014, 123~147쪽.

정은이, 〈5.24조치가 북, 중 무역에 미친 영향에 관한 분석: －한, 중, 북 삼국무역에서 편익, 비용의 변동 추세를 중심으로－〉, 《통일문제연구》 27(1), 2015,

101~131쪽.

정응기, 〈개성공단의 환경보호법제와 그 개선방안에 대한 고찰〉, 《법학연구》 19(2), 2008, 281~318쪽.

정현주, 〈공간적 프로젝트로서 통일: 개성공단을 통해 본 통일시대 영토성에 대한 관계적 이해〉, 《한국도시지리학회지》 21(1), 2018, 1~17쪽.

조봉현, 〈북한의 경제특구 개발 동향과 남북협력 연계방안〉, 《나라경제》 16(9), 2014, 34~64쪽.

채형복 · 황해류, 〈한 · EU FTA 원산지규정에 관한 연구〉, 《법학논고》 32, 2010, 599~630쪽.

최갑식, 〈북한 개성공단개발의 경제적 효과에 관한 연구〉, 《사회과학》 18, 2004, 53~67쪽.

최명순, 〈유엔안보리제재에 따른 남북교류협력의 법적 쟁점 및 제언-개성공단을 중심으로〉, 《북한법연구》 21(1), 2019, 149~169쪽.

최장호 · 김범환, 〈남북한 경제통합 분석모형 구축과 성장효과 분석〉, 2017, 대외경제정책연구원.

최재덕, 〈한반도 신경제지도와 일대일로 협력의 기회요인과 위협요인: 북방경제협력과 연계모색 중심으로〉, 《평화학연구》 19(4), 2018, 121~142쪽.

탁성한, 〈개성공단의 군사 · 안보적 함의〉, 《나라경제》 15(8), 2013, 3~17쪽.

한명섭, 〈개성공단 남한주민의 신변안전보장을 위한 제도화 방안〉, 《북한법연구》 11(11), 2008, 277~301쪽.

허은숙, 〈개성공단투자의 정치적 위험과 관리방안〉, 《아시아연구》 9(3), 2007, 47~71쪽.

황보현, 〈개성공단 분쟁해결 제도 정비방안 – 남북상사중재제도를 중심으로〉, 《중재연구》 29(4), 2019, 3~31쪽.

Coleman, M., 2005, "U.S. statecraft and the U.S. – Mexico border as security/economy nexus", *Political Geography* 24, pp. 185–209.

Delaney, D., 2008, "Territory: a short introduction." John Wiley & Sons.

Doucette, J. and Lee, S. O., 2015, "Experimental territoriality: Assembling the Kaesong industrial complex in North Korea", *Political Geography* 47, pp.

53-63.

Gower, J. L., 2011, "Knowledge Management and Transfers between North and South Korea at the Kaesong Industrial Complex." Available at SSRN 1803273.

Kim, I. S. & Cho, H. K., 2019, "Shutting Down the Kaesong Industrial Complex: A "Coalitional Bargaining" Framework." *Asian Politics & Policy* 11(1), pp. 80-103.

Knuden, D. and Moon, W. J., 2010, "North Korea and the Politics of International Trade Law: Kaesong Industrial Complex and WTO Rules of Origin", *Yale Journal of International Law* 35(1), pp. 251-256.

Lim, S. H., 2011, "Risks in the North Korean special economic zone: context, identification, and assessment", *Emerging Markets Finance and Trade* 47(1), pp. 50-66.

Newman, D. and Paasi, A., 1998, "Fences and neighbours in the postmodern World: boundary narratives in political geography", *Political Geography* 22(2), pp. 186-207

Ong, A., 2006, "Neoliberalism as exception: Mutations in citizenship and sovereignty", Duke University Press.

Schattle, H., 2010, "Human Rights, Transparency and Transborder Collaboration in Korea: The Case for a Deliberative Approach at the Kaesong Industrial Complex", *Pacific Focus* 25(3), pp. 417-438.

Wrobel, R., 2014, "Ten years of Kaesong Industrial Complex: a brief history of the last economic cooperation project of the Korean peninsula", *Economic and Environmental Studies* 14(2), pp. 125-148.

1부

개성공단과 한반도 평화지대 구축

남북 경제공동체와 평화경제협력지대 구상

| 정유석 |

이 글은 정유석, 〈남북경제공동체 형성을 위한 평화경제협력지대 추진전략〉, 《Journal of North Korea Studies》, 6(1), 2020, 69~101쪽의 내용을 수정·보완한 것이다.

들어가며

개성공단이 폐쇄된 지 5년이 넘는 시간이 지났다. 하지만 재개의 전제 조건인 비핵화를 위한 북미협상의 교착 국면이 길어지며 점점 동력을 잃어 가는 형국이다. 미국의 새로운 바이든 행정부도 코로나19 극복에 모든 역량을 집중할 것으로 보여 당분간 북한 이슈가 전면에 등장할 가능성은 희박해 보인다. 2018년 남북정상회담에서 〈판문점선언〉을 통해 두 정상 간 합의하였던 개성공단 재개에 관한 구상도 사실상 수정이 불가피한 상황이다.

그럼에도 불구하고 개성공단은 여전히 한반도의 미래를 결정하는 남북의 핵심 사업이다. 개성공단은 10년이 넘는 시간 동안 125개의 기업이 진출하였던 단순한 남북협력 사업이 아니라 경제·정치·사회·문화의 전 분야에서 괄목할 만한 성과를 거둔 역사적인 사건임에 틀림없다. 이처럼 개성공단 사업은 '통일의 실험실' 역할을 충분히 수행했다는 점에서 높은 평가를 받아 마땅하지만, '지속가능성' 측면에서 많은 보완 과제를 남겨 주었다. 경쟁력이 이미 확인된 북한의 노동력만을 활용하는 기존의 협력 방식을 고집한다면 개성공단의 지속성을 확보하는 것은 불가능하다. 이에 개성공단을 중심으로 DMZ는 물론이고 남북 접경의 배후도시를 적극 활용하는 새로운 접근 방식이 요구된다. 한반도 평화의 시계가 더디게 흘러가는 이 시간을 어떻게 사용할 것인가의 문제는 개성공단 재개는 물론이고 곧 마주하게 될 북한과의 대화의 성패를 가를 중요한 의제가 될 것이다. 개성공단을 '공단'이 아닌 한반도 미래를 결정할 '공간'[1]의 측면에서 다층적으로 접근해야 하는 이유이다.

이에 본 글에서는 비무장지대DMZ:Demilitarized Zone와 남북 접경지대, 북측의 개성공단과 경제특구, 남측의 활용 가능한 배후도시들을 포괄하는 공간적 개념으로 '평화경제협력지대'를 설정하고, 남과 북이 동반 성장할 수 있는 '평화경제공동체'를 설계해 보고자 한다. '평화경제공동체'를 구현하기 위해서는 장기화되고 있는 국제사회의 대북 제재 범위 안에서 우리 주도의 남북협력 사업 개발을 우선하는 것이 핵심이다. 하지만 여전히 공고한 대북 제재가 유효하게 작동하고, 코로나19로 우리가 추진할 수 있는 사업의 종류와 범위가 상당히 제한적인 것이 사실이다. 그럼에도 불구하고 꾸준하게 DMZ 국제평화지대화 사업, 접경지역 협력 사업, 보건의료 지원 사업, 개별 관광 등이 추진되고 있다. 한반도의 항구적인 평화체제 구축을 위한 과감한 정책적 상상력을 더욱 풍부하게 발휘해야 하는 시점이다.

본 글에서 제시하고자 하는 '평화경제협력지대'는 현재 추진 중인 'DMZ 국제평화지대화 사업', '통일(평화)경제특구', '접경지역 협력'을 포괄하는 광의의 개념이다. 이를 위해 기존의 DMZ와 접경지역을 활용한 평화지대에 관한 구상을 살펴보고, 이를 넘어서는 새로운 형태의 평화경제협력지대의 비전과 목표를 제시하여 이에 관한 단계적 추진 방안을 마련해 보고자 한다. 단순히 DMZ에 상징적인

---

1 백일순, 〈한반도의 접합 공간, '개성공단'〉, 《Asian Regional Review DiverseAsia》, 2019; 김병로 외, 《개성공단: 공간평화의 기획과 한반도형 통일 프로젝트》, 진인진, 2015 등 참조.

시설을 설치하고 접경지역에 산업시설을 유치하여 개성공단과 같은 형태의 남북협력 공단으로 발전시키고자 했던 기존의 논의에서 벗어나, 현재의 대북 제재 국면을 고려하여 지속가능한 남북경제공동체를 위한 '평화경제협력지대'를 제안하였다. 또한, 첨단산업 유치를 통한 남북경협의 새로운 모델을 제시하고, 평화기구 유치와 '하나의 시장' 등에 관한 추진 단계를 나누어 구상하였다.

평화지대에 관한 논의 경과

DMZ 및 접경지역에 평화적 공간을 구상하는 논의는 1970년대부터 꾸준히 제안되었으나, 국내의 정치적인 상황과 남북관계 그리고 국제정세로 인하여 번번이 그 추진이 제한되었다. 하지만 남북이 구체적인 합의에 이르진 못했어도 원칙적으로는 평화적 공간 설치의 필요성을 공감하고 있다.

이와 관련한 우리 정부의 주요 제안은 다음과 같다. 1971년 군사정전위원회에서 유엔군 수석대표였던 로저스 소장은 DMZ 내의 모든 군사시설 철거를 전격적으로 제안하였다. 1972년 김용식 외무부장관이 북한에 제안 수락을 재차 요구하는 성명을 발표하였지만, 실제 성과를 거두지는 못하였다. 또한 1979년에는 국제단체인 세계자연보호연맹IUCN: International Union for Conservation of Nature이 DMZ 평화공원을 제안하였다. DMZ를 남북통일과 세계평화를 촉진하는 공간으로 조성하자는 계획을 제시하였으나, 이 역시 북한의 호응을 끌어내지는 못했다.

1980년대에 들어서면서 손재식 국토통일원 장관은 북한에 20개의 구체적인 사업들을 제안하였다. 당시 대표적인 제안 사업은 DMZ 내의 모든 군사시설 완전 철거, 자연생태계 공동 학술조사, 경의선 도로 연결, '설악산-금강산 자유관광지역' 공동 설정, '남북 자유 공동어획구역' 설정, DMZ 내 공동경기장 조성, 군비 통제, 군사책임자 간 직통전화 설치, 판문점을 통한 외국인 자유 왕래 등으로 현재 우리가 북한에 제안한 사업과 큰 차이가 없다.[2] 이어 1988년에는 당시 야당의 총재였던 김대중 전 대통령이 DMZ 내에 '민족공원'과 '통일운동장'을 건설할 것을 북한에 제안하였다.

1988년 노태우 대통령은 유엔총회 연설을 통해 'DMZ 평화시' 건설을 전격적으로 제안하였다. 남북 이산가족의 상시적 상봉, 문화·학술 교류의 정례화, 남북 연합기구의 설치 등도 함께 북한에 파격적으로 제안하였다. 노태우 전 대통령은 이러한 취지를 담아 국회 특별연설에서 '한민족공동체통일방안'을 제의하면서 동시에 DMZ 내의 평화구역 설정 및 평화통일시로의 발전상을 제시하게 된다.[3] 이러한 전격적인 제안은 1991년에 공표된 〈남북기본합의서〉에도 포함되었는데, 제12조에는 합의서 발효 후 3개월 이내에 남북 군사공동위원회를 구성·운영해 대규모 부대 이동과 군사 연습의 통보 및 통제 문제, DMZ의 평화적 이용 문제 등을 협의·추진한다고 규정하고 있다.

김영삼정부에서는 1994년 DMZ 자연공원화를 제안하였다. '민족발전 공동계획'에서 DMZ의 자연공원화를 북한에 공식적으로 제안

2 홍현익(2020), 3쪽; 통일교육원(2020), 117쪽.
3 통일교육원(2020), 116~117쪽.

하였는데, 자연 보전과 생태평화 관점의 새로운 시각에서의 접근이 특징이다. 이때부터 DMZ가 간직해 온 생태적 측면의 가치가 본격적으로 주목받기 시작하였다.

김대중정부에서 2000년 '6·15 공동선언' 이후 열린 남북 국방장관회담에서 남북 철도 및 도로 공사를 위해 DMZ 내 인원, 차량들의 통행을 허가하고 안전을 보장하기로 하였으며, 이어 열린 장성급회담에서도 군사분계선MDL: Military Demarcation Line과 DMZ 일부 구역 개방에 합의하는 성과를 도출하였다.[4]

노무현정부가 들어서면서 2004년에 DMZ를 유네스코 세계문화유산으로 지정하는 것이 제안되었고,[5] 2005년에는 환경부가 주도하는 DMZ 지역의 생태계 보존 대책이 마련되었다. 이어 개성공단 사업과 금강산관광 등이 본격화되면서 접경지역에 통일경제특구를 설치하기 위한 입법이 처음 시도되었다. 이에 경기도 북부와 강원도의 지자체들이 주도적으로 나서 이를 지원하기 시작하였다. 한편, 노무현 전 대통령은 2007년 남북정상회담에서 DMZ에 있는 남북의 초소GP: Guard Post와 중화기를 철수하고 평화적으로 이용하자고 제안하였으나, 만족할 만한 호응을 얻지는 못하였다고 알려진다. 2008년 환경부 주도로 'DMZ 생태·평화 비전'을 마련하여 'DMZ 생태·평화공원'을 조성해 DMZ의 생태계를 관리하고 세계평화의 상징지역

4 홍현익(2020), 4쪽.

5 이때부터 DMZ 지역은 자연과 환경은 물론이고 남북의 문화협력에 기초한 평화공존 체제를 구축하기 위한 장소로 평가되기 시작했다고 할 수 있다. 종전의 보전계획이 자연환경 보전에 치중한 것과 달리 비로소 인문사회학적 요소까지 포함한 진일보한 보전 대책으로 여겨지기 시작하였다. 통일교육원(2020), 117쪽.

으로 발전시킨다는 구상을 계획하였다. 문화관광부도 DMZ 관광 차원에서 '평화·생명지대Peace Life Zone' 정책을 내놓아 'PLZ'라는 새로운 개념을 도입하였다. DMZ 관광은 1980년대 후반부터 안보 관광으로 시작되었다가 '자연생태체험 관광(철새 관광)', '병영체험 관광' 등으로 발전되었다.[6]

이명박정부를 대표하는 평화지대 정책은 나들섬 구상이다.[7] 이명박 전 대통령은 후보 시절 DMZ에 속한 한강 하구의 하중도를 보강해 남북경협지구를 조성한다는 '나들섬 구상' 공약을 제안하였지만, 개성공단 확장이 어려워지고 북한의 호응도 기대에 미치지 못하여 실제로 추진되지는 못하였다. 환경부는 2009년에 DMZ 생태평화공원 기본계획을 발표하면서 파주와 철원 등 접경지역과의 연계 가능성도 타진하였다. 2010년에는 국무총리실이 관계부처와 합동으로 '한반도 생태평화벨트 조성 방안'을 마련하였다. 'DMZ 횡단 자전거 길(강화-고성)'과 생태평화공원, 산림휴양치유센터 등을 조성하고 파주 대성동마을 등 10개 마을을 '체류형 문화관광마을'로 꾸미는 계획을 마련하였다.[8] 통일부도 2010년 DMZ의 평화적 이용 구상을 수립하여 유네스코에 생물권보전지역을 신청하였으나, 북한과의 충분한 합의 없이 독자적으로 진행하여 결국 실패하고 말았다.

---

6 통일교육원(2020), 119쪽.

7 나들섬 건설계획은 경기도 강화군 교동도 한강 하구 퇴적지 일대에 남북협력단지를 조성하겠다는 계획으로, 면적은 여의도 10배에 달하는 9백만 평 규모이다. 한반도 대운하의 길목에 남한의 기술과 자본, 북한의 노동력을 결합하는 단지를 조성하여 북한의 개방을 돕자는 것이 골자이다. '나들섬'이라는 명칭은 북한 근로자들이 출퇴근을 위해 자유롭게 드나들 수 있다는 의미에서 붙여졌다.

8 통일교육원(2020), 120쪽.

박근혜 전 대통령은 2013년 5월 미국 의회연설에서 DMZ 세계평화공원 설립 구상을 공식 언급했고, 2014년 3월 독일 드레스덴 선언에서 이를 다시 한 번 피력하였다. 같은 해 9월 유엔총회 연설을 통해 DMZ 세계생태·평화공원을 제안하였다. 이 계획에는 구체적인 공원 건립 방안이 포함되어 있었는데, 우리가 비용을 부담하고 북한에 일정 수준의 운영 수익을 제공하는 것으로 되어 있다. 또한, 제2이산가족면회소를 설치하고 유엔 기구 및 유엔평화대학을 유치한다는 나름의 구체적인 계획을 제시하였다. 하지만 이 역시 남북 간의 구체적인 합의가 결여되어 있었으며, 이 시기는 남북관계가 최악이었기 때문에 추진되지 못하였다.

　문재인정부가 출범하면서 상황은 급변하기 시작한다. 2017년 7월, 독일의 베를린에서 '신新한반도 평화비전'(신베를린 선언)을 선포하자 북한이 신년사를 통해 화답하였고, 이는 평창올림픽의 성공적 개최로 이어졌다. 이를 물꼬로 여러 차례 대표단과 특사가 오가면서 군사훈련이 일시 중단되는 등 성과가 나타나기 시작하였다.[9] 남북 정상은 세 차례의 만남을 통하여 〈판문점선언〉과 〈평양공동선언〉을 이루어 냈다. 이러한 합의는 즉각적으로 실행에 옮겨져 DMZ와 접경지역에서도 실질적인 변화가 나타났다. 평양 남북정상회담(2018년 9월 18~20일)에서는 〈평양공동선언〉과 〈판문점선언 군사 분야 이행합의서〉(2018년 9월 19일)가 채택되었다. 군사·안보 분야에서

9　평창올림픽 폐막 후인 3월 5일 남한의 대북특사가 방북하여 제3차 남북정상회담 개최 합의, 북한의 체제 안전 보장 시 비핵화 입장 표명, 핵문제 및 관계 개선을 위한 미국과 대화 입장 표명, 대화 기간 핵실험 및 탄도미사일 시험발사 동결 등 방북결과를 발표하였다.

'대북·대남 확성기 철거 작업'(2018년 5월 1일), '서해 군 통신선 완전 복구(2018년 7월 16일)', 'JSA 및 유해 발굴 시범지역 내 지뢰·폭발물 제거 작업'(2018년 10월 1일), '적대행위 중지'(2018년 11월 1일), 화살머리고지 지뢰 제거(2018년 11월 3일), '강원도 철원 중부전선 DMZ 감시초소GP 철거 완료'(2018년 11월 30일), '유해 발굴 도로 개설'(2018년 12월 7일) 등의 실질적인 조치가 이루어졌다. 이를 통해 DMZ와 접경지역 협력에 가장 큰 걸림돌이었던 군사·안보적 긴장이 완화되면서 본격적 사업 추진을 위한 발판이 마련되었다. 한편 '한반도 신경제구상' 3대 경제벨트의 하나인 'DMZ 환경·관광벨트'에는 접경지역에 설치하려는 통일(평화)경제특구가 포함되어 있다. 통일경제특구는 19대 대선 당시 더불어민주당의 공약이었으며, 국정기획자문위원회의 정책과제로 채택되었다. 취임 이후에도 문재인 대통령이 여러 차례 '통일경제특구' 설치와 접경지역 활용에 관한 구상을 밝히기도 하였으며,[10] '통일경제특구법'은 2004년부터 여야를 가리지 않고 오랜 기간 동안 법제화를 위한 시도가 이어지고 있다.

평화경제협력지대 비전과 목표

기존의 평화지대에 대한 논의는 DMZ 지역의 군사시설을 철거하고

---

[10] "군사적 긴장이 완화되고 평화가 정착되면 경기도와 강원도의 접경지역에 통일경제특구를 설치하여 많은 일자리와 함께 지역과 중소기업이 획기적으로 발전하는 기회가 될 것"(2018년 8월 15일 광복절 경축사)

남북의 우발적인 충돌을 방지하기 위한 '평화'와, 접경지역에 남북협력 사업 시설을 유치하여 경제 발전을 도모하려는 '경제'로 양분되어 있다. 본 글에서는 이 둘을 결합한 형태인 '평화경제협력지대'를 설정하고 이에 관한 비전과 목표를 제시하려 한다. 특히 오래전부터 추진되어 오고 있는 '통일경제특구'는 우리의 자본과 북한의 노동력이 결합된 개성공단과 같은 형태의 공단을 군사분계선 남쪽 우리 접경지역에 설치하는 것이 핵심이다. 하지만 북한 인력의 참여를 전제로 하는 접경지역 통일경제특구는 기본적으로 노동자 임금에 대한 사회적합의가 우선시되어야 하는데, 현실적으로 국내 실정법과 국제노동규약을 준수해야 하는 어려움이 존재한다. 따라서 본 글에서는 기존의 통일경제특구 구상을 보완한 복합특구단지의 개념으로 제안하고자한다.[11] 평화경제협력지대는 북한의 노동력과 남한의 노동집약적 업종의 단순 조합이 아닌 미래지향적인 산업과 상업 · 무역 · 관광 기능을 포함하는 남북경협의 전진기지 역할을 목표로 한다.

평화경제협력지대의 비전

접경지역 긴장 완화와 남북 상생발전 공간 창출

접경지역은 여러 가지 중첩된 규제로 개발이 제한되어 다른 지역에 비해 상대적으로 낙후되어 있다. 또한 정전체제 하에서 남북의 군사적 긴장이 상시 존재하고 있는 지역이기도 하다. 접경지역의 개발 수

---

[11] 통일경제특구는 20대 국회에서 통합법안이 마련되면서 '평화경제특구'로 이름이 변경되었으며, 21대 국회에서도 변경된 이름으로 입법이 시도되고 있다.

요에 부응하고 남북관계 개선에 대비하기 위하여 기존 개발계획과 유치 사업 등에 대한 실효성을 제고하는 방안이 마련되어야 한다.

평화경제협력지대는 DMZ 인접지역에 건설됨으로써 평화지대로서의 상징성을 지니는 동시에 남북 간 인적·물적 교류협력으로 한반도 긴장 상태를 실질적으로 완화하는 효과가 있다. 대외적으로 국제사회의 자본 및 기술 투자 유치를 통해 국제적 경제특구를 지향하며, 장래에는 북한의 경제특구와 평화경제협력지대 간의 궁극적 통합을 위해 한반도 경제공동체의 출발점으로 기능을 감당한다.

평화경제협력지대는 단순한 산업단지의 조성을 넘어 남북관계 안정과 한반도 평화를 창출하는 거점이 되어야 한다. 경제특구를 중심으로 하는 접경지대에서의 경제협력은 남북한 사이의 경제·사회적 의존 관계를 만들고, 정치적 통합으로까지 확대가 가능하다. 중·장기적으로는 북한 접경지역에 위치한 경제개발구까지 평화경제협력지대의 확대를 도모할 수 있다. 평화경제협력지대는 대규모의 인적·물적 왕래와 남북 주민 간 접촉 등을 수반하여 한반도의 긴장 완화를 실질적으로 보장할 수 있다. 또한 〈판문점선언〉과 〈평양공동선언〉 이후 남북 당국 간 추진되고 있는 군사적 신뢰 구축 조치를 더욱 촉진해 남북관계의 안전판 역할을 기대할 수 있다.

남북경제협력의 새로운 모델 창출과 한반도 신경제구상 실현
문재인정부의 대북정책은 '한반도 신경제구상'에 기초하며 이는 '3대 경제벨트 구축'과 '남북 하나의 시장 조성'을 주요 내용으로 한다. 평화경제협력지대는 한반도 신경제구상에서 'DMZ 환경·관광벨트' 구축의 핵심 거점이다. 또한 남북경협 본격 재개 이전 과도기적 실험 공간으로의 활용이 가능하며, 남북교류협력의 전진기지로서 교두보 역할을 수행할 것으로 기대된다. 한반도 신경제구상의 산업·물류·교통 분야와 DMZ 환경·관광 분야의 사업을 실질적으로 추진할 수 있음은 물론, 궁극적으로는 한반도 경제공동체 건설의 출발점이 될 수 있다. 평화경제협력지대의 조성과 운영을 통해 발생할 경제적 파급효과는 접경지역의 발전을 견인하고, 장기적으로 한반도 경제의 신성장 동력을 마련할 것으로 예상된다.

한편, 북한은 2013년부터 경제특구·개발구 개발을 핵심적 정책 사업으로 추진하여 최근까지 27개의 중앙급·지방급 개발구를 지정·운영하고 있다. 특히 김정은 집권 이후 「경제개발구법」을 제정하여 투자 기업에 대해 우대 조치를 마련하고 이를 확대 적용함으로써 적극적 투자 유치 활동을 전개하고 있다. 평화경제협력지대가 중·장기적으로 확대될 경우, 북한의 경제특구·개발구와 연계 개발되는 계기를 마련함으로써 남북경협이 획기적으로 발전할 수 있다. 평화경제협력지대는 단기적으로 개성공단과 협력할 수 있으며, 중·장기적으로는 해주 지역의 경제개발구와 연계가 가능하다.

평화경제협력지대의 목표

평화경제협력지대는 남북이 상생·협력하고 한반도 경제공동체를 이루어 간다는 비전 하에, 남북교류협력의 전진기지 구축, 한반도 평화협력 거점 확보, 접경지역에 국제 경제협력 거점 조성을 목표로 설정하여야 한다. 접경지역 내에 경제협력이 가능한 특구를 조성하고 국경을 자유롭게 넘나들며 실질적인 한반도 경제공동체의 실현을 촉진하는 시발점 역할을 지향해야 한다. 이는 남북 간 상호보완적 경제협력을 통해 상호 이익을 창출하고 남북의 경제통합 기반을 마련함과 동시에 평화지대로서의 상징성을 지니며, 사람과 자원 그리고 자본과 기술이 만나 시너지를 창출하는 혁신거점으로 도약할 것이다. 대외적으로 국제사회의 자본 및 기술 투자 유치를 통해 국제적 경제특구를 지향하고, 장래에는 북한의 경제특구와 통합되어 한반도 경제공동체의 출발점으로서의 기능을 감당하게 될 것이다.

개성공단과 연계성 강화

접경지역 인근 지자체들에서 수립한 기존 계획들은 해당 지역에 남북경제협력을 위한 특구를 설립한다는 공통점을 가지고 있다. 이러한 계획들을 면밀히 검토하여 지리적 요건, 교통망 연계 등을 우선적으로 고려해야 한다. 추가적인 사회간접자본SOC 건설 비용 등에 관한 효율성과 특구에 새로 조성될 산업시설, 개성공단과 산업적 연계성도 고려할 필요가 있다. 또한 평화경제협력지대에서 생산된 제품의 판로 확보를 위해 서울과 수도권의 내수시장은 물론 수출을 위한 해상 및 항공 교통망과의 연계성도 고려해야 한다.

　과거 남북경제협력 모델인 개성공단은 정치적인 위험 요소 외에도 노동력 중심의 산업구조로 인한 한계가 있었다. 북한의 특구 운영에 대한 경험 부족과 제도 부재 등으로 1단계 개발계획도 완성하지 못한 채 중단되고 말았다. 경제특구로 성공을 거둔 체제전환국의 사례에서 볼 수 있듯, 이를 운영하는 양질의 전문인력 보유 여부에 따라 발전 속도가 달라진다. 이에 북한과 경제특구 관련 지식을 공유하고 우리의 해외투자 유치 및 경제특구 운영 경험을 전수하는 것이 우선적으로 필요하다.[12] 또한, 평화경제협력지대 안에 남북경협을 총괄하는 별도 기관을 설립하여 개성공단은 물론이고 그 외의 경제특구·개발구에 대한 정보를 제공하여 지자체와 기업 차원에서 체계적인 협력이 이루어지도록 해야 한다.

산업구조 조정과 남북 경제 동반 성장

기존의 남북협력 사업은 대부분 노동집약형 산업으로 구성되어 있었다. 평화경제협력지대는 대북 경제제재 등을 고려하여 설계하되, 세계적인 경쟁력을 갖춘 첨단기술형 산업으로 구성하는 것이 필요하다. 또한 평화경제협력지대는 과도기에 설치되는 임시적인 경제특구가 아니라 '지속가능한 개발'의 관점에서 접근하여야 한다. 따라서 평화경제협력지대의 지속가능 개발 가능성 및 환경·생태적 특징을 고려하여 남북합의에 따라 설계되어야 한다. 북한의 수요를 파악하여 북한이 얻을 수 있는 이익도 동시에 제시하여야 그 파급효과가 커진다는 것 역시 고려해야 한다. 이에 북한 산업구조와 무역·물류 현황 및 경제개발구 현황 등에 대한 전반적인 검토가 필요하다. 접경지역에 '경제특구' 조성 시 북한 당국이 얻을 수 있는 이익을 구체적으로 제시하여야 한다. 무엇보다 정부가 '평화통일특구' 추진 과정에서 국민적 지지와 동의를 획득하려는 노력을 기울이는 것이 중요하다. '평화-경제 선순환' 논리를 발전시켜, 비단 접경지역의 발전만

---

[12] 또한 투자수익 보호장치 구축, 외국인 투자자 재산권 보호, 안정적인 노사관계 확립 등을 통하여 외국인 투자 유인을 부각하는 동시에, 외국인 투자 주체 발굴과 내자 동원을 위한 재정·금융 시스템 정비가 필요하다.

이 아니라 한국 경제 전반에 미치는 긍정적인 영향을 설명하여야 한다. 이를 위하여 대국민 공청회를 추진하고 각 정부부처는 추진 취지와 효과를 적극적으로 홍보하여야 할 것이다.

생태의 보고와 평화의 상징

전 세계에 유일하게 남아 있는 분단지역 한반도의 상징이 된 DMZ와 접경지역을 평화적인 공간으로 재창출하여, 생태계를 보전하며 그 주변을 첨단 산업시설을 갖춘 산업단지로 개발한다. 이를 통해 한반도의 군사적 위험 요소를 제거하고 국가 브랜드를 향상시키는 것을 목표로 한다. DMZ는 정전협정 이후 67년간 자연 그대로 보존되어 있어 생태의 보고로서 가치가 크다. 또한 남북 간의 철책, 지뢰, GP 등 남북 대립의 역사 유산이 남아 있는 곳이기도 하다. 자연자원은 현상 그대로 보호 관리하고, 일부 지역은 국제기구나 연구기관을 유치하는 방안을 고려해 볼 수 있다. 이와 더불어 생태 및 평화 역사·문화공원을 조성하여 관광자원으로 활용할 수 있을 것이다.[13] 최근 환경과 생태에 대한 관심이 더욱 높아지고 있는 상황에서 최고의 생태 보존지역인 DMZ를 잘 보존하고 관리한다면, 환경 강국으로서 대한민국의 이미지를 제고할 수 있을 것이다.

---

13   홍현익(2020), 6쪽.

평화경제협력지대 구상과 단계별 추진 전략

추진 구상

'평화경제협력지대'는 한반도 분단 상황 속에서 평화지역의 역할을 담당함은 물론이고, 기존의 경제협력 측면의 논의를 종합하여 보완·발전된 형태로 남북 모두에게 상호 이익이 창출되는 복합형 평화경제협력지대를 지향한다. 즉, 남북의 상생 협력과 한반도 경제공동체를 구현하기 위하여 남북교류협력의 전진기지로서 한반도 평화경제의 거점으로 설계되어야 한다. 평화경제협력지대를 '평화상징단지', '평화경제단지', '협력지원단지'로 나누어 구상하여 체계적이고 단계적으로 북한과 협력하여 개발하여야 한다. 이를 위해 현재 DMZ 지역에 구상하고 있는 평화지대화 작업과 더불어 남북경제협력을 위한 첨단산업단지 등을 준비하여 향후 남북 하나의 시장 구축을 위한 민간교역시장과 이산가족상시면회소 그리고 국제기구와 남북경협지원센터 등의 건립을 포괄적으로 고려해야 한다.

평화상징단지

① **이산가족상시면회소 설치** —— 현재 이산가족 상봉을 위한 면회소는 금강산 이산가족면회소[14]가 유일하다. 남북한 정상은 〈평양공동

---

14 2003년 11월 열린 제5차 적십자회담에서 〈금강산 이산가족면회소 건설에 관한 합의서〉가 채택된 뒤 건설에 들어가 남북관계 문제로 몇 차례 중단과 시공을 반복한 끝에 2008년 7월 12일에 완공되었다. 강원도 고성군 온정리 조포마을에 있는 금강산 이산가족 상설면회소는 면적 1만 9835제곱미터 규모로 206개의 객실에 약 1천

선언〉을 통해 이산가족 상설면회소의 문을 열기로 합의하는 한편 화상상봉에도 합의하여 이산가족 상봉 문제를 획기적으로 해결할 전기를 마련하였다. 이 합의에 따라 화상상봉을 위한 면회소 설치와 영상편지 교환을 위한 후속 조치 마련이 시급하다. 따라서 제2면회 소를 건설하여 상봉·교류의 제도화·정례화 기반을 마련할 필요가 있다.

이산가족들이 정례적으로 상봉할 수 있는 상설면회소는, 경의선 남북출입사무소^{CIQ}가 위치하여 출입경 수속이 편리한 경기 북부에 유치하는 것을 고려해 볼 만하다. 육로를 활용한 남북 접근성이 용이하므로 제2이산가족면회소 설치의 적소라고 판단된다.

② **유엔평화대학과 국제기구 유치** —— 평화경제협력지대가 가지는 한반도 지역의 평화공존 및 화해·협력의 장으로서의 상징성을 강조하기 위해, 평화와 관련된 국제회의를 개최하고 교육 및 국제기구를 유치한다. 대표적으로 유엔 제5사무국, 유엔 산하 교육기관 등이 이에 해당한다. 현재 우리나라에 사무국을 두고 있는 국제기구[15] 중 한반도 평화와 북한의 개발협력과 관련이 있는 기구들이 평화경제협력지대로 이전하거나 분소 혹은 사무소를 개설하는 방안을 모색하여야 한다. 한편 북한 내 상주 국제기구[16] 중 북한과 가장 긴밀한 관

명을 수용할 수 있다.

15 GCF(세계기후기금), WB(세계은행), UNESCAP(유엔아태경제사회위원회), WFP(세계식량계획), UNEP(유엔환경계획), UNICEF(유엔아동기금) 등이 있다.

16 UNDP(유엔개발계획), UNICEF(유엔아동기금), FAO(유엔식량농업기구), UNFPA(유엔인구기금), WFP(세계식량계획), WHO(세계보건기구) 등이 있다.

계를 유지하고 있는 국제기구의 유치도 검토해야 한다.

또한 유엔총회 결의 및 평화대학 설립에 관한 국제협약에 근거하여 설립되는 유엔평화대학의 유치를 검토한다. 유엔평화대학은 유엔이 추구하는 세계 인류의 보편적인 가치와 비전, 미션을 수행할 수 있는 시민, 활동가, 지성인을 길러내는 기관으로, 1969년 일본 도쿄에 창립된 유엔대학UNU:United Nations University이 대표적이다.[17] 몇몇 지자체들이 과거 유엔평화대학 분교 유치를 추진한 바 있으나, 현재 보류된 상태이다. 이는 유엔평화대학에 대한 이해 부족과 재원 조달 및 운영 계획의 미비, 유치 주체 불투명과 추진 주체의 신뢰성 제공 미흡 등이 원인이었다.[18] 따라서 구체적인 추진 계획을 정부가 마련하고 평화경제협력지대 해당 지자체와 함께 국제사회와 협력하는 것이 필요하다.

평화경제단지

① **첨단산업단지 조성** —— 평화경제협력지대에 유치할 주력 사업은 첨단산업을 중심으로 하여 향후 국제협력단지로 확대·발전을 고려해야 한다. 남북경제협력의 상징적 사업은 지금까지 개성공단 사업이었으나, 이는 남한의 자본과 북한의 노동력이 결합한 형태로 향후 미래 첨단산업을 준비하는 데는 한계가 존재한다. 북한의 저임금 노

---

17 UN대학은 현재 15개의 회원국(벨기에, 캐나다, 중국, 핀란드, 프랑스, 독일, 가나, 아이슬란드, 일본, 말레이시아, 포르투갈, 스페인, 네덜란드, 미국, 베네수엘라)에 위치한 15개의 연구소와 연계한 프로그램들로 운영되고 있다.

18 서울에 국제기구 진출 희망자들을 대상으로 전문적인 교육을 실시하는 유엔평화대학이 이미 한국사무소를 개소하였다.

동력을 활용하는 제조업 중심의 산업은 초기 단계에는 협력이 가능하나, 미래 성장동력을 확보하기 어려울 것으로 예상된다. 또한 노동력 기반의 성장으로 4차 산업혁명시대 경쟁력을 확보하는 것은 불가능하다. 평화경제협력지대에 첨단산업단지를 조성하는 것은 남한 IT 분야 대기업·중소기업의 생산시설 해외 이전에 대한 현실적 대안이자, 북한의 미래 성장동력 확보를 위한 대안이다. 4차 산업혁명시대에 맞는 산업단지 조성으로 경쟁력을 확보하여, 글로벌 기업 유치를 통해 한반도형 국제협력지대를 지향한다.

② **평화경제시장 설치** —— '남북 하나의 시장'의 기초가 될 초보적 민간교역의 공간으로 '남북평화경제시장' 마련을 목표로 한다. 북한 주민의 자유로운 출입과 체류를 위한 제도적 장치를 마련하여, 생산요소의 자유로운 이동을 저해하였던 북한의 통제 및 규제 개선, 북한지역 육상교통·통신·물류 기반시설의 보완을 통해 접근성을 제고한다. 즉, 평화경제협력지대 안에 북중 자유무역지대인 '호시무역구互市貿易區'[19]와 유사한 형태의 공간을 조성하여, 남북의 접경지역 주민들이 상품 교환 등 경제활동을 하도록 허용하는 방안을 마련한다. 아울러 상품 전시·교역 공간과 물류창고 등 관련 시설을 조성하고, 북한 주민의 출입·체류 보장 및 거래·교역 조건을 구체화한다.

---

[19] 호시무역구는 국경에서 행해지는 자유무역의 하나로, '호시'는 양쪽에서 번갈아 가며 장이 열린다는 의미이다.

협력지원단지

① **평화경제협력지대 종합지원센터 건립** —— 평화경제협력지대에 남
북경협의 허브 역할을 할 수 있는 '평화경제협력지대 종합지원센
터'(가칭)를 건립한다. 주요 업무는 남북경제협력 인허가, 북한 개발
구 소개 및 연계, 근로자 교육센터 운영 등이다.

특히 교육센터는 북한 근로자들에 대한 체계적인 기술교육과 직
업교육을 진행하여 우수 인력을 양성할 수 있다. 교육센터 운영으로
교육 비용 절감, 직종에 맞는 체계적이고 전문적인 프로그램을 통한
교육 진행, 적기·적소에 인력 공급, 북한 근로자의 노동생산성 일정
수준 확보, 기업경쟁력 제고, 후발 기업 투자 유치 촉진이 가능하다.

② **동북아개발은행 설립** —— 동북아개발은행은 동북아시아의 경제
성장과 개발 잠재력 신장을 위해 개발금융의 원활한 지원이 필요
하다는 차원에서 그 설립이 논의되었다. 동북아 개발 수요의 급격
한 증가로 초국경 인프라 사업을 추진하는 데 있어 아시아개발은행
ADB: Asia Development Bank을 포함한 기존 다자개발은행MDB: Multilateral
Development Bank[20]들만으로는 대규모 신규 투자를 지원하기 어렵다는
점이 동북아개발은행 설립 주장의 주요한 근거이다. 정부와 국회,

---

[20] 다자개발은행MDB이란 경제개발자금을 지원하는 은행으로서, 다수의 차입국
또는 개도국과 다수의 재원 공여국 또는 선진국이 가입 자격에 제한 없이
참여하는 은행을 말한다. 대표적 다자개발은행으로 세계은행WB: World Bank그룹,
아프리카개발은행AfDB: African Development Bank, 아시아개발은행ADB: Asia
Development Bank, 유럽부흥개발은행EBRD: European Bank for Reconstruction and
Development 및 미주개발은행IDB: Inter-American Development Bank그룹 등을 들
수 있다.

그리고 지자체 차원에서 간헐적으로 은행 설립 필요성을 꾸준히 제기해 왔으며,[21] 일부 지자체는 지역 발전을 위한 은행본부 유치 의사를 밝힌 상태이다.

동북아개발은행은 북한의 경제 발전과 동북아 지역 경제 활성화를 병행 추진하여 동 지역의 정세 안정 및 평화 유지에 기여할 수 있다. 향후 북한 개발이 특정 국가의 자금에 의존하는 상황이 발생하는 것을 방지하기 위해 주요국의 공동투자를 통해 동북아개발은행을 설립하면, 동북아 지역과의 연계 개발에 따른 경제적 이익 창출, 통일비용 절감 등 긍정적 파급효과를 가져올 수 있다. 평화경제협력지대에 동북아개발은행을 설립하면 안정적인 재정 확보는 물론 장기적으로는 민간 투자자를 확보하는 데 기여할 것으로 판단된다.

단계별 추진 전략

평화경제협력지대의 단계적 추진 방안은 다음과 같다. 1단계는 '준비 단계'로 현재 입법 과정에 있는 '통일(평화)경제특구법'의 제정을 마무리하고 하위 법령 및 개발 지침을 마련하는 단계이다. 이 단계에서는 통일부·국토교통부 등 유관부처를 중심으로 평화경제협력지대의 종합계획을 마련하고 각종 지원 제도를 설계하며, 전문가 자

---

21 이회창 전 한나라당 총재는 국회 대표연설에서 동북아개발은행 설립 검토의 필요성을 언급했으며(1997), 박근혜 전 대통령은 한나라당 대표 시절(2006)과 재임 기간 독일 드레스덴 선언(2014)에서 두 차례 동북아개발은행 설치를 제안하였다. 이밖에도 이광재 더불어민주당 의원(2008)과 현경대 전 민주평통 수석부의장(2012)도 서울과 제주에 각각 동북아개발은행 유치를 주장하였다.

문 그룹 등이 민관 거버넌스 협력 체계를 형성한다. 2단계는 '시범 단계'이다. 이 단계에는 일부 지역을 우선 시범지역으로 조성하여 남북교류 준비의 거점으로 형성하고, 북한 인접지역에 평화경제협력지대 인프라를 구축하여 시범적으로 가동을 시작하는 단계이다. 3단계는 '가동 단계'이다. 이 단계에는 접경지역 거주 주민들이 이동하며 상품 교환 등 경제활동을 하도록 허용하여 남북 간 초보적인 '민간교역의 장場'인 남북평화경제시장을 형성한다. 4단계는 '심화단계'로 남북 모두 실질적인 경제 실익 증대를 위해 기업의 북한 내 활동이 확대되고 인적·물적 교류가 확대되는 시기이다. 이 단계에서는 평화경제협력지대 내 경제시설에 대한 규모를 확대하여 조성하고, 이곳에서 생산된 제품이 북한으로 반출되어 유통되는 산업단지 운영을 모색한다. 마지막 단계는 '확장 단계'이다. 이 단계에는 미래 성장산업에 초점을 맞추어 평화경제협력지대의 경쟁력 제고 방안을 마련하고, 접경지역에 위치한 북한의 경제특구·개발구와의 통

평화경제협력지대 단계적 추진 방안

준비단계	시범단계	가동단계	심화단계	확장단계
통일(평화)경제특구법 개발 지침 마련 제도적 기반 구축 전문가 자문그룹 민관 거버넌스 협력 체계 형성	우선 시범지역 조성 남북교류 공간 제도적 확보 첨단 산업 육성 산업인력 기술교육	남북 기업활동 확대 인적·물적 교류 확대 기반 시설 완성 소규모 산업단지 향후 특구개발 확대 북한과의 협의 남북 간 초보적 민간교역의 場 형성	특구 개발 확대, 북한의 노동력 참여 고려 특구 외부와의 경제적 관계 활성화 개성·해주 지역 통합적 운영 추진	북한 산업적 수요 반영된 개발계획 종합적 거점화 전략 추진과 연계 제도적·물리적 인프라 확충

합적 운영을 추진한다. 구체적으로 북한의 산업적 수요가 반영된 개발계획 수립을 기초로 하여, 북한 내 경제개발구의 종합적인 거점화 전략 추진과 연계한 평화경제협력지대의 역할과 기능을 재정립하는 시기이다. 최종적으로 남북 주민의 자유로운 출입·체류를 위한 제도적·물리적 인프라를 마련하여 실질적인 하나의 시장을 구축하게 된다.

준비 단계

평화경제협력지대 조성을 위한 제도화 구축 단계로 '통일(평화)경제특구법'을 현실적으로 조율하고 정비하여 21대 국회에서 입법을 시도한다. 이를 위해 관련 부처와 지자체는 물론이고 다방면의 전문가들의 의견을 수렴하여 수정·보완된 법안을 완성하는 것이 우선되어야 하겠다. 각 지자체 간의 의견 조율에 기반하여 통일부, 국토교통부, 기획재정부 등 유관부처를 중심으로 협력지대 종합계획을 마련해야 한다. 또한, 통일(평화)경제특구법이 제정된 이후에 하위 법령과 개발 지침 등을 마련하는 준비도 병행되어야 한다. 입법 취지에 맞는 성공적인 경제특구 조성을 각종 지원 제도로 뒷받침하기 위하여 유관부처 합동으로 체계적·조직적으로 산업단지 추진을 실행하는 전담기구를 신설하는 방안도 고려해야 한다.

한편 초기 개발의 혼란을 최소화하기 위하여 민관합동협의체를 설치하는 것이 바람직하다. 산업단지 개발·운영과 관련하여 관계 기관과 개발투자자 그리고 기업 간의 원활한 정보 공유 및 유기적인 협력 등을 위하여 전문가 자문 그룹을 포함하여야 한다. 또한, 남북평화경제협력지대에 대한 국제사회의 투자를 유치하기 위하여 국제기구, 관심 국가의 민간 국제투자자, 국제 NGO 등과 협력 채널을 확보하여 향후 확대 국면을 대비하는 시기이다. 각 참여 주체들의 역할 분담을 명확히 하여 추후 혼란을 최소화하는 설계도 이 시기에 이루어져야 한다. 무엇보다도 국제사회의 대북 제재 국면임을 감안하여 현재 정부가 추진하고 있는 DMZ 평화지대화 사업을 최우선으로 추진하되, 국민적 공감대와 국제사회의 지지와 협조를 구하는 것을 병행하여야 할 것이다. 이산가족면회소 설치, DMZ 생태공원과 관광시설 등의 추진이 바람직하다.

시범 단계

접경지역에 시범지대를 지정하여 '파일럿 프로그램'을 작동하는 단계이다. 해당 지자체의 준비 상황과 재정, 전문인력 등을 종합적으로 고려하여 우선사업단지를 선정한다. 현 대북 제재 상황을 고려했을 때, 북한과의 직접적인 협력을 필요로 하는 사업보다는 남북경제협력센터, 유엔평화대학, 유엔 제5사무국, 남북협력 R&D 사업 등을 고려하는 것이 바람직하다. 또한 북한 인접지역에 평화경제협력지대 인프라를 구축하기 위하여 과거 남북경협에 참여하였거나 향후 참여할 우리 기업을 대상으로 우선 입주 수요를 파악하는 것이 필요하다. 이를 바탕으로 협력지대의 공간적인 구성을 완성하는 시기이다. 또한 산업기능 발전 지원, 북한예술단 공연장 등 문화적 교류지 조성 기능을 고려하여 개발한다. 이를 통해 특구 외부와의 경제적 관계 활성화 장치를 모색하는 시기이다.

특히 남북경협과 관련한 인재 육성을 위하여 '교육센터' 등의 교육 및 연수 공간을 조성하여 상시적으로 개방한다. 북한 경제와 관련한 전반적인 지식을 전수하며, 금융과 회계·무역 등에 관한 정보를 공유할 수 있는 공간 조성도 고려해야 한다. 또한 북한의 주요 경제정책인 경제특구·개발구를 지원하기 위하여 북한과 관련 지식을 공유하고 우리의 해외투자 유치 및 경제특구 운영 경험을 전수하는 것이 우선적으로 필요하다. 우리 정부가 개발도상국을 대상으로 실시하고 있는 경제발전경험공유사업KSP: Knowledge Sharing Program[22]을 북한에 적용해 볼 만하다. 이를 통해 북한에 대한 시장경제 교육 사업을 일회성이 아닌 정기적 사업으로, 그리고 사업의 효과성을 높이기 위해 단기연수보다는 장기연수 형태로 사업을 설계함으로써 질적 성장을 도모하여야 한다. 북한의 역량 강화를 위해 주변국 정부 및 해외 NGO, 해외 진출 국내 기업 등과 협력해 북한의 경제특구·개발구 인력 양성을 지원하고, 국제기구와 공동 컨설팅 사업을 하는 방안 등이 포함된다. 이는 현재의 대북 제재 틀 안에서도 가능한 사업으로 현 시점에도 시도해 볼 만한 가치가 있다고 판단된다. 먼저 이를 위한 '남북공동협의체'부터 구성해 북한의 관광산업은 물론이고 경제 발전 전반에 대한 계획을 수립하고, 전문인력을 양성하며 투자 관련 법제 등을 정비하는 등 본격적인 협력 시대를 대비하는 측면에서 접근하는 것이 중요하다.

---

[22] 경제발전경험공유사업은 기술협력 사업의 한 형태로, 국제사회는 1980년대에 동유럽과 사회주의국가들에 대한 기술지원technical assistance, 1990년대 중반 이후부터는 지식공유knowledge sharing, 기술협력technical cooperation의 명칭으로 체제전환국과 개도국에 시장경제 및 경제 발전 지식과 경험을 전수하는 사업을 진행하고 있다.

가동 단계

평화경제협력지대 운영 기반시설을 완성하고 필요한 인프라를 구축하여 본격적으로 사업을 추진하는 단계이다.[23] 개성공단의 재가동을 가정할 경우, 우선적으로 개성공단과 연계·발전이 가능한 산업의 기업들이 입주하도록 한다. 이와는 별도로 첨단산업 중심의 핵심 기업을 위한 공간을 설치하여 본격 확장 단계에 대비하여야 한다. 또한, 생산 제품의 판로를 확보하여 수도권 등 국내시장과 해외시장으로의 공급 계획을 마련한다. 이 단계부터는 북한과의 공조가 필수적이며, 우리 주도로 산업단지를 운영해 나가되 남북이 공동으로 운영을 협의할 수 있는 시스템을 마련한다. 향후 확대 시 필요한 남북 간 군사·안보적 측면에서의 논의와 북한의 노동력 활용에 따른 다양한 내용을 협의하여야 한다. 이에 따른 북한의 근로자 출입과 체류 및 거주와 관련한 규정을 통일(평화)경제특구법에 추가 반영하는 것도 검토한다. 이러한 조건이 마련되면, 산업별 인프라 구축을 완성하고 특구를 완성하여 가동을 본격화한다. 생산품을 남과 북은 물론이고 전 세계적으로 판매하고, 남북한 민간교역을 진행한다. 이 밖에 산업단지외 주거시설을 설치하고 병원 등의 부대시설을 완비한다.

가동 단계에서 가장 역점을 두어야 할 사업은 '남북 하나의 시장'의 기초가 될 초보적 민간교역의 공간을 마련하는 것이다. 협력지대 안에 일정 구역을 지정하여 남북 접경지역 거주 주민들이 신분증명

---

[23] 본격 가동은 대북 제재를 고려해야 하며 전면 해제 혹은 부분적 완화 시 국제사회와의 협조 아래 해당 사업들의 위반 여부 검토가 사전에 이루어지는 것을 전제로 한다.

서를 소지하고 이동하며 상품 교환 등 경제활동을 하도록 허용하는 것을 고려해야 한다. 예를 들면, 접경지역 수십 킬로미터 이내에 거주하는 남북 주민을 대상으로 1인당 일정 금액 이하의 상품 교역에 한해 세금 부과를 면제해 주는 방안도 고려할 수 있다. 상품 전시·교역 공간과 물류창고 등 관련 시설을 조성하고, 북한 주민의 출입·체류 보장 및 거래·교역 조건에 대한 구체화 작업을 추진하는 시기이다.

심화 단계

가동 단계에서 나타난 평화경제협력지대의 문제점을 파악하고 이를 보완하여 특구 개발을 확대해 나가는 시기이다. 북한의 노동력 참여를 확대하여, 협력을 넘어 기술 이전을 통해 북한 내 타 지역으로 경제특구의 범위를 확장해 나간다. 남북 모두 경제 실익 증대를 위해 남북 기업의 북한 내 활동이 확대되고 남북한 인적·물적 교류를 확장해 나간다. 또한 첨단산업 육성과 산업인력의 기술교육을 통해 산업 고도화를 지속적으로 추진한다. 국제화를 촉진하기 위해 기업 활동에 관한 제도적 장치를 강화하여, 통신·통행·통관의 3통 등 기본적인 기업 환경뿐만 아니라 노무·세무·보험 등 기업 활동과 관련된 제도들을 국제적 기준에 맞도록 구축하고 정비한다. 외국 자본에 의한 투자 확대를 고려하여 투자자산 및 진출 기업 관계자 보호를 위한 투명한 관리 시스템 구축이 요구된다. 이와 함께 미래 성장산업에 초점을 맞추어 협력단지 경쟁력 제고 방안을 마련하고 평화경제협력지대와 북한의 경제특구·개발구와의 통합적 운영을 모색한다. 개성, 해주를 비롯한 북한의 접경지역 도시와 인근 경제개발구와의 공동 개발을 추진한다.

확장 단계

남북한 경제지대의 유기적인 결합을 통하여 남북 공동 번영을 추구하며, 남북이 공동으로 운영하는 시장을 마련하여 남북 경제공동체를 위한 하나의 시장을 실현하는 시기이다. 이를 위해 우선적으로 북한의 산업적 수요가 반영된 개발계획을 수립하여, 북한 경제개발구의 종합적인 거점화 전략 추진과 연계한 평화경제협력지대의 역할과 기능을 재정립한다. 접경지역에서 벗어난 지역이라 하더라도 남북협력에 우위가 있다고 판단되는 지자체에는 동일한 지원을 하는 것도 고려해 볼 만한 시기이다. 또한 본격적인 외국인 투자 유치를 대비한 시설을 구축해야 한다. 이를 위해 '평화경제특구 투자지원종합센터'를 설치하여 외국인 투자를 적극 유치하고, 원활한 재원조달을 위해 동북아개발은행 등의 금융기구를 남북평화경제협력지구 내에 유치하도록 해야 한다. 국제첨단산업단지가 조성되어 글로벌 기업이 특구 내에 입주한다면, 동북아 국가는 물론이고 타 국가의 참여를 유도하는 계기가 될 것이다.

한편 남북 인원의 자유로운 출입과 체류를 위해 북한의 통제 및 규제를 개선하고 제도적인 장치를 마련하며, 육상교통·통신·물류 기반시설을 보완하여 접근성을 제고한다. 앞서 제시한 '남북평화경제시장'의 활성화를 위하여 시장의 물적·양적인 확장을 시도해야 하는 시기이다. 시장 상설화와 인원 확대 등을 고려해야 한다.

맺음말

한반도 평화를 향한 여정이 순탄치만은 않다. 예상대로 비핵화와 대북 제재 해제를 두고 북미 간의 협상이 별다른 진전 없이 장기화되고 있으며, 전 세계를 혼돈 속에 몰아넣은 코로나19 사태로 한반도의 상황을 예측하는 것이 더욱 어려워졌다. 하지만 우리 정부는 한반도 평화 프로세스의 가시적인 성과를 위해 기존의 대북정책 기조를 유지해 나갈 것으로 전망된다. 이에 대북 제재와 연관이 없는 사업을 중심으로 하는 우리만의 독자적인 남북협력 사업도 본격적으로 추진될 전망이다. 이러한 정부의 대북정책이 원활하게 추진될 수 있도록 남북협력에 관한 법제 정비 등 국회 차원의 지지와 협력이 뒷받침될 것으로 보인다.

　본 글에서는 기존의 구상들에서 나타난 문제점과 한계를 보완한 새로운 형태의 DMZ와 접경지역의 남북경제협력 모델로 '평화경제협력지대' 설치를 제안하였다. 지속가능한 미래지향적 복합특구단지의 개념인 '평화경제협력지대'는 통일 이전 남북 경제공동체 형성을 위한 전진기지가 될 것이며, 평화의 상징성은 물론이고 첨단 산업과 무역·관광을 포함하는 국제적인 특구로 성장할 것이다.

　아울러 평화경제협력지대의 추진 단계를 '준비-시범-가동-심화-확장'으로 구분하고 각 시기에 맞는 사업들을 선정하여 추진할 것을 제시하였다. 평화경제협력지대가 본격적으로 가동되면 정치·군사적 긴장 완화 및 평화 정착, 국토 균형개발, 생산 유발 및 고용 창출 등 우리 경제의 다방면에 긍정적인 영향을 미칠 것으로 예상된다. 북한 역시 첨단 시설로 만들어진 공단 개발을 경험할 수 있으며, 북한 기업이 협력지대 내의 산업단지에 투자할 경우, 외국 기업과 합영·합작을 통해 선진 기업 운영 방식과 기술 습득이 가능할 것이다. 또한 특구에 축적된 기술·정보 등이 북한에 파급되어 지속적·안정적 발전의 촉진제 역할을 할 것이다. 무엇보다 평화경제협력지대에 '호시무역구' 형태의 남북 간 시장인 남북평화경제시장이 형성된다면, 한반도 신경제구상이자 신한반도체제의 종착점 및 마지막 퍼즐인 '하나의 시장'을 위한 기초를 마련할 수 있을 것이다.

참고문헌

국방부, 〈「판문점선언 이행을 위한 군사분야 합의서」 해설자료〉, 서울: 국방부, 2018.

김민혁, 〈비무장지대(DMZ)를 평화의 공간으로 만들어가기 위한 역대정부의 DMZ 정책들〉, 서울: 통일부, 2020.

김병로 외, 《개성공단: 공간평화의 기획과 한반도형 통일 프로젝트》, 진인진, 2015.

김영봉 외, 《남북경협 활성화 시대에 대비한 동해연안 남북접경지역의 평화적 이용 방안》, 세종: 국토연구원, 2008.

김창환, 〈DMZ의 지속가능한 개발은 가능한가?〉, 2019 DMZ 평화포럼, 《DMZ의 현재와 평화공존의 미래상》, 통일연구원(강원대 주최 세미나 자료), 2019.

박영민, 〈DMZ 평화지대화 추진의 조건과 과제〉, 《접경지역통일연구》 제3권 제1호, 경기: 접경지역학회, 2019.

백일순, 〈한반도의 접합 공간, '개성공단'〉, 《Asian Regional Review DiverseAsia》, 2019.

소성규, 〈통일경제특구법의 제정방향〉, 서울: 국회 법제사법위원회, 2009.

안제노 · 이수석, 〈'DMZ 국제평화지대화' 제안의 의의와 과제〉, 《이슈브리핑》 통권 150호, 서울: 국가안보전략연구원, 2019.

육동한 · 김범수 · 박상헌, 〈2018 남북정상회담 그리고 강원도 – 남북관계 발전과 강원도 평화경제 이니셔티브(안)〉, 제686호 남북교류협력시리즈 《정책메모》, 강원: 강원연구원, 2018.

이외희, 〈통일경제특구, 경기도 조성방향은?〉, 《이슈브리프》, 수원: 경기연구원, 2018.

장윤정 · 이유진, 〈접경지역에 대한 예술적 접근〉, 《영토해양연구》, 2012.

정대진, 〈DMZ 평화적 이용을 위한 남북합의와 향후 과제〉, 《국가전략》 제25권 제3호, 경기: 세종연구소, 2019.

정유석, 〈남북경제공동체 형성을 위한 평화경제협력지대 추진전략〉, 《Journal of North Korea Studies》, 2020.

_____, 〈통일경제특구 설치와 남북경협, 그리고 하나의 시장〉,《북한경제리뷰》, 세종: 한국경제연구원, 2018.

_____,《통일 시대를 대비한 접경지역 고양시의 거점도시 전략 연구》, 경기: 고양시정연구원, 2017.

조한범, 〈DMZ 국제평화지대화의 의의와 추진방안〉,《Online Series》, 서울: 통일연구원, 2019.

최용환, 〈DMZ 평화지대 조성을 위한 실천과제〉,《접경지역통일연구》, 제2권 제2호, 경기: 접경지역학회, 2019.

통일교육원,《미래를 위해 남겨놓은 과거, DMZ》, 주제가 있는 통일문제 강좌 25, 서울: 통일연구원, 2010.

행정안전부,《접경지역 발전 계획》, 2015.

홍현익, 〈DMZ 국제평화지대 구상 실현 방안〉,《세종정책브리프》 No. 2020-02, 경기: 세종연구소, 2020.

통일부 (www.unikorea.go.kr)

청와대 홈페이지 (http://www.president.go.kr)

국가기록원 (www.archives.go.kr)

실체적 평화를 이끄는 접경지역 국제평화지대화

| 박은주 |

들어가며

한반도는 늘 평화를 염원한다. 1945년 남북한이 분단된 이래 '한반도 평화'는 가장 큰 숙제였다. 남북한은 서로 총구를 겨누었던 동족 상잔의 비극을 잊지 못하고 있다. 그렇기에 국민 대다수가 평화에 목마른 모습을 보이는 것일지도 모른다. 단언하건대 한반도의 그 누구도 '어게인again 6·25'를 바라지 않을 것이다. 이는 각종 여론조사에서도 확인된다. 남북관계가 사실상 단절됐던 2020년 실시된 한 여론조사에서도 한반도 평화 정착의 필요성에 대한 공감대는 유효했다.

하지만 남북관계는 대내외적인 이유로 부침을 거듭하고 있다. 천안함 폭침과 연평도 포격 사건, 북한의 핵·미사일 실험 등 악재가 잇따랐다. 하지만 2017년 출범한 문재인정부는 남북관계 개선 의지가 높았다. 문재인정부는 남북이 적대적 긴장과 전쟁 위협을 없애고, 함께 공존·번영의 동반자가 되자고 제안했다. 정부의 구상은 2018년 개최된 세 차례의 남북정상회담을 통해 실현되는 듯했다. 4·27 남북정상회담에서 9월 평양 회담까지 이어지며 남북관계도 급격한 전환기를 맞았다. 하지만 2019년 2월 하노이에서 열린 북미정상회담이 노딜no-deal로 끝나면서 남북관계가 교착 상태에 빠졌다. 한국 정부는 여전히 남북관계 개선을 위해 노력 중이다. 북한에 대한 식량 지원과 다양한 분야의 교류협력 사업 재개를 제시했지만 실현되지 못하고 있다. 2020년 코로나19가 전 세계적으로 퍼져 나갔다. 한국 정부는 북한에 보건의료협력이라는 새로운 카드를 제시했지만 무산됐다. 남북관계 개선의 실마리가 보이지 않고 있다.

엎친 데 덮친 격으로 북한의 잇따른 미사일 시험발사는 남북관계를 급속히 냉각시켰다. 남북관계 악화는 한국 사회 전반의 불안을 고조시킨다. 단절과 갈등에서 오는 불안은 접경지역 주민들에게 더욱 큰 영향을 미친다. 2020년 북한은 대남 강경조치로 비무장지대 DMZ: Demilitarized Zone에서 철수했던 민경초소GP: Guard Post를 재진출시켰다. 또 접경지역에서 군사훈련을 재개했을 뿐 아니라 2020년 6월 16일 오후 2시 49분에 개성에 있는 남북공동연락사무소 청사를 폭파했다(BBC, 2020). 이때 접경지역 주민 다수가 긴급 대피했고(이종구, 2020) 불안감을 호소했다(이은영, 2020). 이어 같은 해 6월 20일에는 대규모 대남 삐라(전단) 살포를 예고하며 인쇄물을 공개했다(로동신문, 2020). 김정은 국무위원장이 노동당 중앙군사위원회 제7기 제5차 예비회의에서 대남 군사행동 계획을 보류하면서 최악의 국면은 면할 수 있었다(로동신문, 2020). 하지만 이것으로 남북관계가 악화 국면을 벗어났다고 평가할 수는 없다. 오히려 이 일련의 사건들은 악화된 남북관계의 단면을 적나라하게 보여 주는 계기가 됐다. 접경지역은 남북관계 악화 시 가장 먼저 위협에 노출될 수밖에 없는 지정학적 특성을 가진다. 즉, 접경지역 주민들에게 남북관계 악화는 민족상잔의 비극을 넘어선 생존의 문제가 된다. 접경지역 주민들은 지정학적, 구조적 이유로 한반도 평화를 더욱 갈망할 수밖에 없을 것이다.

이쯤에서 한 가지 의문이 생긴다. 대다수 국민이 그토록 열망하고 원하는 '한반도 평화'는 대체 무엇인가? 이 질문에 쉽게 답을 내놓을 수 있는 사람은 드물 것이다. 그렇다면 우리는 무엇이라 딱히 정의할 수 없는 한반도 평화를 왜 그리도 강조하는 것일까? 왜 내가 꿈꾸는 한반도 평화가 무엇인지 설명하지 못하는 것일까? 실체가 없는

'한반도 평화'를 무작정 좇는 현 상황은 사막 한가운데서 실체를 알 수 없는 오아시스를 찾아 헤매는 여행자의 모습과 겹쳐진다. 더 냉정히 보면, 오아시스를 찾아 헤매는 사막 여행자보다 더 어려운 처지이다. 적어도 사막 여행자는 오아시스라는 명확한 목적지가 있지 않은가. 사막 여행자는 타는 목마름에서 벗어나기 위해 오아시스를 찾기만 하면 된다. 하지만 우리는 한반도 평화라는 목적지가 어떤 곳인지에 대해 합의부터 해야 한다. 목적지가 합의되지 않은 상태에서 경로를 논하는 것은 어리석은 일이다. 우리는 가장 먼저 도달해야 할 '한반도 평화'라는 목적지를 명확히 해야 한다. 그 후 목적지까지 어떻게 갈 것인지에 대한 방법론을 생각해야 한다.

이러한 차원에서 이 글은 크게 세 가지를 이야기하고자 한다. 첫 번째는 우리가 도달해야 할 '한반도 평화'라는 목적지가 어떤 모습인지 구체화하는 것이다. 관념적ideological 한반도 평화에서 실체적 substantive 한반도 평화로의 전환이 무엇보다 중요하다. 한반도 평화에 대한 실체적 접근은 한반도 평화로 가는 경로를 명확히 하는 데 도움을 줄 수 있기 때문이다. 두 번째는 접경지역을 포함한 특정 공간에서의 접촉 확대가 한반도 평화를 이끄는 데 도움을 줄 수 있는지 파악하는 것이다. 현재의 접경지역은 단절과 분열의 공간이다. 이 공간이 소통과 협력의 공간으로 변모한다면 남북관계에 긍정적인 영향을 줄 수 있을지 검토해 볼 필요가 있다. 개성공단 사례에서 확인할 수 있듯이, 남북한이 협력할 수 있는 공간이 양국 주민들에게 미치는 영향은 적지 않기 때문이다. 세 번째는 실체적인 한반도 평화에 도달할 수 있는 최적의 방안을 제시하는 것이다. '접경지역 국제평화지대화'는 한반도 평화 구축을 위한 현실적인 방안이 될 수 있다. 접경지역 일대의 발전은 단순한 '개발'이 아닌 '평화적 발전'이라는 측면에서 바라봐야 한다. 공간이 가지는 상징성을 변화시키고, 실질적인 협력 공간으로 발전시킨다면 그 자체가 한반도 평화에 이바지할 수 있을 것이다.

평화 논의의 역사와 한반도 평화

평화 논의의 역사

평화는 여러 문화권에서 다양한 모습으로 발전해 왔다. 또 다양한 학문 분야에서 다양한 접근 방식으로 다뤄지고 있다. 따라서 평화의 개념을 한 가지로 특정하기는 어렵다. 평화의 형태가 정치, 사회, 문화, 사상, 언어, 종교, 개인이 처한 환경에 따라 다르게 나타날 수 있기 때문이다. 즉, 평화는 각각의 행위자가 처한 상황이나 목적에 따라 서로 다른 의미로 해석될 수 있다(박은주, 2018: 30). 보통의 경우, 평화 연구peace research는 평화학peace studies이나 평화갈등학peace and conflict studies과 동일한 의미로 사용된다(정주진, 2013: 156). 이때의 평화는 '폭력이 부재한 상태absence of violence'를 의미한다(Galtung, 1968: 487). 서구 사회는 20세기 초까지 평화를 '싸움이나 전쟁이 없는 상태'로 인식하는 경향이 있었다.

인류가 평화를 논해 온 역사는 매우 길다. 고대로 거슬러 올라가면 평화의 개념은 크게 두 가지로 구분된다. 하나는 '팍스 로마나pax romana'이고 다른 하나는 '에이레네eirene'이다. 로마식 평화인 '팍스

로마나'는 힘의 철학을 의미한다. 전쟁이나 억압, 수탈, 착취 등의 방식을 포함해 승리함으로써 더는 전쟁이 발생하지 않는 상태를 쟁취하는 것을 뜻한다. 반면, 히브리식 평화인 '에이레네'는 전쟁 상태를 일시적으로 벗어난 상태도 평화로 본다. 상호 간의 계약 조건이 모두 이행됨으로써 주어지는 완전한 관계가 주는 평화를 뜻하는 것이다. 이러한 의미에서 서구식 평화는 평화의 상태와 비평화의 상태 중 어느 것이 더 근본적인가에 대한 논쟁의 역사로 이해할 수 있다 (고병헌 외, 2007: 29).

홉스Thomas Hobbes, 클라우제비츠Karl von Clausewitz, 마르크스Karl Marx, 프로이트Sigmund Freud, 니체F. W. Nietzsche 등은 비평화적 상태를 더 근본적이라고 본 대표적 사상가들이다. 반면, 루소Jean-Jacques Rousseau, 칸트Immanuel Kant 등은 평화적 상태를 더 근본적이라고 평가했다(박은주, 2018: 31-34). 오랜 시간에 걸쳐 수많은 철학자가 평화에 대한 개념 정의와 관념을 설명하고자 했지만, 합의된 결론을 도출하지 못했다. 현대인들이 익히 알고 있는 평화의 개념은 국제정치학에서 사용하는 의미이다. 국제정치학에서 평화는 '전쟁의 부재', 즉 조약에 의해 주어진 전쟁이 없는 상태를 의미한다. 평화를 전쟁으로 얻어진 세력 균형이자 헤게모니hegemonie 국가가 부과하는 질서로 보는 것이다(임명수, 2007: 59).

세계적으로 유명한 평화학자 갈퉁Johan Galtung은 평화를 '소극적 평화negative peace'와 '적극적 평화positive peace'로 구분했다. 소극적 평화는 전쟁의 반대 개념으로 물리적 폭력이 없는 상태를 의미한다. 반면, 적극적 평화는 전쟁의 근원이 되는 구조적 폭력structural violence까지 제거해 집단 간 협력과 통합을 이룰 수 있는 상태를 뜻한다

(Galtung, 1996: 1-9). 소극적 평화는 단순히 전쟁이 없는 현상 자체를 의미하지만, 적극적 평화는 내부의 비평화적 요소들을 완전히 제거한 상태를 의미하는 것이다. 정리하면, 평화는 "불안정성이 큰 외부적 현상보다는 내부적으로 직접 당사국 간 갈등을 유발하는 비평화적 요소들이 제거된 상태"라고 정의할 수 있다. 이러한 평화의 실현은 국가 간의 평화 교란 요인뿐 아니라 국가 내부에서 발생하는 정치·경제·사회·문화적인 평화 교란 요인까지 해소될 때 가능하다(장용석, 2010: 127). 또 국제정치적 상황이나 당사국들이 처한 상황, 각 국가의 외교정책 목표, 시대적 배경 등도 종합적으로 고려해야 한다.

한반도 평화의 의미

한반도 평화를 정의하려면 이것에 어떻게 접근할 것인지 생각해 봐야 한다. 한반도 평화는 어떻게 접근하느냐에 따라 의미하는 바가 달라질 수 있기 때문이다. 우리가 바라는 한반도 평화는 '전쟁 없는 상태'로 족한가? 아니면 '남북 분단이라는 불안정한 현상 속에 존재하는 비평화적 요소들, 전쟁이 일어날 우려까지 제거된 상태'인가?

《새우리말 큰사전》은 평화를 "전쟁이나 무력충돌이 없이 국제적·국내적으로 사회가 평온한 상태"라고 정의하고 있다. 전쟁을 포함한 무력충돌의 부재를 평화로 규정하는 것이다. 한국의 평화는 서구의 근대적 평화 개념과 맥을 같이 한다(하영선, 2002: 111). 이 같은 한반도 평화의 의미는 역설적이게도 박정희정부 시기에 처음 등장했다. 박정희정부가 1960년대 반공정책을 전개한 것을 떠올리면 선뜻 이해되지 않는다. 박정희 대통령은 1970년대 초반 데탕트détente 시대의 3

중 생존전략 중 하나로 남북교류협력을 통한 평화공존을 제창했다
(평화통일정책자문회의, 1986: 151). 1974년 1월 18일 연두기자회견에서 "전
쟁을 완전히 포기하고 다시는 서로 침략하거나 무력대결을 하지 않
는 것이 평화"라며, "평화를 지키겠다는 의지, 서로 전쟁을 하지 않겠
다는 의사가 명백히 있느냐 하는 것이 중요하다"고 강조했다(국토통일
원, 1988: 460). 남북한이 상호불가침협정을 맺고, 교류협력을 증대시켜
평화·공존하는 것을 한반도 평화로 정의한 것이다. 단계적이고 기
능주의적인 접근법이라 할 수 있다. 정전 상태를 유지·준수하는 소
극적 평화에서 민족 공동 이익을 위해 협력하는 적극적 평화로 전환
할 것을 강조한 것이다.

물론, 한국과 북한은 한반도 평화를 다르게 정의한다. 남북한 간의
평화 인식은 몇 가지 중대한 쟁점이 존재한다. 남북한 모두 상대국
의 한반도 평화 인식에 일방적으로 동의하기는 쉽지 않은 상황이다.
하지만 남북한은 양국의 발전을 위해 결단을 내려야 한다. 양국이
상호 간의 인식 차이를 종합적으로 고려해, 합의된 한반도 평화 개
념을 도출해야 한다. 실체적인 한반도 평화는 남북한의 군사적 신뢰
와 한반도 주변국들의 평화 보장 등 후속 조치가 병행될 때 지속할
수 있다. 쉽게 설명하면, 남북한이 적대행위를 멈추고 상호불가침과
교류협력을 균형적으로 추진할 때 비로소 실체적인 평화가 구현될
수 있는 것이다. 핵심은 '적대행위의 중단'과 '중단 없는 교류협력의
추진'이다. 남북한이 한반도 평화 논의를 지속하는 것도 바람직하다.
합의 도출을 위해 대화를 지속하는 과정process 자체가 관계 악화를
막아 줄 수 있기 때문이다(쿠퍼, 2004: 195).

접경지역 국제평화지대화의 의미

국제평화지대화 구상의 등장

'국제평화지대화'는 문재인 대통령의 연설에서 처음 등장한 용어이다. 문 대통령은 2019년 9월 24일 제74차 유엔총회 기조연설에서 "DMZ 국제평화지대화"를 공식 제안했다. "분단의 비극과 평화의 염원이 함께 깃들어 있는 상징적인 역사 공간인 DMZ를 남과 북, 국제사회가 함께 한반도 번영을 설계할 수 있는 공간"으로 변화시키자고 한 것이다. 이 제안의 핵심은 '국제사회의 공조'에 있다. 국제사회의 협력과 보장을 통해 •한반도 긴장 완화, •북한의 체제 안전에 대한 우려 불식, •DMZ의 단절 극복 등을 달성하고자 한 것이다. 'DMZ 국제평화지대화'의 구체적인 사업은 •남북한 공동 DMZ의 유네스코 세계유산 등재, •DMZ 내 유엔기구 유치, •개성-판문점 지역의 평화협력지구 지정, •DMZ 내 지뢰 제거 작업 등이 포함된다.

이 제안은 크게 두 가지 측면에서 의미가 있다. 첫째는 한국과 북한, 국제사회 등 한반도 평화와 관련된 주요 행위자가 모두 참여하는 방안이라는 점이다. 이 메시지는 국제사회가 한반도 평화의 조력자로 적극적으로 나서 줄 것을 촉구하는 의미를 담고 있다. 국제적으로 공인된 한반도 평화는 궁극적으로 북한의 체제 안정에 대한 불안감을 해소하는 데 도움을 줄 수 있을 것이다. 또 국제사회가 참여하는 다자협력의 틀은 구속력을 가지므로 북한의 이탈을 방지하는 효과를 기대할 수 있을 것이다. 둘째는 공간이 가진 고유한 의미를 변화시켜 관계의 변화를 꾀했다는 점이다. DMZ는 세계 유일의 분단국인 대한민국의 비극을 상징하는 공간이다. 1953년 7월 27일 정전협정Armistice Agreement이 체결되면서 DMZ라는 특수한 공간이 탄생했다. 이 제안은 공간의 부정적 의미를 소거하고, 긍정적 공간으로 재탄생시켜 관계 개선의 허브hub로 자리매김할 수 있게 한다.

사실, DMZ의 평화적 활용 방안은 이전 정부에서도 꾸준히 검토됐다. 역대 대통령 중 가장 먼저 DMZ 관련 구상을 제시한 것은 노태우 대통령이다. 노태우 대통령은 1988년 유엔총회 연설에서 'DMZ 내 평화시 건설'을 제안했다. 김영삼 대통령은 1994년 '자연공원화'를 제의했다. 김대중 대통령은 1998년 DMZ를 '자연유보지역'으로 지정했다. 노무현 대통령은 2007년 '평화지대'를, 이명박 대통령은 2012년 '세계적인 생태·평화벨트Eco-Peace Belt'로의 육성을, 박근혜 대통령은 2013년 'DMZ 세계평화공원'을 각각 제안했다. 중앙정부뿐만 아니라 지방자치단체와 시민사회단체, 민간기업 등 다양한 주체들이 DMZ의 평화적 활용 방안에 많은 관심을 가졌다.

문재인 대통령은 'DMZ 국제평화지대화'를 위한 남북한과 국제사회의 삼각협력축을 강조했다. 삼각협력이 한반도는 물론 동북아 평화를 정착시키고, 역내 국가들을 이롭게 할 수 있다는 기대가 내포된 것이다. 비록 'DMZ 국제평화지대화'가 국제사회의 대북 제재 국면을 전환하는 데는 실패했지만, 북핵 문제로 경색된 국제사회와의 관계를 변화시킬 수 있는 실마리를 제공할 수 있다는 점에서 긍정적으로 평가할 수 있다.

DMZ 및 접경지역의 특성과 '접경지역 국제평화지대화'

접경지역은 남북한의 분단으로 생겨난 '분쟁'과 '단절'을 상징하는
공간이다. 휴전 당시 유엔군(한국군)과 북한군은 전투배치선을 중
심으로 각각 2킬로미터씩 양국의 군대를 후퇴시켰다. 그 결과, 한반
도에는 서해안의 경기도 파주시 정동리부터 동해안의 강원도 고성
군 명호리까지 총 248킬로미터(155마일)에 달하는 군사분계선MDL:
Military Demarcation Line이 설치됐다. 접경지역은 군사분계선에 맞닿아
있는 한국과 북한 지역 일원을 의미하며, DMZ와 민간인 통제보호
구역으로 구분한다. 군사분계선을 기준으로 폭 4킬로미터에 형성된
지역은 DMZ로, 그 면적이 약 907제곱킬로미터에 달한다. DMZ 외

〈그림 1〉 접경지역의 범위

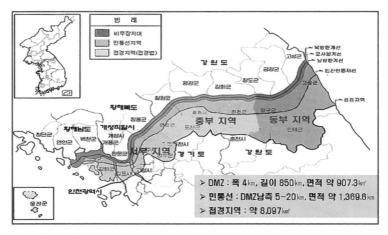

자료: 행정안전부, 〈접경지역 관련 각종 통계〉, 행정안전부, 2013.

지역, 다시 말해 DMZ 남측의 5~20킬로미터 범위의 지역이 민간인 통제보호구역이다.

정전협정 체결로 설치된 DMZ의 한국 측 지역은 유엔 군사정전위원회가 관리하고 있다. DMZ는 국제법상 군사시설 배치와 무장이 금지된다. 또 DMZ 내 출입은 원천적으로 불가하며, 건축물의 건축과 자원 조사 등을 추진할 시에는 남북 협의와 유엔 군사정전위원회의 승인이 필요하다. 따라서 DMZ의 활용 방안 논의는 공간의 특수성을 고려해 국제적 차원에서 진행해야 한다.

반면, 민간인 통제보호구역은 「군사기지 및 군사시설보호법」에 의해 통제되고, 민간인의 출입과 건축물 건축이 제한된다. 이 구역 내 활동은 군부대와 협의가 필요하다. 민간인 통제보호구역의 면적은 1,369.6제곱킬로미터에 달한다. 이외에도 군사분계선 남방 25킬로미터 이내 지역은 민간인 제한보호구역으로 지정돼 있다. 민간인 통제보호구역과 민간인 제한보호구역을 합쳐 민간인 통제구역이라고 명명하는데, 그 면적은 한국 전체 면적의 5퍼센트에 달하는 4,904제곱킬로미터 정도로 집계된다.

DMZ를 포함한 접경지역은 남북한 간의 정치·군사적 대립으로 민간인의 접근이 제한돼 있다. 또 중첩규제로 개발 행위가 중단되거나 제한적으로 진행되고 있다. 이러한 지정학적 특성은 역설적으로 DMZ의 자연생태계 보존력을 높여 주었다. 그 결과 DMZ는 역사, 관광, 문화, 생태적으로 가치가 높은 공간으로 평가받게 됐다. 접경지역이 높은 개발 잠재력을 가진 지역이라는 의미다. 분쟁과 단절의 상징인 접경지역을 남북 화해·협력지역으로 변화시키는 것은 한반도의 미래에 중요한 일이다. DMZ를 중심으로 한 접경지역의 국제평화지대화는 한반도 평화와 남북한 간의 초국적 협력을 끌어낼 수 있을 것이다. 이때 잊지 말아야 할 점은 DMZ가 가진 공간적 특성이다. DMZ에서 추진하는 모든 사업은 유엔 군사정전위원회와의 협의와 승인이 필요하다. 따라서 접경지역 국제평화지대화는 남북한 간의 합의도 중요하지만, 국제적 보장을 실현할 수 있는 방향으로 추진해야 한다.

국경 다공화에 기반한 접경 협력 체계 구축의 필요성

DMZ는 전쟁으로 체결된 정전협정 혹은 내전, 유엔 안전보장이사회의 결의 등을 통해 설치된다. 국제적 무력충돌로 DMZ가 설정된 사례는 1949년 7월 인도-파키스탄(Karachi Agreement), 1974년 5월 이스라엘-시리아(Disengagement Agreement between Israel and Syria), 1979년 3월 이스라엘-이집트(Peace Treaty between Israel and Egypt), 1991년 이라크-쿠웨이트 등이 있다. 내전으로 DMZ가 설정된 국가는 1954년 베트남, 1998년 콜롬비아, 1993년 5월 보스니아-헤르체고비나(Agreement on the Demilitarization of Srebrenica and Zepa) 등이다(ICRC, 2020). 이 지역들 중 대부분은 DMZ의 기능이 제대로 작동되지 않아 군사적 충돌이 빈번하게 발생했다.

접경지역은 국가 간 관계가 적대적이고 대립적인 경우, 분리와 부정적인 영향이 강하게 나타난다. 반면, 국가 간 관계가 우호적이고 협력적인 경우, 접촉과 긍정적인 기능이 강하게 나타난다(접경지역 시장·군수협의회, 2019: 7). 마르티네스Oscar Martinez는 접경지역을 〈그림 2〉

〈그림 2〉 접경지역의 유형

단절된 접경지역
alienated borderland

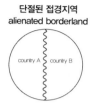

공존하는 접경지역
coexistent borderland

상호의존적 접경지역
interdependent borderland

상호의존적 접경지역
integrated borderland

자료: Martinez(1994).

와 같이 네 가지 유형으로 구분한다.

첫 번째 유형은 '단절된 접경지역alienated borderlands'이다. 이 유형은 국가 간 긴장관계가 높을 때 주로 나타난다. 이때 접경지역의 경계는 기능적으로 폐쇄되고, 경계를 넘나드는 양국 간 상호작용은 거의 존재하지 않는다. 두 번째 유형은 '공존하는 접경지역coexistent borderlands'이다. 이 유형은 단절된 접경지역 유형보다 상대적으로 국가 간 긴장관계가 낮은 경우 나타난다. 시기에 따라 안정성이 불확실하게 나타나지만, 접경지역의 경계는 제한적인 상호협력을 위해 일부 개방된다. 세 번째 유형은 '상호의존적 접경지역interdependent borderlands'이다. 이 유형은 대체로 안정성이 보장되는 지역에서 나타난다. 국가 간 경제적·사회적 보완성이 증대되면서 접경지역을 넘나드는 상호작용이 활발해지고, 이것이 접경지역 확대로 이어지는 경우이다. 이 유형의 접경지역은 주민들이 서로 친숙하고 협력적인 관계를 형성하게 된다. 네 번째 유형은 '통합된 접경지역integrated borderlands'이다. 이 유형은 국가 간의 안정성이 영구적으로 확보되는 관계일 때 나타난다. 국가 간 정치적 경계가 기능적으로 통합되고 국경을 통과하는 인적·물적 교류가 무한히 이루어진다.

남북한 간의 접경지역은 현재 '단절된 접경지역'에 속한다고 판단할 수 있다. 하지만 과거 개성공단이나 금강산 관광사업 등의 교류협력 추진기에는 제한적으로 상호협력이 이루어졌다. 따라서 남북한 접경지역은 '공존하는 접경지역' 유형으로 분류할 수 있다.

DMZ는 분쟁지역으로 상징되지만, 근본적으로 국경border을 맞대고 있는 공간이다. 국경은 국가의 영토와 주권의 물리적 영역을 나타내는 지정학적geopolitics 경계를 의미하며, 주권국가의 정치적 힘을 상징하는 '역사적 공간'이다(Walters, 2006: 193). 하지만 지구화의 확대가 물적·인적자원의 이동과 자본의 흐름을 가속화하면서 국경의 개념도 확장되고 있다. 국경의 개념이 전통적인 군사국경Military borders에서 경제국경Economic borders 혹은 치안국경Police borders으로 확장되고 있다(Andreas, 2003: 82). 각 국가는 국력을 유지·관리·강화하기 위해 국경 관리에 힘을 쏟기 때문에 국경지역에서 다양한 형태의 충돌 혹은 갈등이 필연적으로 나타나게 된다.

탈냉전 이후의 지구화는 국경의 개념은 물론 국경 관리, 국경 협력 등의 의미도 변화시켰다. 구네라틴A. Guneratine 등은 '과정의 지리학process geographies'을 통해 탈냉전 이후의 변화에 기초하여 견고한 국경을 대체할 새로운 지리적 패러다임을 제안했다(Guneratine et al.

1997: 14-22). 이 개념은 사람과 더불어 물자, 자본이 월경함으로써 국경에 수많은 '구멍'이 뚫리는 '국경 다공화porousness'로 이어진다(겐이치로, 2007: 25-27). 이에 따르면, 국경 자체가 완전히 없어지는borderless 것은 현실적으로 어렵지만 지역region이나 지방local 등의 단위에서 국가 단위보다 더욱 활발한 교류·협력을 추진할 수 있게 된다. 즉, 새로운 방식의 '초국가적transnational' 협력, 더 나아가 공동체 형성이 가능해지는 것이다.

국가 단위가 아닌 지역 혹은 지방을 중심으로 한 초국가적 지역 협력은 국제정치학에서의 신자유주의Neoliberalism가 이야기하는 평화와 협력을 구축하기 위한 가장 현실적인 방안이 될 수 있다. 신자유주의는 단순한 군사협력과 관계 개선이 아닌 경제의 일원화와 국가 간 사회, 문화의 교류 등 폭넓은 의미의 평화와 협력, 공동선 추구를 대안으로 제시했다. 이때, 신자유주의는 국가 간 대화와 협력을 증진하는 방안으로 비국가 권력Non-state Actors의 역할을 중요하게 판단한다. 즉, 집단협력을 통한 평화 유지를 지지하는 것이다.

물론, DMZ를 중심으로 한 접경지역 협력은 일반적인 초국경 beyond borders 혹은 국가를 넘어선beyond nation state 협력과는 다른 의미를 지닌다. DMZ는 체제가 다른 한국과 북한이 여전히 대립하고 있어 분쟁의 가능성이 큰 공간이기 때문이다. 따라서 접경지역 국제평화지대화를 통한 남북한 간 협력은 국가 간 이해관계를 넘어 지역적 차원에서 상호 이익이 되는 협력 사업을 진행하고, 발전과 공동선을 추구해야 한다. 이러한 궁극적인 목적을 달성하기 위해서는 남북한뿐 아니라 국제사회의 적극적인 지지와 참여를 끌어내는 것이 매우 중요하다.

해외 분쟁지역 사례를 통해 본 시사점

세계사적으로 보면, 분쟁이 발생한 지역은 무수히 많다. 그리고 분쟁지역이 화해·협력지역으로 거듭난 사례도 다양하다. 이 글은 국제사회에서 분쟁을 넘어 화해·협력함으로써 평화지역으로 거듭난 지역들을 발굴해 접경지역 국제평화지대화에 주는 함의를 찾고자 한다.

가장 대표적인 사례는 통일독일의 생명과 평화가 공존하는 그뤼네스 반트Grunes Band이다. 1,398킬로미터에 달하는 동서독 접경지역은 통일 이후 중요한 환경협력의 공간으로 새롭게 재조명됐다. 분단 직후 동서독 주민들의 이동은 어느 정도 허용됐다. 하지만 동독 정부가 1961년 동독 주민들의 서독행을 막기 위해 전 국경에 지뢰, 자동소총, 철책선, 감시탑, 참호 등을 설치하고 병력을 배치하면서 대립의 공간이 됐다. 동서독의 국경지역은 4개의 고속도로, 6개의 중·소도로, 8개의 철로, 2개의 터미널, 3개의 공항을 보유하고 있었으나 국경이 요새화되면서 무용지물이 되었다. 이 지역은 통일 이후 독일 최대 환경단체인 분트BUND 주도의 녹색띠운동을 통해 생태축으로 보전되어 교육·관광자원으로 활용되고 있다(한국환경공단, 2019). 그뤼네스 반트는 분단 종식 후 개발의 방향을 정한 사례이지만, 분단 종식 이후 시민 주도의 활용 방안을 실현시켰다는 측면에서 함의가 있다.

두 번째 사례는 핀란드와 러시아 접경의 평화공원화와 과학적 연구협력 체계 구축이다. 핀란드는 1917년 독립 이후, 1939년 소련의 침공을 받고 1944년 정전협정을 맺었다. 이후 핀란드와 러시아는 전쟁과 냉전으로 접경을 통제했으나 강하게 대립하지는 않았다. 양국의 접경지역은 1,250킬로미터에 달했지만, 거주 인구가 거의 없는 산림지역이었다. 이 지역에서 중요한 것은 러시아 쪽 접경지역이었다. 러시아 측 접경지역은 생물다양성이 뛰어나고 국제적 보호 가치가 높은 타이가 천연림과 호수가 분포해 있어 국제사회의 보전 노력과 과학적 연구협력의 필요성이 매우 컸다. 이러한 이유로 핀란드와 러시아는 유럽연합EU의 지원을 받아 핀란드 14개, 러시아 6개의 보호지역을 지정하고 우정공원Friendship Park과 쌍둥이공원Twin Parks을 설립하고 협력기관을 지정했다. 이후 양국은 연간 계획을 수립해 상호 연구협력과 교류 워크숍 등을 활발히 전개했다(박은진, 2013: 26-27). 핀란드와 러시아 접경은 유럽연합 등 국제사회의 적극적인 지원을 통한 평화적 활용 방안 모색이라는 측면에서 함의가 있다.

　세 번째 사례는 국가연합 차원의 평화공존과 협력을 추진한 키프로스이다. 키프로스는 지정학적 요인으로 그리스와 터키 등 인접국의 정치·경제적 영향력이 크게 작용하고 있다. 키프로스는 민족과 종교, 주변 강대국의 개입으로 분단이 해소되지 않고 사회 갈등이 장기적으로 나타나는 지역이다. 1974년 분단된 이후, 남·북키프로스는 주변 강대국의 영향력에서 벗어나 평화와 통일을 달성하기 위해 유엔의 역할을 강조했다. 유엔의 적극적인 노력으로 남·북키프로스는 통일을 위한 국민투표까지 진행했으나, 내부의 반대로 분단 상태를 유지하고 있다. 유엔 등 국제기구는 남·북키프로스의 평화 유지와 통일을 위해 지속적인 관심을 기울이며 역할을 하고 있다. 현재 키프로스는 개별 도시 차원에서 비정치적·실용적 협력을 진행하면서 통일 기반을 조성하고 있다(이무철 외, 2019: 139-160). 키프로스 사례는 주변 강대국의 관여와 개입으로 분단이 고착화하는 상황을 국제기구의 적극적인 개입을 통해 풀어내고자 했다는 점에서 함의가 크다.

향후 과제

DMZ의 평화적 활용 방안 모색은 정부의 이념적 지향과 관계없이 추진했던 정책이다. 문재인정부의 구상인 DMZ 국제평화지대화 역시 내용상 역대 정부의 제안과 맥을 같이한다. 다만, 문재인정부의 제안이 국제적인 보장에 방점을 두고 있다는 점에는 주목할 필요가 있다. 또 접경지역 국제평화지대화는 이와 관련된 남북한 간 합의가 존재한다는 점도 중요하다. 남북한은 이미 2018년 〈4·27 판문점선언〉과 9월 〈평양공동선언〉, 〈9·19 군사분야 남북합의서〉를 통해서 DMZ 평화지대화에 합의한 바 있다. 이를 근거로 군사분계선 인근의 적대행위 중단과 JSA 비무장화, GP 시범철수, 화살머리고지 공동 유해 발굴 등의 조치는 이미 실현됐다. 또한, 접경지역 국제평화지대화는 한반도 평화 구축을 위한 의제를 국제화했다는 측면도 높이 평가할 수 있다.

접경지역 국제평화지대화를 추진하기 위해서는 '인지·연계·협력·완성(평화 정착)' 등 4단계의 절차를 거쳐야 한다. 남북한이 연계 협력의 상대로 서로 인식하고(인지), 접경지역 국제평화지대화를 위한 협력적 관계를 유지하기 위한 회의체 구성 및 합의서 작성 등의 실질적 관계를 맺어야 한다(연계). 이후 시범사업을 진행하는 등의 실질적 사업을 추진하고(협력), 상호 신뢰를 바탕으로 접경지역 국제평화지대화를 완성해야 한다(평화 정착). 남북한이 합의해 상호 간의 이익이 증진되는 협력을 지속적으로 추진한다면, DMZ가 진정한 의미의 국제평화지대로 거듭날 수 있을 것이다. 접경지역 국제평화지대화는 남북한 간 협력 사업에서 가장 중요한 북한의 협력 의사는 확인한 상태이므로 실질적인 협력을 위한 세부 정책을 수립해야 할 것이다.

이를 위해 환경적 요인 분석 및 이론적 접근, 해외 사례 연구를 통해 도출한 시사점을 정리해 봤다. 첫째, 정책과제 수립을 위해 •생태·지리적 조건, •문화·정서적 조건, •경제적 조건, •정치적 조건, •행정적 조건, •국가 환경적 조건 등 총 여섯 가지 조건을 종합적으로 고려해야 한다. 둘째, 정치·군사적 대립이 심각한 국가의 경우, 정치적 의제보다는 비정치적 의제를 중심으로 협력 관계를 구축하는 것이 바람직하다. 셋째, 당사국 간의 합의도 중요하지만 국제기구 등 중립적인 제3자를 포함하는 방식이 협력의 지속가능성 측면에서 효과적이다. 넷째, 주변국의 영향력이 크게 작용하는 경우, 주변국 및 국제사회가 분쟁지역의 평화 유지 등을 위한 직접적이고 제도적인 지원 등 책임 있는 자세를 가질 수 있도록 해야 한다.

이를 바탕으로 접경지역 국제평화지대화를 실현하기 위한 정책 두 가지를 제안한다. 정책은 주어진 상황이나 조건, 남북한의 교류 역량을 고려해 장기적 관점에서 수립해야 한다. 하지만 이 글에서는 시사점을 바탕으로 정책을 제안하고자 한다.

첫째, 국제사회의 지원을 받아 DMZ를 '영구permanent 생태보존공원'으로 지정하는 것이다. DMZ 내 생물다양성 보존 등의 환경·생태 문제는 남북한을 넘어 국제사회의 관심이 높은 의제이다. 국제사회의 물적·인적·제도적 지원은 북한에 유인책으로 작용할 수 있을 것이며, 지속적인 교류를 가능하게 할 것이다.

둘째, 유엔총회와 유엔 안보리 결의 등을 통해 접경지역 국제평화지대화에 대한 국제사회의 합의를 도출하고, 'DMZ 국제평화특별위원회'(가칭)와 같은 실무기구를 설치해야 한다. 국제법적 차원에서 DMZ의 평화적 활용 방안을 보장하는 것은 남북관계 악화 시에 안전판이 돼 줄 것이다. 이는 향후 DMZ의 실질적 관리 문제에 대한 논의 진행 시 도움을 줄 수 있다.

현재 남북한은 접경지역 국제평화지대화 추진에 일정 부분 합의한 상태이다. 하지만 북핵 협상이 원활히 진행되지 않아, 남북관계가 냉각되고 논의도 중단됐다. 이러한 문제를 해결하기 위해서는 북핵 문제와 접경지역 국제평화지대화를 분리해 접근하는 것이 필요하다. 향후 남북한이 DMZ의 평화적 활용을 위한 협의체를 구성해 실질적인 사업을 논의할 수 있는 방안을 구체적으로 검토해야 할 것이다.

참고문헌

논문

고병헌 외, 〈평화교육의 개념과 내용체계에 관한 연구: 평화지향적 통일교육의 성격과 내용, 교육원리를 중심으로〉, 통일부 용역보고서, 2007.

박은주, 〈『한반도 평화』를 둘러싼 국내 정치집단 간 역학관계 연구: 이슈와 영향을 중심으로〉, 고려대학교 박사학위논문, 2018.

박은진, 〈세계의 평화공원 사례와 한반도 DMZ에 주는 시사점〉, 통일연구원 학술회의 '신뢰와 평화, 희망의 DMZ 세계평화공원', 2013년 12월 19일.

이무철 외, 〈남북연합 연구: 이론적 논의와 해외사례를 중심으로〉, KINU 연구총서 19-09, 통일연구원, 2019.

임명수, 〈한반도 평화체제 구축에 관한 고찰: 평화에 대한 기본개념 및 쟁점연구를 중심으로〉, 《통일연구》 11(2), 2007.

장용석, 〈한반도 평화체제와 평화협정: 개념, 쟁점, 추진방향〉, 《통일문제연구》 53, 2010.

접경지역 시장·군수협의회, 〈접경지역 경제·사회·문화구조 분석 연구〉, 2019.

정주진, 〈평화연구로서의 갈등해결 연구: 평화적 과정과 평화 성취에의 기여〉, 《통일과 평화》 5(1), 2013.

하영선, 〈근대 한국의 평화 개념 도입사〉, 하영선 편, 《21세기 평화학》, 풀빛, 2002.

히라노 겐이치로(平野健一郎), 〈국제관계를 문화로 본다: 동아시아의 사례〉, 《세계정치 7》 28(1), 2007.

행정안전부, 〈접경지역 관련 각종 통계〉, 행정안전부, 2013.

Andreas, P., "Redrawing the Line: Borders and Security in the Twenty-First Century", *International Security* 28(2), 2003.

Galtung, J., "Peace," Sills D. ed., *International Encyclopedia of the Social Sciences 11*, New York: The Macmillan Company & The free Press, 1968.

Guneratine, A. et al., "Area Studies, Regional World," A White Papers for Ford Foundation, The Globalization Project, June 1997.

Martinez, O., "The dynamics of border interaction," *Global boundaries, World boundaries* 1, 1994.

Walters, W. "Border/Control", *European Journal of Social Theory* 9(2), 2006.

저서

국토통일원,《남북대화백서》, 국토통일원, 1988.

로버트 쿠퍼,《평화의 조건》, 홍수원 옮김, 세종연구원, 2004.

평화통일정책자문회의,《평화통일민족운동사 제2집》, 평화통일자문회의사무처, 1986.

Galtung, J., *Peace by Peaceful Means: Peace and Conflicts, Development and Civilization*, London: Sage Publication, 1996.

기사 · 인터넷자료

이은영,〈연락사무소 폭파 이튿날… 인근 주민 "안 그래도 힘든데 이젠 전쟁 걱정까지"〉,《조선비즈》2020년 6월 17일자. (https://biz.chosun.com/site/data/html_dir/2020/06/17/2020061703180.html)

이종구,〈최북단 접경지역에 퍼진 폭발음 "긴급 대피" 불안 휩싸인 주민들〉,《한국일보》2020년 6월 16일자. (https://www.hankookilbo.com/News/Read/202006161803014578)

한국환경공단,〈그린 스터디: DMZ에서 생명의 선으로 '독일 그뤼네스반트'〉,《웹진 Peel Green》37, 2019. (http://www.kecowebzine.kr/vol37/s0203.asp)

BBC,〈북한, 개성 연락사무소 폭파…최근 남북 긴장고조 이유는?〉, 2020년 6월 16일자. (https://www.bbc.com/korean/news-53062116)

〈격앙된 대적의지의 분출, 대규모적인 대남삐라살포투쟁을 위한 준비 본격적으로 추진〉,《로동신문》2020년 6월 20일자.

《로동신문》2020년 6월 23일자.

ICRC 홈페이지,〈the Customary IHL Database〉, 2020년 7월 15일 검색. (https://ihl-databases.icrc.org/customary-ihl/eng/docs/v1_cha_chapter11_rule36)

개성공단의 협력 거버넌스
: 개성공업지구관리위원회 설립을 중심으로

| 홍승표 |

이 글은 홍승표 · 김유훈, 〈개성공단의 협력 거버넌스—개성공업지구관리위원회의 정착과 남북협력의 구조화 과정을 중심으로〉, 《한국지역지리학회지》 27(2), 2021, 215∼229쪽에 실린 글을 수정, 보완한 것이다.

서론

세계화의 영향으로 인하여 많이 쉬워진 것처럼 보이지만 여전히 경계를 넘나드는 것은 어려움으로 가득 찬 일이다. 경계는 단순히 지도나 모래 위의 선으로 존재하는 것이 아니라, 관습·제도institution이기 때문이다. 다른 관습·제도와 같이 경계도 그 내부에 행동을 규정·통제하는 규칙들이 있고 변화를 거부한다. 경계제도는 포섭과 배제의 범위를 관장하고 넘나듦의 정도를 제한한다(Newman, 2003).

경계의 본질은 '이쪽'을 '저쪽'으로부터 구별하는 것이라고 할 수 있다. 즉, 달갑지 않은 존재들의 유입으로부터 내부를 보호한다. 무엇이 경계 너머로 넘어올 수 있고 무엇이 넘어오지 못하는지는 그 사회 혹은 국가의 권력에 의해 결정되는데, 그들이 설정하는 부정적이고 해로운 '외부'·'바깥'과, 그것으로부터 지켜 내야 하는 '내부'·'이쪽'의 구분으로부터 경계가 만들어진다(Newman, 2003).

국제적 경계에 대한 연구는 현대의 지리학적 조사에서 가장 일관성 있게 활발한 분야이다. 학자들은 이러한 현상의 성격에 대해 일반화하고, 그러한 연구를 분류하여 발전시킬 수 있는 틀을 만들기 위해 반복적으로 노력해 왔다(Megoran, 2012).

전 세계적으로 경계공간에서 나타나는 사회문화적인 현상과 그 정치경제적 배경은 단순하지 않고 복잡하며 다층적인 형태로 발견된다. 따라서 이러한 경계지역 또는 공간에서 발생하는 문제들을 다루는 방법 역시 다양하게 나타난다.

남북의 경계공간은 수십 년 동안 분쟁적이고 대결적이며 견고하게 명확한 선으로 인식되어 왔다. 이는 서로 다른 체제로 긴장이 계속되고 있는 남북의 특징으로 말미암은 것이다. 하지만 남북은 이러한 첨예한 대립이 존재하던 경계 중에서도 군사지역으로 가장 긴장도가 높은 지역이었던 곳에 '도시' 건설을 계획하는 과감한 선택에 합의하며 경계지역에 새로운 성격을 부여하게 된다. 바로 개성공단 사업이다.

남북이 함께 살고 일하는 공간을 만드는 것은 통일을 미리 직접 경험해 본다는 측면에서 이상적이고 파격적인 계획이었다. 하지만 그것의 실현은 결코 쉬운 문제가 아니었다. 남북관계는 대결의 속성이 계속되는 관계이기 때문에 남북이 협력하는 문제에 있어서 어떠한 법률, 관행, 기준, 선례, 과정이 없었고 일방의 행동에 대해 용인과 신뢰도 없었다. 그러다 보니 같은 체제에서는 쉽게 진행되는 일도 남북 간에는 하나부터 열까지 협상을 하고 조율하고 합의해야 했으며, 합의의 내용은 매우 구체적이어야 했고 어떤 경우에는 합의에 대한 해석조차도 사전에 서로 양해를 구해야 했다(김천식, 2015).

그렇지만 개성공단은 이러한 내부의 구조적인 어려움과 요동치는 남북관계/북한 핵미사일 문제로 인한 비우호적 국제정세라는 외부적 난제 속에서도 전면 중단되기 전까지 발전해 나가는 모습을 보였다. 특히 주목되는 부분은 한미 합동훈련, 금강산관광 중단, 서해상 북방한계선NLL을 두고 벌어진 갈등, 북한 측의 2015년 준전시 상황 선포 등 다양한 위기와 문제 속에서도 10년 넘게 운영되면서 입주기업과 근로자 수의 증가, 생산액의 지속적인 상승이라는 발전적인 모습을 보여 주면서 남북경협의 대표적인 모델로 평가되기도 하였다(임강택·이강우, 2017).

수십 년을 단절된 채로 서로 다른 체제 하에서 살아온 남북은 개성공단에서 당연히 수많은 시행착오를 겪게 되었다. 그러한 시행착오는 서로 간의 체제 차이에서 비롯된 문제와 각종 사건 사고 등 심각한 사안들부터 문화적 차이에서 발생한 개인 간의 소소한 갈등까지 다양하였다. 따라서 개성공단이 계속되기 위해서는 '남북의 수많은 차이들'을 관리하고 제도화하는 것이 매우 중요한 과제였다. 이러한 상황에서 개성공단 관리기관으로 설립된 새로운 거버넌스 체계인 '개성공업지구관리위원회'(이하 관리위원회)가 제 역할을 하지 못했다면 개성공단은 '수많은 차이들'에 발목 잡혀 초기에 좌초되었거나 발전적인 모습을 보이지 못했을 가능성이 크다.

하지만 지금까지 개성공단에 대한 관심의 크기에 비해서 거버넌스인 '개성공업지구관리위원회'에 대한 관심은 많지 않았다. 외부의 관점에서 보았을 때 관리위원회는 양쪽 당국의 대리 업무를 하는 기관으로 여겨지는 측면이 있다. 그러다 보니 개성공단 내에서의 존재감과 역할이 잘 알려지지 않았고, 심지어 이런 기관의 존재조차 모르는 사람이 많다.

개성공단의 거버넌스와 관련된 기존 연구들을 살펴보았을 때도 관리위원회가 실질적으로 어떤 역할을 수행하였는가, 그러한 것이 어떠한 시사점이 있는지에 대한 내용보다는 정책적·법제적·구조적인 관점에서의 거시적 연구들이 주를 이루고 있다.[1]

정책적·법제적·구조적인 관점에서의 남북협력 또는 개성공단 거버넌스 연구는 가장 기본적이고 중요한 부분이다. 하지만 이러한 관

---

[1] 김규륜 외(2007), 김권식·이광훈(2014)의 경협, 평화와 번영과 같은 거시적 측면에서의 남북 간 거버넌스 연구, 양현모·강동완(2009), 박지연·조동호(2016)의 개성공단에서의 거버넌스를 정책적으로 조망하고 그 모델과 역할을 논의한 연구 등.

점은 '외부의 영향력'을 중심으로 보게 되기 때문에 개성공단 내부에서 실제로 일어난 역동적인 변화 과정과, 이러한 변화 과정에서 나타나는 스스로 경로의존적이고 창발적으로 진행된 '남북 통합의 경험' 대해 다루기는 쉽지 않다.

따라서 본 글에서는 개성공단에서 최초로 남북이 합의하여 만든 거버넌스로서 남북이 합의하여 '개성공업지구관리위원회'를 설립하고 공식적인 역할을 부여하는 과정을 우선 살펴보고자 한다. 그리고 이 거버넌스가 어떻게 협력적·통합적 역할을 할 수 있었으며 그러한 역할은 어느 정도의 성과를 거두었는지를 중심으로 논의를 전개하고자 한다. 이를 통해 추후 남북협력 또는 통일 과정에서 반드시 선행되어야 할 과제인 남북 거버넌스 설립, 운영과 거버넌스의 협력적인 역할을 어떻게 안정적으로 부여하여 시행착오를 줄이고 연착륙을 유도할 수 있을까에 대한 실질적인 해답을 탐색하려 한다.

이 글의 구성은 다음과 같다. 첫째, 해외 사례 특히 유럽을 중심으로 한 초국적 협력의 사례들을 통해 성공적인 협력을 위한 거버넌스의 역할을 살펴볼 것이다. 둘째, 지금까지 관리위원회가 어떤 과정을 거쳐 설립되었으며 인력 구성과 공식적 업무의 내용은 무엇이었는지도 잘 알려지지 않았기 때문에, 남북이 합의를 하고 법과 제도를 정비하는 과정에서 많은 시행착오를 거치며 관리위원회를 설립하는 과정, 관리위원회를 지원하고 안정적으로 운영하기 위해 노력한 부분을 기술할 것이다. 마지막으로 관리위원회가 법·제도에 명시된 역할을 넘어 개성공단에서 남북협력을 관리하면서 공단이 원활하게 운영될 수 있도록 노력하고 성과를 거두었던 부분을 고찰하여 시사점을 도출하고자 한다.

초국적 협력과 거버넌스의 중요성

초국적 협력 프로젝트가 가장 활성화되어 있는 곳은 유럽 지역이다. 이는 유럽공동체를 설립하는 조약의 제158조인 '지역사회의 조화로운 발전 촉진과 저개발 지역 지원 등을 통한 영토 화합의 강화', 그리고 "세계에서 가장 경쟁력 있고 역동적인 지식 기반 경제로"라는 '리스본 어젠다'의 채택과 '유럽접경지역 프로젝트INTERREG III A'와 같은 통합정책을 통해 유럽 지역에서 경계의 의미를 상실하고 통합을 추구하려는 방향이 지속적으로 추진되면서(Miosga, 2008) 초국적 협력이 상당히 많이 장려되었기 때문이다. 특히 유럽 지역의 초국적 협력은 서부 유럽과 구 소비에트연방에서 체제가 전환된 중부 유럽/동유럽 간 프로젝트도 많기 때문에 우리에게 시사하는 바가 적지 않다.

폴란드와 독일의 국경지역 협력은 가장 긴 역사를 가지고 있어 종종 다른 국경지역에 적용할 수 있는 모델로 고려된다. 양국의 경제적 차이가 큰 문제였으며 양국 시스템의 기능상 차이로 인하여 발생한 간극도 상당히 큰 문제였다. 그리고 서로 다른 목표와 기대—폴란드 측의 기반시설 투자에 너무 많은 중요성을 부여—에서 기인하는 문제도 발생하였다. 사업 추진 과정에서 공동의 영향보다는 독일의 의견이 훨씬 크게 반영되었고, 양국 주민들이 서로를 경쟁 상대로 인식하는 시행착오가 INTERREG III A 프로젝트 시행 과정에서 발생하기도 하였다. 이러한 문제 해결을 위해 중요했던 것은 협력의 시너지 효과에 대한 양국 주민들의 인식을 제고하는 가운데 프로그램을 이행하는 공동 관리기관, 공동 지불기관, 공동 기술사무국, 합동 운영위원회 및 공동 모니터링위원회의 구축 등의 행정 구조, 즉 거버넌스 체계 구축이 중요한 요소로 평가되었다. 그리고 기업체와 비영리단체 간의 협력 등이 중요한 것으로 확인되었다(Stanislaw Ciok & Andrzej Raczyk, 2008).

비엔나와 블라티스라바의 도시 간 협력 사례에서는 세계에서 가장 가까운 수도 도시 간의 협력을 통한 시너지를 얻기 위해 많은 노력이 이루어졌고 'CENTEROPE 계획'이 시행되었다. 결과적으로 이러한 협력은 양국(도시)에 매우 유익한 것으로 평가되고 있다. CENTERROPE 프로젝트의 성공 배경으로 자발적 협력, 정보 교환, 적극적이고 정교한 마케팅을 통한 이미지 제고 전략 등이 중요한 요인으로 꼽힌다. 결국 서로 간의 복잡한 상호작용을 관리하는 것이 가장 중요했으며 거버넌스가 이러한 역할을 잘 수행한 것이 양국(도시)의 유익한 협력에 기여하였다(Matej Jasso, 2008).

독일-폴란드-체코 삼각지대의 협력은 조금 더 복잡한 문제를 안고 출발하였다. 서로 다른 행정체제로 인한 사업 추진의 어려움, 중재 메커니즘이 서로 다른 점, 언어 문제와 제2차 세계대전 같은 역사적으로 경직된 문제 등으로 인해 신뢰 구축과 협력 관계가 비교적 늦게 이루어진 지역이었다. 하지만 이 지역이 공통적으로 높은 실업률, 인구 감소, 이주, 기술 및 사회기반시설의 결핍을 겪게 되면서 공동 프로젝트를 실시하게 되었다. 'City 2030−Europe City 괴를리츠Görlitz/즈고젤레츠Zgorzelec 공동 비전'과 치타우Zittau−보가티니아Bogatynia−흐라데크 나트 니소우Hrádek nad Nisou 3개 도시의 'City Network Small Triangle'를 설립하는 등 적극적으로 사업을 진행하였다. 두 프로젝트 모두 '운영위원회'가 설립되었고, 정기적인 협력 사업을 추진하며 자주 만나면서 의사소통의 연속성이 유지되었으며, 도시 간 협력 조정을 위한 임시사무국이 존재하여 사업에 관심이 있는 시민들의 연락창구 기능을 하는 등, 협력을 제도화하기 위하여 노력하였다. 이러한 노력은 상당히 성공적이었는데, 도시 간 초국적 협력을 설계하고 관리할 때 연속성이 매우 중요함을 인지하고 장기적인 관점에서 협력을 추진한 점, 의사소통 과정을 보장하고 적절한 토론과 포럼을 제공함으로써 지속성을 유지한 점, 도시 간 협력을 설계하고 관리할 때 '운영위원회'를 설립하고 조정 역할을 제공한 점이 성공의 요인으로 꼽힌다(Robert Knippschild, 2008).

접경도시인 괴를리츠/즈고젤레츠는 오랫동안 함께 협력하면서 냉전 역사를 치유해 가고 있는 상징적인 공간으로 평가되는데, ①초국가적 공동체의 지원, ②지자체 및 중앙정부의 지원, ③시민의 자발적 교류의 토대 마련, ④교육을 통한 후세대 육성 등의 요소가 중요하게 작용하였으며 "접경지역 주민들이 자연스럽게 만나 교류하고 소통할 수 있는 장을 마련해 주는 것이 초국경지역의 협력과 상생에 있어서 아주 중요한 첫걸음"임을 보여 주었다(최진철·정진성, 2020).

프랑스-벨기에-룩셈부르크 P. E. D. 지역은 경제, 사회, 문화적으로 유사한 특성을 지닌 접경지역으로, 역시 INTERREG 프로그램의 지원을 받아 지역경제 및 사회의 재활성화와 도시공동체의 통합을 목표로 공동협력하였다. 이를 위해 3개국의 당국은 공동으로 '유럽개발축P. E. D.'과 '국제업무지구P. I. A.'를 설립하고, 이를 관리하고 양성하기 위한 기관을 설립하여 프로젝트를 추진함으로써 이 지역의 질적이고 구조적인 허약성에도 불구하고 지역 개발 촉진과 지역적 통합을 계속하고 있다(문남철, 2002).

라인강 상류의 스위스·독일·프랑스 접경지역 역시 INTERREG 프로젝트를 통해 재정적으로 뒷받침된 상태에서 월경적 협력을 진행하였다. 하지만 월경적 협력의 역사가 가장 유구한 이 지역에서도 주민들이 국가와 자신을 동일하게 여기면서 큰 의미를 부여하는 사실을 발견하였다. 이러한 결과를 통해, '초국경적 지역주의trans-border regionalism' 형성을 위해서는 오랜 시간이 필요할 뿐만 아니라 물리적 장벽과 심리적 장벽을 허무는 것이 상당히 중요하며, 갈등을 해결해야 할 상황이 발생하였을 때 책임을 질 수 있도록 관련 기관들의 역할을 조율하는 것이 중요함을 알 수 있다(김부성, 2006).

초국적 협력 프로젝트의 실제 사례에서 성공을 위해 공통적으로 중요한 것은 거버넌스가 법과 제도 등을 안정적으로 정착하도록 하고 이러한 협력 행위가 '연속적'으로 계속될 수 있도록 보장하면서 구성원들 간의 '신뢰'를 형성하여 능동적이고 적극적으로 참여할 수 있도록 보장해 주는 것이다. 이는 거버넌스가 제도적/명목상의 역할과 동시에 참여자들의 자발적인 교류, 갈등의 원만한 해결 등 의사소통의 기능을 지속적으로 제공하고 협력적인 성격을 지속적으로 견지하여 상호 간 신뢰를 쌓아 나갈 수 있는 '활동의 장'을 마련해 주는 것이 중요함을 확인 가능하다.

개성공단 개발사업 추진과 유지 관리를 위한 기관의 설립 과정

개성공단 개발사업의 추진

개성공단 사업은 경제적으로는 정주영 현대그룹 명예회장이 1998년

〈그림 1〉 개성공단 개발 총계획 8차 안

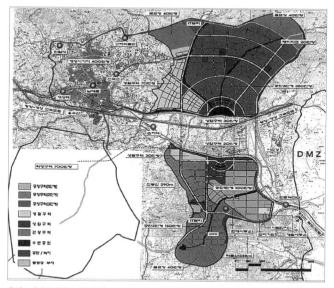

출처 : 개성공업지구지원재단.

과 1999년 두 차례 방북하여 북한에 8백만 평 규모의 서해안공단개발 계획을 제시하고 북한이 이에 호응하면서 논의가 시작되었다. 정치적 으로는 2000년 3월 9일에 있었던 김대중 전 대통령의 '베를린 선언'과 2000년 6월 13일에 개최된 남북정상회담을 배경으로 둔다(정유석, 2015).

이후 정몽헌 현대그룹 회장과 현대아산(주)의 김윤규 사장이 김정 일 국방위원장과 면담하고, 2000년 8월 현대아산(주)과 북한의 조선 아시아태평양평화위원회 및 민족경제협력연합회 사이에 〈개성공업 지구 건설 운영에 관한 합의서〉가 체결되면서 시작되었다. 개성공단 사업은 남북한 비교우위의 생산요소 즉, 남한의 기술과 자본, 북한의 인력을 결합하는 남북 공동 경제개발 사업으로, 개성공단 1단계 조성 사업은 2004년 4월 착공하고 2007월 12월 준공하였다.

개성공단 사업 추진의 주체는 남한의 한국토지주택공사, 현대아산, 통일부의 남북협력지구지원단과 북한의 중앙특구개발지도총국이다. 한국토지주택공사와 현대아산은 공단 개발을 담당하고 정부는 사업 전반에 대한 정책적, 제도적, 외교통상적 지원을 담당하였다(허련, 2011).

개성공단 조성, 분양 과정에서의 남북합의

개성공단의 부지 조성 공사는 2003년 6월 착공식을 거행하였으나, 제도적인 뒷받침과 남북의 합의 없이 사업을 수행하는 것이 처음부터 불가능하였기 때문에 관련 제도를 정비하는 것부터 시작하였다. 2004년에 「개성공업지구법」 하위규정 제정, 출입 · 체류 합의서 체결, 토지 임대차 계약 체결, 협력사업 승인 등을 거쳐서 공사에 착수 할 수 있었다. 이후 2005년 3월 〈개성공업지구 용수시설 건설 합의서〉에 따른 용수 공급시설 건설을 비롯하여 폐기물처리장 건설, 전력 공급, 통신망 개통 등이 남북합의 후 체결된 합의서에 따라 진행되었다.

개성공단 1단계 분양은 3회로 나누어 추진되었는데 2004년에 시범단지 15개 필지 분양, 2005년 본단지 1차 24개 업체 분양, 2007년 본단지 2차 182개 필지를 분양하면서 2010년 말 현재 총 236개 필지 중 182개 필지를 분양(면적 대비 79퍼센트)[2]하게 되었다(허련, 2011).

---

2 2010년 천안함 폭침사건으로 인하여 시행된 524조치로 인해 북한에 대한 신규 투자

초창기에는 사업의 주체가 남한의 한국토지주택공사, 현대아산, 통일부의 남북협력지구지원단과 북한의 중앙특구개발지도총국 등으로 사업별로 나누어져 있어서 남북이 합의를 하는 과정도 복잡하였고 합의한 내용의 관리도 쉽지 않았다.[3] 추후 수자원공사 등 기반시설과 관련된 기관들이 사업에 참여하게 되면서 더욱 복잡해짐에 따라 개성공단 개발과 관리, 남북협력을 전담하고 책임지는 관리기관의 필요성이 대두되었다.

북한에서 제정한 「개성공업지구법」에 명시된 개성공단 관리기관의 역할

북한은 2002년 11월 13일 최고인민회의 상임위원회 정령에 의하여 개성공업지구를 지정하고, 11월 20일 「개성공업지구법」을 제정하였다. 「개성공업지구법」은 북한이 제정하고 공포한 북한법이지만, 북한은 개성공단에 일반 지역과 다른 특별경제구역으로서의 지위를 부여하였다(박정원·박민, 2014).

주요 내용을 살펴보면 남한과 해외 기업들이 경제특구에서 자유로이 경제활동을 할 수 있도록 시장경제에 기초한 법 체제를 최대한 수용한 점과 남한 개발업자가 공단 개발에 필요한 부지 조성, 전력·통신·용수 등의 기반시설을 조성한 후 분양하고, 남한에서 임명한

가 불허되면서 더 이상의 필지 분양이 이루어지지 못하였다.

3   추후 개성공업지구관리위원회가 남북의 합의 내용을 정리하는 업무를 할 때도 초창기 합의의 주체가 여러 기관이었기 때문에 합의서 자료들을 모으고 일원화하여 관리하는 것이 쉽지 않았다.

〈표 1〉 「개성공업지구법」에 명시되어 있는 관리기관의 역할*

조항	주요 내용
제21조	공업지구에 대한 관리는 중앙공업지구지도기관의 지도 밑에 공업지구관리기관이 한다.
제22조	중앙공업지구지도기관의 임무 1. 개발업자의 지정, 2. 공업지구관리기관의 사업에 대한 지도, 3. 공업지구 법규의 시행세칙 작성, 4. 기업이 요구하는 노력, 용수, 물자의 보장, 5. 대상 건설 설계문건의 접수, 보관, 6. 공업지구에서 생산된 제품의 북측 지역 판매 실현, 7. 공업지구의 세무 관리, 8. 이 밖에 국가로부터 위임받은 사업.
제24조	공업지구관리기관은 개발업자가 추천하는 성원들로 구성한다. 공업지구관리기관의 요구에 따라 중앙공업지구 지도기관이 파견하는 성원들도 공업지구관리기관의 성원으로 될 수 있다.
제25조	공업지구관리기관의 임무 1. 투자 조건의 조성과 투자 유치, 2. 기업의 창설 승인, 등록, 영업 허가, 3. 건설 허가와 준공검사, 4. 토지이용권, 건물, 윤전기재의 등록, 5. 기업의 경영 활동에 대한 지원, 6. 하부구조 시설의 관리, 7. 공업지구의 환경보호, 소방대책, 8. 남측 지역에서 공업지구로 출입하는 인원과 수송수단의 출입증명서 발급, 9. 공업지구관리기관의 사업준칙 작성, 10. 이밖에 중앙공업지구지도기관이 위임하는 사업.

* 「개성공업지구법」의 내용을 토대로 재구성

이사장이 공단을 실질적으로 관리·운영하도록 한 특징을 가진다(개성공단5년 발간위원회, 2008).

개성공단 법제도의 근간이 되는 「개성공업지구법」의 '제3장 개성공업지구의 관리' 부분에서 개성공업지구 관리를 위한 기관의 책임과 임무를 명시하고 있다(〈표 1〉 참조).

「개성공업지구법」의 내용을 통해서 북한에서 개성공단 관리기관에 부여하는 명시적인 임무와 권한이 상당히 포괄적임을 확인할 수 있다. 행정관청의 역할, 등기소 역할, 출입국 역할을 위임하고 이에 따른 권한과 책임을 법적으로 명시하고 있어서 사실상 개성공단이라는 도시의 지방자치단체 역할이라고 볼 수 있겠다.

하지만 북한의 법제도 정비와 협조에도 불구하고 개성공단 관리
기관을 창설하는 데 생각보다 많은 시행착오가 발생하였으며, 제대
로 된 업무를 위임하여 남북이 함께 안정적으로 업무를 수행하기까
지 4년에 가까운 시간이 소요되었다.

개성공단 관리기관 설립 과정

2003년 11월 8일 남북 당국은 제7차 남북경제협력추진위원회[4]에서
개성공단 운영을 위한 하위규정 등 제도적 장치를 완비하고 공단 관
리기구 구성에 합의하였다. 이후 2004년 3월 5일 제8차 남북경제협
력추진위원회에서 하반기에 기업이 입주하여 생산에 착수할 것에
합의하였고, 이에 제9차 회의에서 2004년 6월 말까지 관리기관을
구성하고 운영하는 데 적극적으로 협력하기로 합의하였다.

남한에서는 이러한 합의에 대응하여 2004년 6월 29일 「개성공업
지구법」에 명시되어 있는 개성공단관리기관[5] 설립을 위해 '창설준비
위원회'를 발족하였고 이로써 실질적인 업무가 시작되었다. 창설준
비위원회는 위원장과 4부 20명의 직원으로 구성되었으며, 직원들은

---

4 남북경제협력추진위원회는 남북경제협력을 전문 분야별로 효율적으로 협의하고 추
진해 나가기 위한 위원회로 2000년 8월 24일 남북한 간의 경제교류, 협력을 정부차
원에서 주도하기 위해 발족된 기구이다. 남북경제협력과 관련한 부처별 사업계획
심의, 남북 간 경협 사업 이행 실태 점검, 관계기관 협의, 조정사항 심의 등을 주요기
능으로 하는 사실상 남북 경제교류협력에 관한 최고 의사결정기구라고 할 수 있다
(출처 : 〈네이버 시사상식사전〉).
5 「개성공업지구법」 제3장 개성공업지구의 관리(제21조-제34조) 부분에서 개성공업
지구관리기관에 대해 명시하였다(통일부, 2015).

개발업자인 한국토지주택공사(이하 LH)와 현대아산 직원, 유관부처인 통일부·산업자원부·건설교통부 파견 공무원, 한국산업단지공단·한국수출입은행·한국산업인력공단에서 파견 온 직원 등 유관기관 직원들이 다양하게 참여하여 시작되었다.

창설준비위원회의 중점 업무는 개성공단 관리기관의 조직·인원·사무소 건립 등 개성에 관리기관을 설립 추진하는 일, 공공시설 및 기반시설과 공장을 건축하고 관리하는 업무, 입주기업을 지원하고 시범단지 운영에 필요한 대책 및 운영 규정 마련, 시범단지를 방문하고 체류하는 인원과 인원들이 사용하는 시설물에 대한 안전 대책을 강구하는 역할 등 사실상 개성공단과 관련된 모든 제반 업무였다.

남북은 창설준비위원회를 중심으로 4개월간 준비한 끝에 2004년 10월 20일 개성 현지에 개성공단 관리기관인 '개성공업지구관리위원회'를 등록하고 개소하게 되었다.

〈그림 2〉 개성공업지구관리위원회 개소식

출처 : 개성공업지구지원재단.

개성공업지구관리위원회는 초기에 위원장을 중심으로 기획조정부, 사업지원부, 공단관리부, 출입사업부, 서울사무소로 구성되었다. 서울사무소는 개성공단 현지와 업무 연락 및 출입을 담당하고 남한 내 주무부처인 통일부와의 업무 협의를 위해 2004년 10월 27일 개소하였다. 그런데 여기서 예상치 못한 문제가 발생하였다. 개성 현지에 설립된 개성공업지구관리위원회는 법적으로 북한 법인이었기 때문에 남한에서는 공식적으로 지원할 수 없는 상황에 직면한 것이다.

이러한 상황에서 남한 측은 임시 방편으로 개성공단 주무부처인 통일부 남북협력지구지원단과의 상시 협의, 개성공단 입주기업의 남한 모기업과의 연계, 투자 유치 및 홍보 사업 등을 지원하기 위해

〈표 2〉 개성공업지구관리위원회와 개성공업지구지원재단 조직도(2015년 현재)

이사장 ― 겸임 ― 위원장

감사

보좌관

상근이사 ― 겸임 ― 부위원장

사무국장

기획법제부 / 예산회계부 / 외국인투자지원부 / 도라산출입사무소

관리총괄부 / 운송사업팀 / 기업지원부 / 공단관리부 / 공단개발부 / 출입사업부 / 법무지원부 / 기술교육부 / 협력부

2004년 11월 2일 '개성공업지구지원협회'를 통일부 산하 사단법인으로 창설한 후, 11월 8일 개성공업지구관리위원회와 업무협약을 체결하였다. 그리고 2004년 11월 26일 업무협약에 대해 남한 정부가 승인하면서 사업이 시작될 수 있었다.

이때부터 개성공업지구관리위원회는 개성공단 현지에서 사실상 업무를 수행하기 시작하였으나 여전히 불안정한 상태에 있었다. 이에 남한 당국은 북한 법인인 개성공업지구관리위원회를 법적으로 인정하고 지원하기 위해 관련 법안의 입법을 추진하게 된다. 2007년 5월 25일 북한 법인인 개성공업지구관리위원회의 법적인 효력을 우리 법률로 인정한 「개성공업지구 지원에 관한 법률」이 제정되고 8월 26일부터 시행되면서 창설 준비로부터 4년 만에 개성공단 관리기관이 완전하게 자리 잡을 수 있게 되었다.

동 지원법은 개성공업지구관리위원회를 지원하기 위해 남한 현지기관을 설립할 수 있도록 하였다. 「개성공업지구 지원에 관한 법률」제19조에 '개성공업지구지원재단'을 설립하고 개성공업지구 개발 및 운영을 지원할 수 있도록 한 것이다.

2007년 12월 31일'개성공업지구지원재단'(이하 지원재단)이 서울에 설립되면서 개성공단 현지와 실시간으로 업무를 진행할 수 있게 되었다. 지원재단은 전신인 지원협회의 업무를 이어받아 개성공단 개발에 대한 지원 대책 수립·시행, 개성공단 관리기관에 대한 지원 및 운영 지도/감독, 개성공단 입주기업에 대한 지원, 개성공단 관리기관의 각종 증명 발급 및 민원 업무 처리, 무상 양여·대부된 국유재산의 관리 등의 사업을 일괄적으로 지원할 수 있게 되었다.

개성공업지구관리위원회의 초국적 협력 거버넌스 역할

남북협력적 인적 구조의 거버넌스 구성

개성공업지구관리위원회는 남한의 「개성공업지구 지원에 관한 법률」과 북한의 「개성공업지구법」에 의해 남북이 모두 법적으로 보장한 남북 최초의 거버넌스이다. 그 역할의 범위도 상당히 넓어서 중앙행정기관, 지방자치단체, 산업단지 공단, 등기소 등의 복합적인 역

〈표 3〉 개성공업지구관리위원회의 업무*

기관		담당 업무	주요 내용
통일부		체류 국민 보호	개성공단 체류 남한 인원의 신변 보호
법무부		출입업무	개성공단 출입수속 및 인원 관리
법원		등기 · 집행	기업 · 부동산 등록, 부동산 집행
중앙 정부	공통	협의	법규 및 사업 관련 협의
	고용노동부	산업안전	제조 · 건설현장 산업안전 점검
		노무	북한 근로자 채용, 노무관리
	관세청	물자 반출입	입주기업 물자 반출 지원 및 행정 수속
지방 자치 단체	기초 · 광역	보건위생 관리	전염병 방지, 응급의료체계 운영, 식품안전 점검
	광역	등록	자동차 신규 등록 · 말소 · 이전
	기초	각종 인허가	건축허가, 준공 검사, 각종 안전 점검
	기초	기반시설 관리	도로 · 교량 · 하천 등 기반시설 관리
	기초 · 광역	환경 관리	환경 점검 · 지도, 오염물질 배출시설 관리, 정배수장 · 폐수종말처리장 · 폐기물처리장 등 운영
	광역	소방	소방서 운영 및 소방 점검
공공기관		직업훈련	북한 근로자 직업훈련 및 남한 주재원 교육
공통		투자 유치 · 홍보	개성공단 투자 유치 및 홍보
		민원 처리	각종 제도 안내 및 입주기업 고충 처리
기타		부대시설 관리	개성공단 내 북한 기관들의 운영 지원

* 개성공업지구지원재단 자료 등을 토대로 재구성.

할을 공식적으로 수행하는 기관이며 남북 간 경제·사회·문화 교류 협력의 확대 및 각종 남북 간 회담 지원 역할까지 수행하면서 한마디로 개성공단에서 일어나는 모든 일에 관여했다고 볼 수 있다.

개성공단 현지에 파견되어 근무하는 남한 관리위원회 직원은 51명이었다. 이 인원으로 〈표 3〉에 요약된 개성공단의 방대한 업무를 모두 처리하는 것은 불가능하였을 뿐만 아니라, 북한 근로자들과 진행하는 업무들이 많았기 때문에 남한 직원들이 단독으로 할 수 있는 성격의 일들은 거의 없었다. 따라서 관리위원회에서는 북한 직원을 채용하여 함께 일하기 시작하였다. 2004년 12월 북한 근로자가 최초로 입사하였으며 공단 입주기업이 늘어나고 개성공단 내 근무인원이 늘어나면서 관리위원회에서 일하는 북한 직원은 540여 명 (2015년 12월 현재)에 달했다. 개성공단 입주기업뿐 아니라 설립된 거버넌스 역시 남북이 함께 일하는 구조로 정착되어 갔다.

〈그림 3〉 개성공단 거버넌스인 개성공업지구관리위원회의 역할 모식도

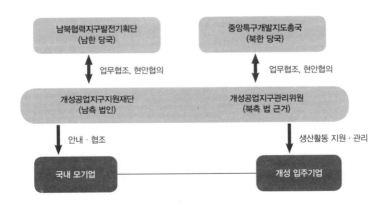

법·제도적인 측면과 인원 구성 및 업무 구성 형태를 통해 관리위원회는 남한의 담당부처인 '통일부 남북협력지구지원단'과 북한의 「개성공업지구법」에 명시된 중앙공업지구지도기관인 '중앙특구개발지도총국'과 정책 협의와 실행을 위한 협력적 기관으로서의 존재감을 보여 주고 있다.

관리위원회의 남한 기관들과의 협력 체계 구축

개성공업지구관리위원회는 남한의 「개성공업지구 지원에 관한 법률」과 북한의 「개성공업지구법」에 의해 남북이 모두 법적으로 보장한 남북 최초의 거버넌스로서 다양한 공적 역할을 수행함과 동시에, 공단 내에서 발생하는 '남북의 차이'를 지속적으로 합의하고 조율해야 할 필요성이 계속 요구되었다. 이에 관리위원회-북한 총국-입주기업(남한 근로자) 간 원활한 의사소통을 위해 협력 체계를 구축하여 지속적 운영을 지원하였다.

〈표 4〉 개성공단 관련 관리위원회-개성공단 입주 남한 기관 간 공식 협의체 성격

협의체 명	참여 기관	주요 내용
개성공업지구 기업책임자회의	입주기업	공단 개발 및 관리 운영 관련 중요 문제 협의 기업 간 친목 도모 및 권익 보호 관리위원회가 당연직 운영위원으로 참여, 회의 진행
개성공단기업협회	입주기업	통일부 산하 비영리법인 입주기업 다수의 의견 수렴과 관리위원회에 정책 건의
법인장회의 운영위원회	입주기업 법인장	개성공단 현안에 대해 관리위원회와 정보 공유 입주기업과 관리위원회 간 소통 목적
영업기업연합회	입주영업소 대표	영업소 관계자들의 권익 보호
유관기관 정례협의	입주 공공기관	관리위원회가 주관하는 입주 공공기관 협의체 관리위원회 등 총 11개 기관장 회의

우선 남한 기업 및 주재원과의 협력 체계를 살펴보면 '개성공업지구 기업책임자회의', '개성공단기업협회', '(개성공단 내)법인장회의운영위원회', '영업기업연합회', '유관기관 정례협의' 등의 설립과 운영을 지원하였으며 이러한 협의체를 통하여 개성공단 내 입주한 기관들의 의견을 정기적으로 청취하고 기업과 기관들의 애로 사항을 북한 중앙특구개발지도총국과 합의하는 등 협력적 역할을 수행하였다.

관리위원회의 북한과의 협력 구조 구축

관리위원회는 동시에 북한 당국과 협의를 지속하면서 남북 간 문제를 해결해 나가는 것이 큰 과제였다.

개성공단 초창기 제도가 완벽하게 구비되지 못한 상황에서 관리위원회와 북한 당국인 '중앙특구개발지도총국'(이하 총국)[6]은 근로자 출퇴근 문제, 근로자 알선·채용 및 노무, 세금, 차량 운행 및 사고 처리, 안내 등 처리해야 할 제반 현안이 산적하였으나, 개성공단 북한 측 협력기관의 현지 사무소가 설치되지 않아 업무를 적시에 처리되지 못하였다. 이에 관리위원회는 2005년 9월 총국과 〈총국사무소 건설과 관련한 합의서〉를 체결하고 개성공단 사업을 위한 세무서·은행·보험사·국토 환경·보안기관·노력알선기업·회계 검증기관 등 7개 기관 상주 사무소를 건설하여 북한 측에 임대하면서 상시 협

---

6 중앙특구개발지도총국(총국)은 개성공업지구 지도기관으로서 조선아시아태평양위원회(아태위)와 민족경제협력연합회(민경련) 및 삼천리총회사의 개성공단 사업 관련 부서를 하나로 조직하여 2002년에 별도 기구로 설립된 북한 측 기구이다.

력할 수 있는 기반을 만들었다.

또한 개성공단으로 입경하는 남한 인원에 대한 업무를 처리하는 북한 출입기관이 공단 외곽에 위치하여 불편함이 가중되면서 공단 내 출입경 관련 기관의 설치가 요구되자, 관리위원회는 2005년 9월 합의서를 체결하고 개성공단 내에 출입국사무소를 건축하여 이러한 문제를 해결하였을 뿐만 아니라 상시 협력 체계를 구축하여 출입경 관련 문제를 최소화하였다.

이외에도 관리위원회는 남한 측 유관 공공기관과 협의하여 북한 측 총국·세관·통행검사소·출입국사업부·노력알선기업과 별도 합의서를 체결하여 운영을 지원함으로써 개성공단 내 주요 시설의 효율적인 운영과 남북 간 협력이 신속하게 이루어질 수 있는 구조를 구축하였다. 뿐만 아니라 관리위원장과 총국장의 면담을 통해 정책적인 수준에서의 논의도 가능하도록 주도적인 역할을 수행하였다.

남북합의/협력의 중심으로서의 개성공업지구관리위원회

앞에서도 설명하였듯이, 개성공단에서는 조금 과장하면 '개인이 숨쉬는 것을 제외한 모든 부분'에 대해 남북이 합의하고 합의서를 작성한 후에야 모든 일이 이루어졌다. 법과 제도의 정비도 마찬가지였는데, 남북의 합의서를 토대로 세칙과 준칙 등이 제정되면서 개성공단의 법과 제도가 발전해 나가는 과정이 이루어졌다.

기본법인 남한의 「개성공업지구 지원에 관한 법률」과 북한의 「개성공업지구법」과 16개의 하위규정은 정부 당국에서 제정한 것이지만, 시행세칙과 준칙은 남한과 북한이 관리위원회를 통하여 협의하

〈표 5〉 남북합의에 의해 제정되는 개성공단의 법 체계

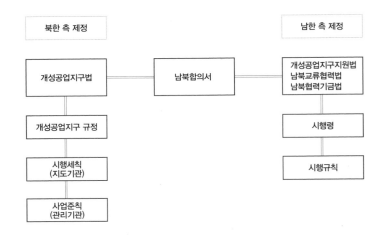

고 합의서를 만들면서 조금씩 완성해 갔다.

　법과 제도적인 부분뿐 아니라 생산과정과 공단에서 생활하는 중에도 합의는 계속 필요하였다. 예를 들면 공장 증설, 생산품목 변화, 공장 생산량 변화 등 생산과 관련하여 변화가 있는 부분에 대해 지속적인 합의가 필요하였으며 생활하는 가운데 서로 다름에서 발생하는 문제들의 해결이 지속적으로 요구되었다. 관리위원회는 이러한 모든 상황에서 합의와 중재의 주체로서 활동하였다.

　특히 개성공단은 5만 명이 넘는 인원이 출퇴근하고 일하는 공간이었기 때문에 안전사고, 교통사고 등 사고가 발생하지 않을 수 없었다. 이러한 문제 역시 같은 체제 하에서 발생하였거나 기존에 경험이 있는 경우에는 해결이 원활하겠으나, 개성공단에서 이러한 사고가 발생하는 경우 남북 간에는 처음 있는 일이거나 해결하는 방법

이 서로 달라서 갈등의 소지가 많고 해결에 많은 시간이 소요되는 문제들이 대부분이었다.

분단 이후 남북 최초의 교통사고 보험금 문제의 해결

분단 이후 남북 간 최초의 교통사고가 2006년 7월에 발생하였다. 관리위원회 소속 출퇴근 버스(북한 운전기사)와 남한 주재원의 개인 차량 간 충돌사고가 일어난 것이다.

관리위원회의 주도로 남북이 합동으로 사고 조사를 한 결과 북한 측의 과실이 80퍼센트, 남한 측 과실이 20퍼센트로 밝혀지며 남한 측이 북한 측으로부터 보험금 899USD를 받아야 되는 상황이 발생하였다.

남북 간 처음 발생한 교통사고라서 상당히 난감한 상황이었으나 관리위원회는 동 사건을 해결하기 위해 약 3개월 동안 해결 방안을 모색하고 자문을 받고 북한과 지속적으로 협의하여 합의서를 작성하고 북한으로부터 보험금 84만 2천원을 수령하였다.

관리위원회 측에서는 이처럼 개성공단 내에서 발생하는 거의 모든 일에 대해 합의하고 해결하고 기록하였다. 그런데 개성공단이 정착되어 가면서 합의 과정 중에 합의와 관련한 주체가 단순하지 않은 경우가 발생하기 시작하였다. 남한과 북한 양쪽의 당국, 입주기업, 입주기업의 남한 본사, 공단에서 일하는 남북한 근로자 등 합의 과정에 수많은 이해당사자가 얽히기도 했다.

개성공단 사업이 계속되어 북한 근로자가 5만 명이 넘고 남한 입주기업들 역시 개성공단에서의 생산 비중을 확대하면서 남북합의의 문제가 이전과 다른 양상으로 전개되는 경우가 나타났다. 다시 말해 합의 과정이 이전에 비해서 훨씬 복잡한 상황에 직면하는 일이 많아졌다. 개성공단 초기만 하더라도 합의는 당국 간 또는 관련 사업 주체가 합의하고 그 내용에 따르면 되었지만, 개성공단 운영 간에 이루어지는 합의에는 더 다양한 이해당사자들이 합의에 영향을 미치게 되었다. 즉, 사업이 어느 정도 진척된 이후에 발생하는 문제들에 대해서는 관리위원회가 기존에 만들어 놓은 남북 당국 간 협력 구조는 물론, 북한 총국, 입주기업 및 주재원들, 관리위원회 북한 근로자들과의 협력 구조를 유연하게 활용하여 합의해야 하는 상황이 요구되었다.

북한 근로자 임금협상과 토지사용료 문제 협상 사례

남북의 합의에 따르면 개성공단에서 북한 근로자의 기본급은 1년에 5퍼센트 이내로 인상할 수 있고, 공단 운영 10년까지는 토지사용료가 무상이며 10년 이후부터는 남북이 합의하여 남한의 기업이 북한 측에 토지사용료를 납부하도록 되어 있었다.

그런데 2015년 북한 측에서 개성공단의 생산성 향상 문제와 기업의 수익 문제를 거론하면서 임금 인상폭을 확대해 줄 것을 요구하고 같은 맥락에서 토지사용료를 예상보다 높은 가격을 제시하면서 상황이 복잡해졌다.

임금 인상과 토지사용료 문제는 남북 당국의 문제이면서 입주기업과 입주기업 남한 본사의 문제이면서 또한 북한 근로자들의 문제이기도 하였다. 따라서 수직적이고 수평적인 의견 수렴을 통한 협의가 관건이었다.

관리위원회가 1년 가까이 여러 이해당사자의 의견을 수렴하고 상호 간 협상의 과정을 거쳐서 2015년 8월에 임금은 종전대로 기본급의 5퍼센트 인상으로, 2015년 12월에 토지사용료는 제곱미터당 0.64USD를 납부하기로 합의하면서 해결이 되었다.[7]

---

7 2016년 2월 11일 '개성공단 전면 중단'으로 인하여 아직까지 인상된 임금과 토지사용료를 북한 측에 납부한 적은 없다.

개성공단에서 관리위원회가 중재하고 합의하는 과정이 계속되면서 그에 따라 남북합의의 경험과 결과들이 계속 축적되었다. 개성공단의 모든 협력 업무가 관리위원회로 일원화되어 있으면서 합의 과정이 계속됨에 따라, 기존 합의서에 대해 일괄적으로 기록하고 관리하게 되었다. 이에 따라 유사한 사안이 발생하는 경우 시간을 지체하지 않고 기존 합의를 찾아서 해결하는 등 점차 수월해지는 부분이 생기기 시작하였다.

또한 남북 양쪽에 기록과 관리를 통해 발생한 결과와 주의사항 등을 전파하고 교육하여 유사한 시행착오가 재차 발생하는 것을 방지하는 역할도 하게 되었다. 이러한 남북 간 제도화와 합의의 기록들은 추후에 남북 간 사업 전개에 있어서 매우 중요한 의의가 있다고볼 수 있다.

결론

개성공단에서 최초로 만들어져 역할을 수행하였던 남북 초국적 거버넌스인 개성공업지구관리위원회의 협력적 역할을 확인하기 위해 '국가정책적'이고 '거시적'인 관점이 아닌 '미시적'인 관점으로 살펴보았다. 특히 '남북의 서로 다름'을 관리하고 '협력적'인 과정을 주도하는 실질적 역할을 중점적으로 살펴보았다. 이를 통해서 남북 간 협력 사업에서 거버넌스 체계의 협력적 역할을 실질적으로 고찰하여 추후 사업 추진 시 시행착오를 줄이고 시사점을 도출하는 것에 목적을 두고 기술하였다.

이러한 연구를 통해 얻은 시사점은 다음과 같다.

첫째, 사업 초기부터 거버넌스를 최우선적으로 구성하여 사업을 관리하는 것이 필요하다. 관리위원회 발족과 남북협력 체계를 완비하고 안정된 업무를 해 나가는 과정에서 북한의 적극적인 협조에도 불구하고 남북이 함께 많은 시행착오를 거쳤으며, 개성공업지구지원재단이 발족되면서 협력 체계가 완성되기까지 4년이라는 시간이 걸렸다. 그리고 관리위원회가 개성공단 관련 업무를 전담하기 전의 남북 간 합의 과정은 합의 주체가 다양하여 합의 자체도 복잡한 문제가 있었으며 추후 합의의 이행과 기록화 등도 다소 복잡하였다. 이러한 문제는 초기에 거버넌스를 우선적으로 설립하였다면 발생하지 않았을 문제로 생각된다.

두 번째로 남북 거버넌스의 구조는 처음부터 남북 인원이 함께 일할 수 있는 협력적 형태로 설계하는 것이 바람직해 보인다. 관리위원회의 경우 추후 필요에 의해 북한 근로자가 입사하면서 업무에 따라 인원이 늘어 가게 되었는데, 결과적으로 5백 명이 넘는 북한 근로자가 근무하게 되었다. 추후 어떠한 형태로 남북 거버넌스가 설립되더라도 이러한 구조로 진행될 것임을 염두에 두고 진행해야 할 것이다.

세 번째로 관리위원회는 남한 당국과 북한 당국의 정책적 대행업무뿐만 아니라 남북협력을 할 수 있는 원활한 공간적 구조를 형성하고 남한 기관, 북한 기관 등과 다양한 채널의 협력 체계를 구축하는 일을 진행하였다. 이러한 것 역시 경험을 통해 시행착오를 겪으면서 하나씩 진행되어 나갔다. 추후 남북협력을 위해 거버넌스를 구성할 때 이러한 역할을 염두에 두고 역할을 부여하여 협력 구조를 신속하게 구성하는 것이 중요한 과제이다.

네 번째로 당국이 부여하는 권한의 정도와는 관계없이 개성공단 내에서 어느 정도는 자립적이고 주도적인 역할을 할 수 있게 되었다는 점이다. 남북이 같은 공간에서 생활하면서 발생하는 문제들에 대해서 합의하고 해결하는 주도적인 역할을 계속 경험하면서 이러한 합의 내용을 기록하고, 공유하고, 전파하고, 관리하면서 동일한 문제가 반복되지 않게 할 뿐만 아니라 남북 간 문제 해결이 점차 원활해지는 데 기여하였다. 하지만 이러한 상황과는 별개로 개성공단이 발전하고 관여하는 기관과 인원이 늘어나면서, 문제가 발생하였을 때 합의를 하기 위해서는 남한과 북한의 당국만이 아니라 입주기업, 남한 근로자, 북한 근로자 등 복잡한 이해당사자 간의 협의와 합의가 필요한 기존과는 다른 복잡한 상황이 발생하기 시작하였다. 이러한 상황에서 개성공단에서 많은 합의와 협력 경험이 있고 관련 기록을 보유·관리하고 있으며 다양한 채널로 신뢰할 수 있는 협력 체계를 구축한 관리위원회의 역할이 더욱 중요해지는 모습을 발견[8]하였다.

개성공단이 수많은 외부적 어려움에도 불구하고 10년 넘게 가동되면서 인원과 생산액이 발전하였던 동력으로 여러 가지 이유를 찾을 수 있겠으나, 개성공업지구관리위원회가 수많은 합의와 협력을 주도하고 제도화하고 구조화하며 경험을 통해 다양한 채널의 네트워크를 구축하는 과정이 상당히 중요한 부분이었음을 확인하였다.

---

8 관련 사건에 대해 동 지면에서 자세한 내용을 밝힐 수는 없지만 개성공단 전면 중단 이전에 남북 당국자가 문제를 일으켰을 때 이 문제가 당국 간 분쟁으로 비화되기 전에 관리위원회가 나서서 합의하고 해결하는 상황이 발생한 적이 있었다. 이는 개성공단 내에서 형성된 협력의 네트워크가 관리위원회를 중심으로 재편되었음을 확인할 수 있는 계기가 되었다.

또한 관리위원회가 이러한 제도적인 안정을 꾀하고 다양한 방법을 통해 소통의 장을 열어 줌으로써 남북 참여자 간의 신뢰가 회복되고 업무에 전념할 수 있도록 하는 데 일조하였음은 자명해 보인다.

지금은 굳게 닫혀 있는 것처럼 보이지만 멀지 않은 때에 개성공단이 다시 가동되고 확장되고 전면적인 남북협력과 통일의 길이 열려 개성공업지구관리위원회의 거버넌스로서의 협력적 역할과 통합의 경험이 제대로 활용되는 시기가 올 것을 기대한다.

참고문헌

개성공단5년 발간위원회,《개성공단 5년》, 통일부 개성공단사업지원단, 2008.

김규륜 외,《남북경협 거버넌스 활성화 방안》, 서울: 통일연구원, 2007.

임강택 · 이강우,《개성공단 운영실태와 발전방안: 개성공단 운영 11년(2005~
 2015)의 교훈》, 통일연구원, 2017.

최완규 · 데이비드 뉴먼 · 박배균 · 발레리 줄레조 · 니콜라이 토이플 · 도진순 ·
 김성경 · 최용환 · 프랭크 비예 · 박현귀 · 제인 진 카이젠,《경계에서 분단을
 다시 보다》, 서울: 울력, 2018.

통일부 남북협력지구발전기획단,《개성공업지구법규집》, 통일부, 2015.

김부성,〈스위스 · 독일 · 프랑스 접경지역에서의 월경적 상호작용〉,《대한지리학
 회지》41(1), 2006, 22~38쪽.

김상빈 · 이원호,〈접경지역의 이론적 모델과 연구동향〉,《한국경제지리학회지》
 7(2), 2002, 117~136쪽.

김의영,〈굿 거버넌스 연구 분석틀: 로컬거버넌스를 중심으로〉,《한국정치연구》
 20(2), 2008, 209~234쪽.

김천식,〈개성공단 협상과정과 쟁점〉, 김병로 · 김병연 · 박명규 · 김윤애 · 김정
 용 · 김천식 · 송영훈 · 이효원 · 정근식 · 정은미 · 홍순직,《개성공단: 공간평
 화의 기획과 한반도형 통일 프로젝트》, 서울대학교 통일평화연구원 통일학
 연구 21, 과천: 진인진, 2015, 63~103쪽.

남영호,〈한반도에서 초경계 도시네트워크의 의미〉,《현대북한연구》20(2), 2017,
 229~259쪽.

문남철,〈유럽연합의 접경지역 개발 전략—프랑스-벨기에-룩셈부르크 P.E.D를
 사례로〉,《대한지리학회지》37(4), 2002, 442~459쪽.

박경원,〈지역발전을 위한 거버넌스 구축: 협력적 계획모형을 중심으로〉,《국토》,
 2003, 44~53쪽.

박배균,〈동아시아에서 국가의 영토성과 예외적 공간: 동아시아 특구의 보편성과

특수성〉,《한국지역지리학회지》23(2), 2017, 288~310쪽.

박배균 · 백일순, 〈한반도 접경지역에서 나타나는 안보-경제 연계와 영토화와 탈영토화의 지정-지경학〉,《대한지리학회지》54(2), 2019, 199~228쪽.

박정원 · 박민, 〈'개성공단'의 법제도 개선과제-국제화와 관련하여〉,《법학논총》27(2), 2014, 171~207쪽.

박지연 · 조동호, 〈개성공단에서의 공동 거버넌스 연구: 모델의 구축과 함의를 중심으로〉,《통일정책연구》25(2), 2016, 111~131쪽.

백일순, 〈접촉지대로서 개성공단의 공간적 특성 분석〉,《문화역사지리》31(2), 2019, 76~93쪽.

_____, 〈개성공단 연구의 동향과 포스트영토주의 관점의 접목 가능성〉,《공간과 사회》30(1), 2020, 322~355쪽.

백일순 · 정현주 · 홍승표, 〈모빌리티스 패러다임으로 본 개성공단: 새로운 모빌리티스 시스템으로서 개성공업지구 통근버스가 만들어 낸 사회-공간〉,《대한지리학회지》55(5), 2020, 521~540쪽.

양현모 · 강동완, 〈대북정책 결정과정의 정책네트워크 분석: 개성공단사업 사례를 중심으로〉,《통일정책연구》21(1), 2009.

이원호, 〈홍콩-광동 지역경제 통합과정: 개방적 접경경제공간의 형성과 의미〉,《지리학논총》40, 2002, 19~36쪽.

정유석, 〈통일경제특구조성과 개성공단 발전에 관한 실증연구〉, 고려대학교 대학원 박사학위논문, 2015.

정재중, 〈협력적 거버넌스를 이용한 갈등관리 사례연구—경인 아라뱃길 민관 공동수질조사단 운영을 중심으로〉, 서울대학교 행정대학원 석사학위논문, 2017.

정현주, 〈공간적 프로젝트로서 통일: 개성공단을 통해 본 통일시대 영토성에 대한 관계적 이해〉,《한국도시지리학회지》21(1), 2018, 1~17쪽.

채종헌 외,《협력적 거버넌스의 효과성에 관한 연구》, 한국행정연구원, 2008.

최진철 · 정진성, 〈독일 · 폴란드 접경도시 '괴를리츠/즈고젤러츠'의 분단과 화해과정 연구〉,《독일어문학》88, 2020, 205~232쪽.

허련, 〈개성공단 개발사업의 성과와 함의〉,《대한지리학회지》46(4), 2011, 518~533쪽.

David Newman, 2003, "On borders and power: A theoretical framework", *Journal of Borderlands Studies*, 18(1), pp. 13-25.

David Newman, Anssi Paasi, 1998, "Fences and neighbours in the postmodern world: boundary narratives in political geography", *Progress in Human Geography* 22(2), pp. 186-207.

Ewa Korcelli-Olejniczak, 2008, "Funtional complementarity as basis for inter-metropolitan collaboration and networking-A case study on cultural activities in Berlin and Warsaw", In Markus Leibenath, Ewa Korcelli-Olejniczak, Robert Knippschild(Eds.), *Cross-border Governance and Sustainable Spatial Development-Mind the Gaps!*(pp. 117-130), Berlin : Springer.

Manfred Miosga, 2008, "Implications of spatial development policies at European and national levels for border regions", In Markus Leibenath, Ewa Korcelli-Olejniczak, Robert Knippschild(Eds.), *Cross-border Governance and Sustainable Spatial Development-Mind the Gaps!*(pp.15-31), Berlin: Springer.

Matej Jasso, 2008, "Cross-border cooperation challenges: Positioning the Vienna-Bratislava region", In Markus Leibenath, Ewa Korcelli-Olejniczak, Robert Knippschild(Eds.), *Cross-border Governance and Sustainable Spatial Development-Mind the Gaps!*(pp.87-100), Berlin: Springer.

Meijers E., 2005, "Polycentric urban regions and the quest for synergy: is a network of cities more than the sum of the parts?", *Urban Studies* 42(4), pp. 765-781.

Nick Megoran, 2012, "Rethinking the Study of International Boundaries: A Biography of the Kyrgyzstan – Uzbekistan Boundary", *Annals of the Association of American Geographers* 102(2), pp. 464-481

Robert Knippschild, 2008, "Inter-urban cooperation in the German-Polish-Czech triangle", In Markus Leibenath, Ewa Korcelli-Olejniczak, Robert Knippschild(Eds.), *Cross-border Governance and Sustainable Spatial Development-Mind the Gaps!*(pp.101-115), Berlin: Springer.

Newman, D. and Paasi, A., 1998, "Fences and neighbours in the postmodern

World: boundary narratives in political geography," *Political Geography*
22(2), pp. 186-207.

Stainislaw Ciok & Andrzej Raczyk, 2008, "Implementation of the EU
Community Initiative INTERREG Ⅲ A at the Polish-German border -
An attempt at evaluation, In Markus Leibenath, Ewa Korcelli-Olejniczak,
Robert Knippschild(Eds.), *Cross-border Governance and Sustainable
Spatial Development-Mind the Gaps!*(pp.33-47), Berlin: Springer.

Schulman H., Kanninen V., 2002, "Urban Networking: Trends and
Perspectives in the Baltic Sea Region", *Geographia Polonica* 75, pp. 479-
488.

통일부 홈페이지 https://www.unikorea.go.kr/unikorea/policy/plan

2부

개성공단의 사회경제적 특성과 함의

젠더화된 노동공간으로서 개성공단

| 정현주 |

들어가며

그간 개성공단을 둘러싼 수많은 연구는 대부분 개성공단의 정치적, 경제적, 지정학적 효과 및 의의를 다루거나 일부 개성공단에서의 문화 교류 및 사회 공간의 변화를 다루어 왔다. 그러나 이들 연구가 개성공단을 하나의 등질적인 공간으로 상정함으로써 그곳의 사람들 역시 남측 또는 북측 사람으로만 존재해 왔다. 따라서 개성공단을 구성했던 5만 5천 명의 노동자는 단순히 북한 사람으로 추상화되었을 뿐, 이들 중 70퍼센트 이상이 '여성'노동자였다는 사실에 주목하는 기사나 연구는 거의 전무하다. 개성공단을 소개하는 신문 기사 등에서 개성공단을 대표하는 이미지로서 화려한 패션을 선보이는 신식 여성 또는 재봉틀 앞에 앉아 있는 전형적인 여성노동자를 종종 내세우곤 한다. 이러한 시선은 시각적으로 대상화된 여성성의 재현이거나 노동의 젠더분업에 대한 무의식적 재현의 발로라고 볼 수 있다. 즉, 전통적으로 여성이 소환되고 재현되는 공식을 충실히 따랐을 뿐, 여성화된 공간으로서 개성공단에 대한 젠더화된 관점의 표현이라고 보기는 어렵다. 70퍼센트 이상이 여성으로 구성된 산업 공간으로서 개성공단은 단순히 여성이 다수를 차지했다는 점에서 특별한 것이 아니다(물론 양적인 부분도 중요하다). 그보다는 철저히 젠더화된 노동분업의 현장이었다는 점, 그러다 보니 여성화된 노동을 지원하기 위한 생태계를 갖추어 나간 공간이었다는 점, 무엇보다 노동을 통한 젠더 관계의 변화 나아가 북한 사회의 변화를 가늠해 볼 수 있는 실험장이었다는 점에서 특별한 중요성을 지닌다. 따라서 개성공단을 단순히 여성들이 많이 근무해서 어딜 찍어도 북한 여성들이

다수의 군중으로서 사진 프레임에 들어오는 장소로만 재현할 것이 아니라, 역사적인 남북경협 사업이 노동의 젠더분업 및 생활공간의 젠더화에 입각한 설계에 기반했다는 점에 주목할 필요가 있다. 이는 개성공단이라는 탈냉전의 '예외공간'(Ong, 2006; 박배균, 2017; 이승욱, 2016)이 젠더화된 공간이었다는 사회적, 학술적 쟁점을 제기한다. 이러한 문제의식은 다음과 같은 점에서 중요한 연구 질문을 던진다.

여성학계에서 주로 제기된 탈북 여성에 관한 여성학적 연구를 제외하고 냉전과 탈냉전의 정치경제 담론에서 그간 젠더화된 논의는 거의 없다시피 했다. 남북 및 분단체제를 젠더 관점에서 접근하려는 시도는 철저히 학문 경계의 벽에 갇혀서 주로 이주, 탈북, 문화(북한 사회문화의 변동) 등의 주제에 한정됐다. 반면 정치, 외교, 경제 논의는 무성적인gender-blind 관점을 지향하는 듯하지만 사실상 젠더화된 현상을 외면함으로써 남성중심적 접근을 표방해 왔다. 그러나 탈북하여 이주하는 사람들도, 장마당이라는 새로운 북한의 사회·문화·경제를 일구어 가는 사람도, 개성공단의 노동자도 사실상 압도적으로 여성이다. 탈북민과 개성공단 노동자 모두 여성이 70퍼센트 이상이라는 유사한 수치는 결코 우연이 아니다. 이 현상들을 관통하는 주제는 바로 여성이며, 북한 사회 및 분단체제의 큰 변화를 상징하는 현장의 주체가 여성이라는 의미를 내포한다.

이러한 맥락에서 본 글은 개성공단을 남북경협의 장, '통일의 실험장'(김병로 외, 2015)이라는 단일한 재현을 넘어서 노동의 젠더분업과 젠더 관계의 역동을 매개하는 다층적 공간으로서 해석하고자 하며, 이를 위한 이론적 자원을 검토하고자 한다.

개성공단과 노동의 젠더분업

개성공단의 젠더화된 노동분업의 현황은 개성공단에 대한 다양한 자료를 통해 간접적으로 유추해 볼 수 있다. 125개 입주기업 중 섬유(51.6퍼센트) 및 신발(7.3퍼센트) 등 전통적으로 여성노동을 활용하는 업종이 58.9퍼센트를 차지하고 있으며 전통적인 남성노동으로 인식되는 전기·전자 및 화학 업종은 30퍼센트 미만이다(〈그림 1〉). 봉제 작업을 중심으로 하는 섬유 관련 업종은 '섬세한 손놀림'을 요구하는 노동집약적 업종으로, 제3세계 여성노동력을 활용하는 대표적인 저임금 비숙련 노동에 해당한다.

개성공단이 여성노동을 주축으로 하다 보니 여성노동자들을 동원하기 위한 다양한 지원 시스템이 등장하기도 했다. 대표적인 것이 탁아소와 '애기어머니차'이다. 2010년 9월 1일 개원한 개성공단 탁아소

〈그림 1〉 개성공단 입주기업 현황

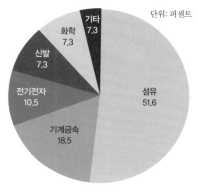

단위: 퍼센트

자료: 개성공업지구지원재단 홈페이지.

〈그림 2〉 개성공단 탁아소 외부(좌) 및 내부(우) 전경

출처: 통일부(2010).

는 '북측 여성근로자의 영유아보육 지원 등 인도적 차원과 입주기업
의 생산성 향상을 목적으로 건립'되었다(통일부, 2010).[1] 이후 탁아소 이
용 수요가 급증하여 제2탁아소 부지를 확보해 둘 정도였다고 한다.

　탁아소와 더불어 개성공단의 시각적인 명물로 등장한 것이 바로
'애기어머니차'로 불렸던 모성보호 버스이다. 개성공단 출퇴근 버스
로 이용된 버스는 파란색 일반 시내버스였던 반면 '애기어머니차'는
전원 착석 가능한 고속버스 형태의 프리미엄 버스였다. 마치 한국의
학교 셔틀버스처럼 외관도 노란색으로 통일하여 어디서든 눈에 띄
는 시각적 보호 효과를 유도하기도 했다. '애기어머니차'는 영유아
를 데리고 출퇴근하는 노동자를 위해 별도로 제공된 수유 지원 차량

1　탁아소는 2006년부터 남북 간 협의를 거쳐 북측이 토지를 제공하고 건물은 남북협
　력기금에서 9억 원을 투자하여 연건평 약 290평에 5백 명 수용 규모로 건립되었다.
　개성공단 입주기업은 보육아 1인당 약 15달러 정도의 이용료를 냈다고 한다. 탁아
　소 소유권은 관리위원회에 두되 세부적인 프로그램은 전적으로 북측 책임 하에 운
　영되었다(통일부, 2010).

〈그림 3〉 미술가 이부록 작품 〈로보다방-아기 어머니 차〉

자료: 통일부 블로그, 〈박계리 교수가 전하는 문화예술_함께 만든 일상, 이부록의 〈로보다방〉〉.

으로, 출퇴근 외에도 근무 시간 동안 수유를 위해 이동할 때도 사용
되었다(통일부 블로그). '문화역서울 284'에서 개최되었던 개성공단
전시회(2018년 7월 6일~9월 2일)에서 개성공단의 내부를 세밀한 감
성으로 보여 줌으로써 큰 주목을 받았던 이부록 작가의 작품 〈로보
다방〉[2]에서도 등장하는 '애기어머니차'는 총 9대로 개성공단의 일상
을 구성하는 중요한 모빌리티 수단이었다(백일순 외, 2020). 공장과 탁아
소를 수시로 오갔던 '애기어머니차'는 일반 출퇴근 버스와는 외관도,
루트도 차별화되었으며 공단 안팎에서 모성보호의 시각적 아이콘으
로서 기능했다.

---

[2] 로보다방에서 '로보'는 노동 보호 물자의 줄임말이다. 로보다방은 개성공단의 각종
소품과 노동 보호 물자로 개성공단의 일상 공간을 재현한 작품이다.

경제특구 여성노동에 대한 담론

그렇다면 개성공단 여성노동자를 어떻게 해석할 것인가? 개성공단이 저개발국가의 경제특구에서 젠더화된 노동의 분업에 기초해서 작동했다는 점에서 제3세계 경제특구 여성노동에 대한 담론이 일정 부분 개성공단의 젠더화된 노동을 이해하는 데 도움을 줄 수 있을 것이다.

　제3세계 특구와 여성노동에 관한 연구는 주로 여성학적 입장에서 여성노동 착취에 대한 비판적인 연구가 주를 이룬다. 연구 대상 지역은 주로 미국과 멕시코 접경에 설치된 세계 최대 경제특구인 마킬라도라, 동남아시아 경제특구, 중국의 경제특구가 대부분이다. 이들은 제3세계에 설치된 경제자유지구를 주 대상으로 하여, 제1세계 자본이 유순하고 저렴한 제3세계 여성노동력을 착취하는 현상을 비판적으로 분석한다. 이들 연구는 신자유주의와 가부장적 국가라는 정치경제 레짐의 결합이 제3세계 여성노동을 부당하게 착취하고 이들에게 열악한 노동조건을 감내하도록 요구하고 있다고 비판한다. 이러한 경제특구를 설치하고 관리하는 국가는 지구적 착취의 공모자이며 '바닥을 향한 경주race to the bottom'[3]를 통해 자국 여성노동력의 희생을 발판으로 세계 자본주의 사다리에 진입하는 가부장적 통치 레짐을 구사한다.

3　국가가 산업 육성 및 외국 기업 유치를 위해 자기 출혈을 통해 자유주의 세계시장에서 경쟁우위를 확보하는 방법을 일컫는다. 주로 제3세계 국가가 감세, 환경 및 노동 기준 완화, 저임금 유지 등을 동원하여 자국 환경 파괴를 묵인하고 최저 수준의 노동자 복지를 용인하는 전략을 의미한다.

가령 인도 남부 케랄라Kerala주의 전통적인 방적산업과 경제특구에서 여성노동의 의미에 대한 미시분석을 제시한 소냐 조지Sonia George(2013)는 노동의 신국제분업으로 개도국에서는 전통적인 남성적 노동이 붕괴하고 제1세계 자본이 요구하는 새로운 노동자(주로 비숙련 여성)가 등장함으로써 전통적인 젠더 위계질서가 붕괴하고 있는 현상을 비판적으로 분석했다. 그에 의하면, 노동의 신국제분업 하에서 개도국의 비공식 부문은 주로 빈곤층의 생존 수단인 생산활동에 속하는 노동으로서 열악한 노동환경과 과도한 노동 착취를 특징으로 하게 되는데 노동자 대부분을 구성하고 있는 여성의 기본적인 인권이나 노동권이 지켜지지 않으며 가부장적 남성중심적 기구인 노조에서조차 경제특구에서의 젠더 이슈를 거론하지 않는다고 한다(George, 2013). 즉, 개도국 경제특구의 여성노동자가 처한 이중적 억압은 제1세계와 제3세계의 국제적 위계질서에 자국의 공고한 가부장제가 결합한 형태를 띠고 있다. 그런데도 개도국 노동의 여성화 feminization of labor는 더욱 가시화되고 있으며 여성의 전통적인 젠더 역할 및 사회적 인식으로 인해 노조화되지 않고 저렴하고 유순한 노동력으로 취급되는 것은 시정되지 않고 있다.

이와 같은 사례는 전 세계적으로 수많은 비판과 연구를 낳은 미국-멕시코 접경지대의 마킬라도라뿐만 아니라 세계의 공장으로 부상한 중국의 경제특구에 대해서도 마찬가지로 적용된다(Fusell, 2000; Pun, 2004). 펀 응아이Pun Ngai(2004)는 중국의 대표적인 경제특구인 선전을 사례로, 농촌에서 공단으로 이주한 어린 여공들을 훈육하는 기숙사 시스템 및 24시간 감시 체제를 비판적으로 분석했다. 펀(Pun, 2004) 역시 과도하고 열악한 노동환경과 인권 착취에 주목했고 특히 중국 정부의 '바다을 향한 경주' 정책이 신국제분업에서 세계공장으로서 중국을 위치시키려는 전략을 구사함으로써 사회주의 강령에도 어긋나는 여성노동자들에 대한 과도한 노동 착취 현실을 안팎으로 외면하게 했다고 강력하게 비판했다.

이처럼 가부장제와 결탁한 자본주의 국가가 자국 여성의 희생을 토대로 신국제분업 체제에서 사다리 전략을 취하는 것에 대하여 동서를 막론하고 비판이 쏟아져 나오는 가운데, 이들 중 일부는 어느 정도 양질의 일자리를 여성에게 제공함으로써 비공식 부문에 속해 있던 개도국 여성들을 공식 부문 노동자화했음을 주장하는 연구도 등장했다. 대표적으로 나일라 카비르Naila Kabeer(2004)는 수출 특구 방직공장 노동에 대한 부정적 견해를 비판하며 개도국의 여건상 경제특구는 여성들이 존엄성을 갖고 일할 수 있는 그나마 유일한 대안이라고까지 주장하면서 이 여성들을 피해자화하는 것을 그만둘 것을 요청했다. 이들을 피해자화하지만 말고 그 노동을 제대로 조명하는 것이 이 여성들의 자존감과 독립에 도움이 된다는 주장이다. 비슷하게 린다 림Linda Lim(1990)도 개도국 경제특구는 여성이 공식 부문에서 일할 절호의 기회라고 보면서 저학력 저임금 여성이 현실적으로 선택할 수 있는 취업 기회에 비교해 볼 때 경제특구의 임금과 노동조건이 더 낫다고 주장했다.

그러나 이러한 반론은 대부분 마킬라도라라는 특정한 지역을 사례로 하고 있으며, 이들에 대한 구체적인 반박도 등장했다. 가령 지역사회에서 가사도우미로 취업하는 것보다 마킬라도라 방직공장 여성노동자의 임금이 훨씬 낮으며 멕시코 최저임금보다 낮다는 주장 등이다(Domínguez et al., 2010). 에드메 도밍게스Edmé Domínguez 등

(Domínguez, et al., 2010)은 마킬라도라를 사례로 경제특구의 공장 노동을 제3세계 여성들에게 일종의 대안적 취업 기회로 바라보는 시각을 반박했다. 이들은 열악한 마킬라도라 공장지대의 노동환경을 점검하면서 인간의 존엄성과 여성의 자율성 제고 따위 존재하지 않는다고 주장했다. 유사하게 과달루페 테일러Guadalupe Taylor(2010)도 마킬라도라로 간 멕시코 여성들을 시민권 상실의 상태로 묘사하면서, 국가의 보호가 사라진 비체abject bodies이며 세계화와 자본축적의 대가로 소모되고 폐기 처분되는 신체disposable bodies로 개념화했다.

제3세계 경제특구에서의 저임금 여성노동에 대한 다양한 논의가 개성공단 사례에 주는 시사점은 다음과 같이 요약될 수 있다. 비숙련 노동자로서 여성노동을 주로 활용하여 운영되는 경제특구라는 점, 특히 저렴한 인건비 유지가 핵심 전략이라는 점, 제1세계 가부장적 자본에 의한 제3세계 여성노동의 착취라는 프레임은 큰 틀에서 유효해 보인다. 특히 자국 경제 붕괴로 인해 비공식 부문의 여성을 공식 부문 노동자화하는 특화된 예외적 공간이라는 점에서 매우 유사하다.

그러나 개성공단은 (탈)냉전질서와 분단체제, 동북아의 지정학적 질서라는 변수가 작동하고 있으며 이 점이 해외 사례들과 개성공단을 차별화한다. 개성공단의 경우 결과적으로는 저렴한 여성노동을 활용하고 있지만, 제1세계 자본이 제3세계의 저렴하고 유순한 여성노동을 선별적으로 활용하기 위해서 입지한 것이라고 보기 어렵다. 왜냐하면, 남한 측에서 인건비 절감을 위해 여성노동자를 보내 달라고 한 것이 아니라 노동력 공급은 전적으로 북한 측 권한이었기 때문이다. 즉, 북한 내에서 작동했던 노동의 젠더분업이 그대로 개성공단에도 적용된 것이며 국가기관은 게이트키퍼gatekeeper로서 중개 역할을 한 셈이다. 제3세계 여성 착취라는 관점은 어찌 보면 제1세계 페미니스트의 입장이 강하게 반영된 관점으로서, 제3세계 입장에서 보면 양호한 조건의 노동이 남성이 아닌 여성에게 할당됨으로써 여성이 생계부양자로서, 공식 경제의 주체로서 권력화empowerment 하는 계기가 된다고 볼 수도 있다. 실제로 개성공단은 림(Lim, 1990)이나 카비르(Kabeer, 2004)의 마킬라도라 사례보다도 훨씬 양호한 노동환경을 제공했으며 노동에 대한 통제 권한 역시 기업주가 아니라 북한 측에 있었다는 점에서 기존의 사례들과 확연한 차별성을 보인다.

개성공단의 차별화된 노동환경

해외 사례와 개성공단의 차별성은 북한 체제와 (탈)냉전체제 속의 남북관계 특수성에 기인한다. 해외 사례에서 발견된 가장 큰 문제점은 자국에서 지켜지는 최소한의 노동조건조차도 경제특구에서는 예외적으로 지켜지지 않았다는 점이다. 그 이유는 국가의 공조 또는 묵인 하에 제1세계 자본이 개별 경제특구 노동자에 대한 직접적인 통제권을 가지고 있었기 때문이었다. 반면 개성공단은 남북경협 사업이었기 때문에 양쪽 국가 대행기관이 상호협력 및 견제를 유지할 수 있는 거버넌스 체제를 갖춤으로써 일방에 의한 착취가 애초에 일어나기 어려운 구조였다. 관리위원회라는 북한과 남한의 관계자로 구성된 최고 통치기구가 사업 초기부터 설치되었고 양측은 철저하게 역할을 분담했다. 가령 노동력의 모집은 북측 기관인 노력알선기관이 전담하였고 공단 내 시설 운영 및 분쟁 해결 등 제도적인 사안은 주로 남측 관리위원회가 맡았다. 기본임금 역시 양측 국가기관이 일괄 협상했으며 개별 기업은 기본임금 외에 인센티브 등 미미한 부분만 결정할 수 있었다. 무엇보다 입주기업은 노동자를 신청할 뿐 노동력 수급은 노력알선기관이 일방적으로 전담했기 때문에(〈그림 4〉) 제공된 노동력에 대한 선택권 행사에 있어서 상당한 제약을 받았으며, 모집의 경직성 때문에 노동력 해고도 쉽사리 결정하기 어려웠다. 또한, 김일성 정권 이래로 확립된 '동일노동 동일보수' 원칙에 따라 개성공단 남녀 노동자의 임금 역시 동일노동에 대한 젠더 격차가 발생하지 않았다.[4]

〈그림 4〉 개성공단 노동력 수급 체제

자료: 개성공업지구지원재단 홈페이지.

---

[4] 이는 어디까지나 개성공단 내에서의 남녀 임금 격차가 발생하지 않았다는 뜻이지 북한 내에 남녀 임금 격차가 존재하지 않는다는 뜻은 아니다. 북한의 군비 증강 및 중공업 우선 정책에 의해 중공업 분야에는 다른 산업에 비해 월등한 보수와 처우를 제공하는 등 북한 사회에서 산업간 위계가 존재하는 것은 알려진 사실이다. 중공업은 젊은 남성이, 경공업과 지방 공장은 여성이 주로 배치됨으로써 직종 간 위계에 따른 남녀 임금 격차가 존재하는 것으로 알려져 있다. 1980년 여성의 평균임금은 남성 평균임금의 84퍼센트였다고 한다(김어진, 2018).

북한의 노동력 배치 정책과 노동의 젠더분업

노동력 수급에 있어서 남측 기업의 의견이나 이해가 반영되기 어려웠던 이유는, 북한의 특수한 노동체제가 개성공단 운영에도 그대로 적용되었기 때문이다. 사회주의 전환 이후 국가에 의한 노동력 배치는 북한 노동체제의 근간이 되어 왔다. 개성공단에 파견된 노동력 역시 국가에 의한 동원의 일종으로 북한 주민의 관점에서 보자면 개성공단이라는 새로운 작업장에 배치된 셈이다. 그렇다면 개성공단의 젠더화된 노동분업은 어떻게 설명될 것인가?

북한의 노동력 운영 체제를 이해한다면 섬유산업을 중심으로 하는 개성공단에 북한이 여성노동자를 파견한 것은 당연한 결과임을 알 수 있다. 김일성의 중공업 우선 정책 이후 북한의 핵심 (남성)노동력은 대부분 군수산업과 중공업에 우선 배치되었다. 1950~60년대 북한 고도성장기에 확립된 중화학공업 우선 정책은 산업의 위계를 만들었으며, 그 위계는 여성노동자에 대한 차별로 이어졌다(김여진, 2018). 모든 여성의 노동자화가 국가에 의해 적극적으로 진행되고 있던 이 시기에 가사와 양육은 여성에게 전가됨으로써 여성은 노동자와 어머니라는 이중적 역할을 감당하도록 강요되었다.

1967년 이후 수령제 확립은 사회주의 체제 전환 초기 스탈린주의 양성평등에서 대거 후퇴하여 유교적 가부장제로 회귀하는 결과를 낳았다. 수령제에서 강조하는 혁명적 어머니상이란 '혁명하는 남편의 보조 역할과 혁명의 후비대 양성'이라는 임무를 잘 수행하는 여성을 뜻하게 되었다(박영자, 2017). 이에 따라 여성은 중공업 이외의 산업, 즉 경공업과 지방 사업장에 배치되어 가정의 생계를 실질적으로 책임지는 가장의 역할도 부여받았다. 군사력 증강을 위한 중공업 우선 정책 하에서 부진한 생필품 생산이 여성의 몫이 된 것이다.

이러한 북한식 노동의 젠더분업은 1990년대 고난의 행군과 선군 정치 체제의 확립 이후 확연하게 고착된다. 즉, 남성은 조국을 지키는 전사로, 여성은 생계를 책임지는 후방전사로 성역할이 고정되었으며, 이후 생계 책임자인 여성이 결국 장마당을 개척하는 결과로 이어지게 된다(김어진, 2018: 박영자, 2017).

개성공단에 근무했던 5만 5천 명의 노동자 중 70퍼센트가 여성이었는데, 이 정도 규모의 노동력은 개성을 넘어 인근 개풍 지역까지 범위를 넓혀야 동원할 수 있는 최대치에 가까웠다. 즉, 개성공단에 올 수 있었던 노동력은 중공업에 배치된 (젊은) 남성노동력과 입대 남성을 제외하고 경공업과 지방 공장에 배정될 노동력이었다. 모집 가능한 노동력의 다수가 여성일 수밖에 없는 이유이며, 이는 남측의 요청이라기보다는 북한 내 존재했던 노동의 젠더분업 결과였다. 한편 개성공단의 노동력 부족은 개성공단 입주기업이 우월한 사용자 입장에 서서 노동자를 입맛대로 선택하거나 해고하기 어려웠던 또 다른 배경이 되었다.

개성공단 노동조건

남북경협의 일환으로 추진된 개성공단은 개성 일대 노동자 입장에서 보자면 기존의 경공업이나 지방 공장에 비하여 월등한 작업 조건을 가진 첨단 사업장이었다. 남녀 불문하고 개성공단에 들어오기 위해 줄을 대고 대를 이어 개성공단 노동자가 되고자 했다는 사실은 여러 관계자를 통해서도 확인된 바 있다.[5] 개성공단의 노동환경이 북한 내 다른 사업장에 비해 월등히 양호했다는 점은 경제특구의 열악한 노동환경과 노동자 착취 사례와는 다른 지점을 보여 준다. 그러나 개성공단의 임금 수준에 대해서는 이론의 여지가 남아 있다.

개성공단의 임금 수준이 적정했는지를 계량적으로 측정하고자 했던 조동호(2013)에 의하면, 대북 경수로 사업이나 개성공단을 대체할 만한 다른 국내외 공단과 비교해 볼 때 개성공단은 상대적으로 높은 생산성에도 불구하고 최저의 임금 수준을 유지했다. 50달러에서 시작한 개성공단 기본임금은 1995년에 시작된 경수로 사업 당시 비숙련공에게 지급했던 최저임금 110달러에도 미치지 못하는 수준이었다(조동호, 2013). 또한 남한 시화공단의 생산력을 100으로 설정했을 때 개성공단 71, 중국 청도공단 60, 베트남 딴두언공단 40의 노동생산성을 보였지만 최저임금은 2012년 기준 시화공단 831달러, 개성공단 63.8달러, 청도공단 194달러, 딴두언공단 95.8달러로, 개성공단의 높은 생산선에 비해 현격히 낮은 임금이 책정되었음을 알 수 있다(조동호, 2013). 즉, 개성공단 북한 노동자의 임금 수준은 북한 내 다른 노동자보다는 높았을지 몰라도 한국이 그동안 지급했던 다른 대체지에 비해서는 낮음을 알 수 있다. 개성공단 입주기업 입장에서는 다른 곳에서와는 달리 노동력 수급 및 관리에 있어서 북한 총국을 거쳐야 하는 경직성 및 남북관계의 불확실성이라는 큰 비용을 현저히 낮은 인건비로 상쇄한 셈이다.

---

5 개성공업지구지원재단과의 연구 협력 사업의 일환으로 개성공단 입주기업과 개성공업지구지원재단 실무자 등 관계자 17명에 대한 인터뷰를 진행했다(2017년 10월, 11월).

<표 1> 개성공단 임금 구조

노동보수*	보조금 및 사회보험
• 기본노임: 월 최저 50달러로 시작하여 73.87 달러까지 상승(2015년 3월 이후). 인상률 연 5퍼센트 이하로 유지 • 가급금: 연장 및 야간근무에 따른 추가보수로서 시간당 노임에 50퍼센트 가산. 휴일/주 48시간 초과 야간근무 시 시간당 노임에 100퍼센트 가산 • 장려금 및 상금: 기업의 필요에 따라 지급	• 휴가비: 3개월 노임÷실제 가동 일수×휴가일수(출산휴가는 60일분) • 생활보조금: 일당 또는 시간당 노임의 60퍼센트(기업 책임 또는 교육으로 일하지 못한 시간) • 퇴직보조금: 3개월 평균 월 노임×근무 연수(기업 사정으로 1년 이상 근무자 퇴직 시) • 사회보험료: 월 노임 총액의 15퍼센트

*개성공단 노동시간은 주 48시간 기준. 2015년 기준 평균 노동보수는 월 217달러(섬유 업종 평균은 225달러).
자료: 개성공업지구지원재단 홈페이지 참고.

개성공단의 저임금 책정에는 이처럼 남북관계라는 특수성에서 발생하는 비용에 대한 일종의 보상이라는 남한 측의 합리화 명분이 있을 수 있다. 이에 더해 북한 여성에게 그간 할당된 직종의 낮은 보수에 비해서 개성공단의 일자리는 상대적으로 양질의 노동조건과 급여를 제공하는 측면이 있으므로 개성공단의 '객관적' 저임금이 북한에서도 수용될 수 있었던 근거가 아닐까 추정된다. 즉, 역사적인 남북경협 사업은 여성노동에 대한 저임금이라는 양측의 이해관계 일치를 토대로 운영되었다.

개성공단의 차별성이 시사하는 점

개성공단은 서구에서 주로 제기된 제3세계 경제특구 여성노동자의 희생자 담론과는 일정 정도 차별성이 있다. 무엇보다 개성공단 여성노동자는 남성노동자와 같은 보수를 받았으며 이들의 임금은 국가

간 협약으로 일괄 통제되었다는 결정적 차이가 있다. 개성공단 여성 노동자들은 계급상 하층민이 아니었다. 개성공단 노동력은 개성뿐만 아니라 그 일대를 전부 포함하여 동원할 수 있는 최대치에 가까운 인력으로, 하층민만 선별적으로 수급할 수 없는 상황이었다. 오히려 북한 사회의 특수성상 '성분'이 나쁜 계급을 대외협력 사업에 배정하지 않는 경향이 있으며 일부 직종에는 고위 간부의 부인, 평양에서 파견한 엘리트 여성, 대졸의 숙련 여성들이 배정되기도 했다.[6] 개성공단 입주기업은 인력난에 시달렸으며 기업의 요구에 맞아떨어지는 노동조건(인력 수, 성별, 나이 등)에 맞추어서 배당이 이루어지지도 않았다. 노동력 수급의 전권을 가지고 있었던 노력알선기관은 북한 측 대표기관인 총국의 관리 하에 있었기 때문에, 노동력 수급은 입주기업의 이해관계가 아닌 북한 측의 상황과 이해관계에 우선하여 이루어졌다.

개성공단 여성노동자들은 '소모되고 폐기 처분되는disposable' 제3세계 여성노동자와 비교해 자국 내에서 우월적 지위를 취득하고 상대적으로 고급 기술을 습득하게 되는 측면이 있으며, 사회주의 시스템으로 인해 기업 철수 후 버려지는 게 아니라 다른 작업장으로 배치되는 경우가 많다. 요컨대 개성공단은 국가가(당이) 지원하는 특수 사업이었으며, 대외협력 사업이라고 일컬어지는 경제특구 노동의 북한 사회 내에서의 우월적 지위(여성은 물론 남성에게도 선호되는 고임금의 일자리), 남녀 동일임금 원칙 및 여성의 (공식 부문) 노동자화를 사

---

6 앞의 인터뷰에서 대졸, 사무직 종사자, 고위 간부의 가족 등 다양한 '성분 좋은' 여성들이 개성공단 사람들의 사례로서 언급되었다.

회주의혁명의 우선순위로 삼아 김일성 정권 때부터 확립해 온 북한의 노동시장 조건 등, 분단과 냉전체제의 개입으로 인해 창출된 새로운 변수들이 개성공단을 일반적인 경제특구의 상황과 차별화시키는 중요 지점이 되었다.

따라서 개성공단 여성노동을 제대로 이해하기 위해서는 추가로 요구되는 관점이 있으며, 그 핵심에는 북한이라는 전근대적인 사회주의 시스템이 노동의 젠더분업에 개입하는 양상에 대한 이해가 있다. 이를 위해서 1960년대 이후 정립된 북한식 여성 담론 및 가부장제에 대한 심층 연구가 개성공단 여성노동자를 설명하는 데에 더욱 깊이 개입할 필요가 있다.

마지막으로 개성공단의 거버넌스 구조에 대한 고려가 필요하다. 개성공단은 설립부터 남과 북측의 공공 에이전시가 합작하여 통치하는 거버넌스 구조를 구축했다. 인건비 일괄 책정이나 공공에 의한 노동자 수급 등 국가의 강력한 개입으로 인해 자본가에 의한 직접적인 착취가 일어나기 어려운 구조를 만들었다. (탈)냉전과 남북관계라는 특수한 지정학적 조건이 이러한 독특한 구조를 탄생시켰지만, 결과적으로 노동자 착취를 공공이 개입하여 방지하는 구조가 만들어진 셈이다. 개성공단의 거버넌스 체제에 대한 분석은 제3세계 경제특구의 여성노동자 착취 문제 개선에 시사하는 바가 클 것으로 예상된다.

참고문헌

김병로 · 김병연 · 박명규 편, 《공간평화의 기획과 한반도형 통일 프로젝트: 개성
    공업지구》, 과천: 진인진, 2015.

김어진, 〈북한 여성과 사회변혁(1): 해방 이후부터 1980년대 말까지〉, 《마르크스
    21》 27, 2018, 68~93쪽.

박영자, 《북한녀자》, 서울: 앨피, 2017.

백일순 · 정현주 · 홍승표, 〈모빌리티스 패러다임으로 본 개성공단: 새로운 모빌
    리티스 시스템으로서 개성공업지구 통근버스가 만들어 낸 사회-공간〉, 《대
    한지리학회지》 55(5), 2020, 521~540쪽.

이승욱, 〈개성공단의 지정학: 예외공간, 보편공간 또는 인질공간?〉, 《공간과 사
    회》 26(2), 2016, 132~163쪽.

조동호, 〈개성공단의 임금수준은 적정한가?〉, 《북한연구학회보》 17(2), 2013,
    237~266쪽.

통일부, 〈보도참고자료〉, 2010. 9. 1.

Domínguez, E., Icaza, R., Quintero, C., López, S. and Stenman, A., 2010,
    "Women workers in the Maquiladoras and the debate on global labor
    standards", *Feminist Economics* 16(4), pp. 185-209.

Fussell, E., 2000, "Making labor flexible: the recomposition of Tijuana's
    Maquiladora female labor force", *Feminist Economics* 6(3), pp. 59-79.

Talyor, G., 2010, "The abject bodies of the Maquiladora female workers on a
    globalized border", *Race, Gender and Class* 17(3/4), pp. 349-363.

Kabeer, N., 2004, "Globalization, labor standards, and women's rights:
    dilemmas of collective (in)action in an interdependent world," *Feminist
    Economics* 10(1), pp. 3-35.

Lim, L. 1990. "Women's work in export factories: the politics of a cause," in
    I. Tinker(ed.), *Persistent Inequalities: Women and World Development*, pp.
    217-240.

Ong, A., 2006, *Neoliberalism as Exception: Mutations in Citizenship and Sovereignty*, Duke University Press, Durham, NC.

Pun, N., 2004, "Women workers and precarious employment in Shenzen Special Economic Zone, China," *Gender and Devlopment* 12(2), pp. 29-36.

George, S., 2013, "Enabling subjectivities: economic and cultural negotiations: a gendered reading of the handloom sector and the special economic zone of Kerala," *Indian Journal of Gender Studies* 20(2), pp. 305-334.

개성공업지구지원재단 홈페이지 https://www.kidmac.or.kr/index
통일부 블로그 https://blog.naver.com/gounikorea/222212707544

'고도古都' 개성 경관의 형성과 발전 방향

| 박소영 |

서론

2013년 6월 개성 지역은 '개성역사유적지구'라는 명칭으로 세계유산위원회WHC: World Heritage Committee의 세계문화유산으로 등재되었다.[1] 개성역사유적지구에는 고려 왕궁지인 만월대를 비롯하여 개성 첨성대, 개성남대문, 개성성곽, 숭양서원, 왕건릉과 공민왕릉 등 개성 지역 주변에 산재해 있는 12개의 고려시대 유물군이 포괄되었다. WHC는 "개성시와 궁궐 및 고분군의 풍수학적 입지, 성벽과 성문을 포함한 도시 방어 체계, 교육기관 등은 당시의 정신적 가치를 표현한 유산"이라고 평가했다. 이는 고려 이후 조선을 거쳐 지금까지 지켜 온 개성 지역의 역사성과 문화적 가치를 인정받은 것이라고 할수 있다. 즉, 개성은 고려시대 이후 지금까지 각 시대별 특징과 역사적 흐름을 잘 간직하고 있는 공간이다.

개성 지역이 이처럼 세계적으로 보호할 가치가 있는 역사유적지구임에도 불구하고, 현재 그곳에 살고 있는 주민들이 살기 좋은 곳인지는 쉽게 단정하기 어렵다. 대부분의 북한 지방도시가 그렇듯이 개성 지역 주민 거주시설은 1960~1970년대에 건설된 낡은 아파트와 공동주택 혹은 단층주택이다. 개성의 자랑인 조선기와집의 한옥들은 조선 후기에 건설된 것으로 수도와 전기, 위생시설 등 내부시설이 매우 열악한 상황이다. 오래된 담장과 골목길은 붕괴 위험이

---

[1] 세계문화유산은 역사적, 과학적, 예술적 관점에서 인류가 보호할 세계적인 가치를 가지고 있다는 것을 의미하며, 훼손 방지와 영구보전을 위해 유네스코에서 기술과 자금도 지원받을 수 있다.

높고, 개성 시내를 핏줄처럼 흐르고 있는 실개천 오염도 심각한 상황이다. 도로와 철도, 대중교통시설도 오래되고 관리가 부실하다.

2011년 유네스코에서 발표한 역사도시경관은 '문화적, 자연적 가치와 태도가 역사적으로 중첩된 결과로서 이해되는 도시지역'을 의미한다.[2] '경관'이라는 개념이 확장되고 '도시'와 '도시의 역사성', '도시와 인간의 문화' 등이 결합된 '역사도시경관'이라는 개념은 여전히 확장될 가능성이 높은 것으로 보인다.

이렇게 보면, 개성은 역사문화와 현 주민들이 공존하고 있어 역사문화도시로 성장할 수 있는 잠재력이 북한의 어느 도시보다 높다. 남한과의 거리도 가까워 개성공단 등 남북협력의 경험도 풍부하다. 또한 유네스코가 지정한 역사유적지구라는 타이틀은 개성이 역사도시·관광도시로 성장하는 데 기반이 될 것이다.

이에 본 글에서는 개성의 경관이 만들어져 온 과정과 현재 개성의 모습을 살펴보고 역사문화도시 개성의 가치를 높이기 위한 방법을 모색하고자 한다. 이를 위해 문헌자료 분석과 함께 최근 활용성이 커지고 있는 구글어스 위성자료를 통해 개성 지역의 경관 구조를 파악하고자 한다. 또한 일제강점기 개성 출신 월남자 인터뷰를 통해 일제강점기 개성의 모습과 최근까지 개성에서 살았던 탈북자 인터뷰를 통해 위성자료로 획득한 도시의 모습을 교차확인하고, 도시 주민들의 생활상을 파악하고자 한다.

---

2 '경관'과 '역사도시경관'에 대한 구체적 논의 과정은 채혜인, 〈문화유산 국제보존원칙의 역사도시경관 개념에 의거한 도시보존 방향─서울 서촌(西村)을 사례로〉, 서울대학교 석사학위논문, 2012. 참조.

'고도古都' 개성의 경관

서론에서 언급하였듯이 개성이 '고도古都'로 불리는 것은 고려~조선 시대의 역사성이 남아 있기 때문이다. 넓은 의미의 개성 지역이라고 할 수 있는 개성특별시와 개풍군, 장풍군에 고려~조선 시기 만들어진 능과 무덤, 궁궐 및 정치·국방 유적, 성곽, 불교 및 유교 유적 등 148개소의 문화유적이 분포하고 있으며, 북한 당국은 그중 26개 국보유적과 82개 보존유적을 지정하여 관리하고 있다.[3] 2013년에는 고려시대 유적 9개(만월대, 개성첨성대, 개성성곽, 개성남대문, 고려성균관, 왕건릉, 7개릉군, 명릉군, 공민왕릉)와 조선시대 유적 3개(숭양서원, 선죽교, 표충사) 등 총 12점과 완충지역을 포괄하는 총 5,716헥타아르의 면적이 세계문화유산으로 등재되었다. 이외에도 현재 개성에는 조선 후기~일제강점기에 건설된 근대역사유산이 더해지면서

〈표 1〉 개성의 문화유적 현황

	구분		무덤유적	정치, 국방유적	궁궐유적	불교유적	유교유적	기타유적
계		148	52	24	5	37	4	26
지정 문화재	국보 유적	26	2	4	1	13	2	4
	보존 유적	82	33	13	4	15	2	15
비지정문화재		40	17	7	–	9	–	7

출처 : 박성진, 〈세계유산 '개성역사유적지구'의 보존·활용방안 연구〉,《현대북한연구》16(3), 2013, 73쪽.

---

[3] 박성진, 〈세계유산 '개성역사유적지구'의 보존 · 활용방안 연구〉,《현대북한연구》16(3), 2013, 73쪽.

더욱 풍부한 이야기를 갖게 되었다. 이번 장에는 역사문화유적지구에 등재된 유적을 비롯하여 현재 개성의 경관을 시대별로 살펴보고자 한다.

고려~조선시대 개성 경관의 형성

고려시대 개성의 경관 형성

현재 개성의 경관을 이루고 있는 기본적인 토대는 고려 황도에서 시작되었다. 고려 태조는 그의 정치적·경제적 기반이 있었던 개성을 도읍으로 정하고 '개경'이라고 개칭했다. 송악산 남쪽에 황궁인 만월대를 만들고 그 둘레에 궁성을 쌓았다. 만월대와 궁성을 보호하기 위해 황성도 축조했다. 황도로서 외형을 갖추고 있는 개경을 보호하기 위해 북쪽 송악산과 남쪽 용수산, 서쪽 오공산, 동쪽 부흥산 등의 산세를 이용하여 둘레 23킬로미터의 외성을 쌓았다. 고려 후기에는 황성과 개성의 중심지를 보호하기 위해 둘레 11킬로미터에 달하는 내성을 축조하고 동대문, 남대문, 동소문, 서소문, 북소문 등 출입문을 만들었다. 지금 개성의 공간적인 범위는 이 외성과 내성에 의해 만들어졌다고 할 수 있다.

개경을 둘러싼 외성과 내성이 만들어지면서 문과 문을 연결하는 큰길도 만들어졌다. 그중 가장 중심 도로는 황성의 주문인 광화문에서 내성의 남대문으로 이어진 '남대가'였다. 광화문 주변 남대가에는 각종 관아가 설치되었다. 송과 아라비아, 일본 등 외국과의 무역도 활발해지면서 개경성 안에 많은 인구가 살게 되었고 당연히 주택가와 시전이 형성되었다. 광화문에서 남대문까지 이어진 도로 좌우에 각종

〈그림 1〉 고려시대 개성성곽과 주요 거리

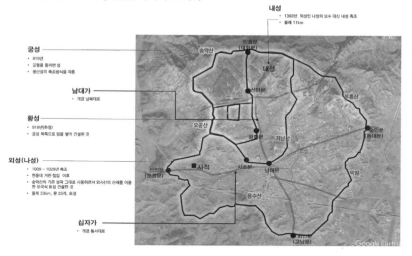

출처 : 김창현, 〈고려 개경과 조선 한경의 구조 비교〉, 《서울학연구》 58, 2015, 1~34쪽 참조 후 필자 보충.

시전이 형성되었으며, 고려가 한창 융성했을 때는 광화문에서 남대문에 이르는 남대가 좌우변에 1,008칸間의 장랑長廊이 건축되어 이곳에 점포가 만들어졌다고 한다.[4] 시전 뒤쪽으로는 주택가가 형성되었다.

외성의 서문인 선의문부터 동문인 숭인문에는 십자가街가 연결되었다. 벽란도를 통해 개경으로 들어오는 사신과 상인은 선의문을 통과했고, 장단과 장풍 등 다른 지역을 가려면 숭인문을 통해 개경 밖으로 나갔다. 고려왕조가 길어지고 왕들의 능이 개성 외곽에 축조되면서 넓은 범위의 개성 지역이 형성되었다.

---

4 고동환, 〈조선후기 개성의 도시구조와 상업〉, 《지방사와 지방문화》 12(1), 2009, 337쪽.

조선시대 개성의 경관

원나라의 침입으로 만월대가 폐허가 되고 조선이 건국되면서 개성은 몰락한 왕조의 옛 도읍지로 전락하고 황도의 영화는 빛을 잃었다. 그럼에도 불구하고 개성은 조선왕조에서도 주요 도시 중 하나로 자리매김하면서 도시 기반시설이 잘 관리되었다. 이성계가 조선 개국을 선포한 것도 개성이었고, 왕이 되기 전에 살았던 옛집도 개성에 있었다. 이성계의 개성 옛집인 목청전에 이성계의 어진이 봉안되고 정기적으로 제사도 거행되면서 조선 초기에는 왕들도 개성을 가끔 찾았다. 한양과 가까웠기 때문에 불시에 대비한 최후의 방어도시였고, 중국 사신이 한양에 들어오기 직전 마지막으로 머무르는 태평

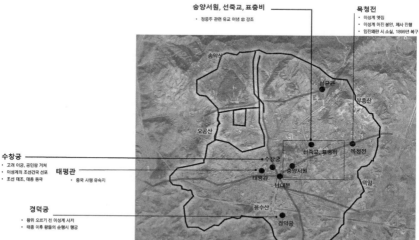

〈그림 2〉 조선시대 개성 경관

관이 만들어지기도 했다.

유교의 '충忠' 개념이 조선왕조의 중심 이념이 되면서 몰락한 옛 왕조 개성은 유교이념의 성지로 호명되기도 했다. 조선의 건국을 반대한 정몽주의 집은 숭양서원이 되었고, 그가 살해당한 선죽교에는 표충비가 세워졌으며, 몰락한 고려에 대한 충성심으로 조선의 관직을 거부했던 이들이 두문동에 칩거했다 하여 '두문불출杜門不出'이라는 단어도 만들어졌다.

조선 초기 한양으로 수도가 이전되면서 한동안 인구가 줄고 시전이 붕괴되기도 했지만, 조선 후기 인삼과 상업도시의 명성을 얻으면서 개성은 활기를 되찾았다. 18세기 강세황의 〈송도기행첩〉에서 확인할 수 있듯이 남대문에서 광화문까지 남대가 좌우의 좌판이 행랑을 이루었고, 곳곳에 지전紙廛과 미전米廛, 저전豬廛, 유시油市 등 전문적인 도매시장도 들어섰다. 시장이 확대되면서 인구도 증가하였다. 남대가와 남대문을 중심으로 주택들도 밀집되었는데, 1789년 개성에는 약 5만 명이 거주하고 있었다.[5]

〈그림 3〉 강세황의 〈송도기행첩〉(1757)

---

5   고동환, 〈조선후기 개성의 도시구조와 상업〉, 343쪽.

일제강점기 개성의 경관

일제강점기 개성은 조선시대부터 알려지기 시작했던 상업도시의 전통성을 유지하는 한편 변해 가는 시대에도 적응해 갔다. 1920년대 근대적 상업과 유통체제가 유입되면서 1910년대까지 운영되던 전통적인 시전 16개는 축소되었지만,[6] 대신 도교시장과 당교시장, 김재현백화점, 인삼관 등이 활발히 운영되었다. 일제 치하 일본 상권의 견제와 경쟁에서도 경제적 우위를 차지하고 있던 개성상인들은 남대가 좌우에 조선식 한옥 구역을 넓게 형성하였는데, 자남산에서 보이는 한옥의 기와들은 개성의 풍요를 상징했다.[7]

정치적 중심지에서 물러나 있었던 조선시대에도 숭양서원과 성균관을 중심으로 한 교육과 문화 소양을 쌓는 것에 소홀히 하지 않았던 개성 주민들은 근대적 학교와 문화시설에 투자했다.[8] 지역 엘리트를 육성하여 개성의 정체성을 유지하고자 한 것이다. 전국에서도 손꼽히는 송도고보와 개성상업학교를 비롯하여 개성중학교, 개성여자중학교, 호스돈여학교, 미리흠여학교 등 상급학교도 많이 운영되

---

6 1925년에는 비단을 파는 선전縇廛, 무명을 취급하는 백목전白木廛, 중국산 면포를 파는 청포전靑布廛, 어물과 과일류를 파는 어과전魚果廛이 있었다고 한다. 고동환, 〈조선후기 개성의 도시구조와 상업〉, 353쪽.

7 1937년 기록에 의하면 개성 주민 4천여 호의 1년 총수입은 5,800만 원(호당 약 1,400원)으로, 당시 개성에 거주했던 일본인 440호의 1년 총소득액 690만 원(호당 약 1,800)과 비교해서 크게 차이 나지 않는 상황이었다고 한다. 편집부 편, 《개성상인들은 어떻게 부자가 되었을까》, 출판시대, 1999, 14쪽.

8 박소영, 〈북한 신해방지구 개성에 관한 연구―지방정체성과 지방통제를 중심으로〉, 동국대학교 북한학과 박사학위논문, 2010, 50~53쪽.

〈그림 4〉 일제 강점기 개성지도

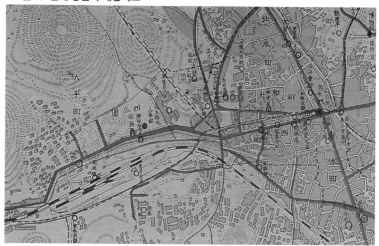

출처 : 〈개성부전도〉, 서울역사박물관 유물(서울역사 022833).

었다. 연극을 상연하는 '개성좌'[9]와 고려청년회관, 개성부립박물관 등이 만들어지고, 과거 태평관 자리에는 인삼관과 홍삼관이 설치되어 개성인삼의 전통도 발전시켰다.

　일제강점기 개성의 경관에 몇 가지 변화가 나타났다. 1906년 경의선이 개통되면서 개성성곽 일부가 훼손되었고 서소문이 철거되었다.[10] 동대문과 남대문의 종각이 철거되고, 개성역이 만들어지면

9　김남석, 〈일제강점기 개성 지역 문화의 거점 '개성좌(開城座)' 연구 – 1912년 창립부터 1945년까지 – 〉,《영남학》26, 2014, 367~395쪽.

10　작자미상,《개성의 옛자취를 더듬어》, 평양: 문학예술출판사, 2002, 29쪽.

〈그림 5〉 일제강점기 개성역 주변

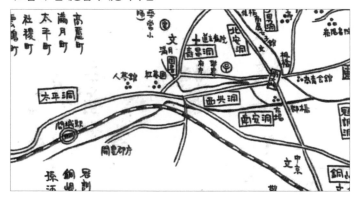

출처 : 김기호, 《개성구경》, 1972.

서 개성역과 남대문 사이에 철도공원과 식민행정기관인 개성부청과
경무청, 우체국, 소방대, 부민회관 등이 만들어졌다.[11] 일본인 주택
과 여관도 건설되면서 개성의 동서축인 십자로가 번성하게 되었다.
1916년에는 자남산 마루에 일본 신사가 건설되고 신사로 올라가는
길 주변 좌우의 민가들이 철거되고 큰 도로가 만들어졌다.

사회주의 지방도시, 주민 생활터전 개성

개성시는 현재 30여 만 명이 살고 있는 북한의 일반적인 지방도시

---

11 『開城郡面誌 第一輯_高麗王都松都面』, 개성도서관, 1916, 27쪽.

중 하나이다.[12] 그러나 휴전선 근처에 위치해 있고 해방 직후에는 남한의 통치를 받다가 한국전쟁 중 북한 지역으로 편입된 '신해방지구'로 북한 당국이 중요하게 관리하고 있는 도시이다.

한국전쟁 직후 개성시의 모습은 1955년 4월 12일 내각결정 41호로 결정된 '개성시 복구건설을 위한 총기본계획'[13]에 의해 결정되었다. 이 계획에 의하면 개성은 고려시대부터 유지해 왔던 옛 도시 모습을 계승하는 것을 목표로 하고 있다. 따라서 역사문화유적은 적극적으로 보존·관리하며, 앞으로의 도시 발전과 확장도 고려시대 만들어진 개성성곽과 도로의 틀 안에서 이루어졌다.[14]

개성의 역사성을 계승하는 것과 별개로 당연히 사회주의 지방도시가 갖춰야 하는 기본적인 도시 기능도 추가되었다. 사회주의 도시에서 가장 중요한 광장이 만들어졌고 사회주의 행정기관들도 설치되었다. 1960년대 이후 김일성·김정일 유일지도체제가 확립되면서 김일성 동상과 사적관, 혁명역사연구실 등이 설치되었다.

2000년대 남북협력이 모색되고 개성공단과 개성관광이 진행되면서 일부 변화가 생겼다. 김정은 집권 이후 주요 도시에 주민복지시설과 여가시설이 많이 건설되면서 개성에도 경기장과 물놀이시설이

---

12 북한은 사회주의 도시개발이론에 의해 급속한 도시의 확장을 억제하고 기본적인 자급자족적 경제생활이 가능하도록 30~40만 정도의 규모를 유지하고 있다(김두섭 외,《북한 인구와 인구센서스》, 통계청, 2011, 177쪽). 개성시 인구 30만 명 중 약 5만 가구(인구수 약 19만 명)는 개성 시내에 있는 것으로 보고되었다(UNFPA, 2008, DPRKorea Population Census National Report 2008).

13 《조선지리전서》, 평양 : 교육도서출판사, 1990, 89~90쪽.

14 박소영·민경숙,〈북한의 역사도시 개성지역 관리·보존 정책의 흐름과 특징〉,《한국민족문화》68, 2018, 204쪽.

리모델링되고 어린이교통공원 등이 새로 건립되었다.

지방도시 개성, 행정 및 공공시설

북한 지방도시의 중심은 대체로 광장과 김일성·김정일 동상 주변이다. 광장의 가장 윗부분에는 혁명사적연구실이 건립되었고, 그 주변에 당위원회를 비롯한 주요 행정시설이 위치해 있다. 개성시도 주요 행정·공공시설은 개성역에서 남대문으로 들어가는 도로인 송도로에 있는 개성시 광장 주변에 밀집되어 있다. 광장에는 김일성혁명사적연구실이 설치되었고, 광장 주변으로 농업경영위원회, 행정경제위원회, 송도사범대학, 시당위원회, 개성학생소년궁전, 청년동맹위원회, 개성신문사가 자리를 잡았다.

1960년대 이후 지방 전역에 '도시 중심부의 가장 경치가 아름다

〈그림 6〉 개성시 광장과 주변 행정 및 공공시설

출처 : 구글 위성사진.

〈그림 7〉 개성 중심축의 변화

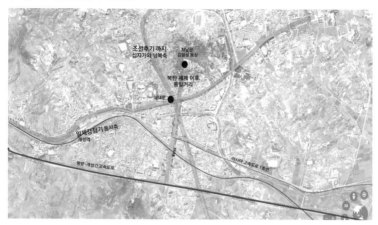

조선후기 까지
십자가와 남북축

자남산
김일성 동상

북한 체제 이후
통일거리

남대문

일제강점기 동서축
개성역

평양~개성간 고속도로

아시아 고속도로 1호선

출처 : 구글 위성사진.

운 높은 언덕 위에' 김일성 동상을 건립하고, 동상을 중심으로 하는
새로운 도시 구성 체계가 형성될 때,[15] 개성시에는 개성 시내를 한눈
에 볼 수 있는 자남산 마루에 김일성 동상이 설치되었다.[16] 김일성 동
상이 설치되면서 남대문까지 이어진 도로인 통일거리는 더 확장되
었고, 통일거리가 평양-개성 간 고속도로와 연결되면서 개성의 새로
운 중심축으로 발전했다. 이렇게 고려~조선 후기까지 개성의 중심축
이었던 남북축과 일제강점기 개성역과 남대문 방향의 동서축에 이어
북한 사회주의 지방도시 개성의 새로운 중심축이 만들어졌다.

---

15 《조선건축사》, 평양: 과학백과사전종합출판사, 1997, 190쪽.

16 이곳은 일제강점기에도 신사가 세워졌던 곳이다.

주민 주거지

현재에도 개성 경관의 기본을 이루고 있는 것은 북안동과 자남동, 해운동, 고려동의 조선식 한옥이다. 다행히 한국전쟁 때 폭격의 피해가 적어 개보수 사업을 통해 조선식 한옥에 주민들이 거주할 수 있었다. 그리고 부족한 거주시설을 확충하기 위해 남대문에서 개성역까지 도로 양 옆으로 1층에는 편의봉사시설이 입주하고, 2층 이상에는 살림집이 입주하는 4~5층 정도의 공동주택이 건설되었다.[17] 이는 북한이 전후 복구를 진행하면서 부족한 주택을 보충하고 사회주의적 도시를 건설하기 위해 주요 거리 좌우에 공동주택과 건물을 길게 배치하는 '주변식 방법'을 적용한 결과다.[18]

북한에서 본격적인 경제 발전 정책이 진행되고 인구가 증가하기 시작한 1960~1970년대에는 남대문을 중심으로 동·서·남쪽 거리들이 개발되고 고층주택이 건설되었다. 남대문에서 동부다리(좌견교)로 가는 도로 양 옆에는 5~10층 규모의 아파트가, 개성 외성의 서쪽문인 오정문에서 개성역 사이 거리에는 15~20층 규모의 고층 아파트가 건설되었다. 남대문에서 외성 남문인 고남문으로 가는 길에 있는 통일다리(야다리)로 가는 거리에도 5~6층짜리 아파트가 건설되었다. 송도식료공장과 방직공장 등 산업시설과 성균관대학이 있는 운학거리에도 아파트가 건설되었고, 개성 동부 지역인 덕암리

---

17 송경록, 《북한 향토사학자가 쓴 개성 이야기》, 푸른숲, 2000, 138쪽.
18 《조선건축사》, 108쪽.

〈그림 8〉 1950~1970년대 건설된 아파트

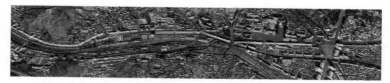

출처 : 구글 위성사진.

에도 주거지가 건설되었다.[19]

1980~2000년대 신규 주거지 건설에 대한 구체적인 자료는 찾을 수 없다. 다만 2001년 숭인문 주변에 제대군관과 영예군인용 주택 150세대가 신축되고,[20] 2002년에는 장풍군에 600세대 살림집을 건설[21]했다는 기사 등이 게재되고 있어 개성 지역의 인구 증가에 따라 꾸준히 주거지가 확충되었을 것으로 보인다.

2000년대 남북관계가 개선되면서 개성에서 남북 간 회의가 많이 진행되고, 개성공단이 운영되면서 판문점에서 개성 시내로 들어가는 도로 주변이 정비되었다. 또한 개성공단이 건설되면서 기존의 마을이 사라지기도 했으며, 개성공단과 개성 시내 사이에 있는 봉동리와 개성 시내로 진입하는 도로 좌우에 15~10층짜리 고층아파트가 건설되었다.

김정은 집권 이후 농촌마을 개건 사업이 북한 곳곳에서 진행되는

---

19 송경록,《북한 향토사학자가 쓴 개성 이야기》, 136~139쪽.
20 《주간북한동향》제568호, 통일부, 2001. 25쪽.
21 《주간북한동향》제592호, 통일부, 2002. 21쪽.

〈그림 9〉 2002년 개성공단 자리(좌)와 2020년 개성공단(우)

출처 : 구글 위성사진.

가운데, 2015년에는 개성시 풍덕협동농장에도 농촌문화주택 40세
대와 목욕탕·유치원이 만들어지고, 에너지 자립을 위해 태양광 전
지판을 설치했다는[22] 기사가 게재되기도 했다. 또한 2010년대 황해
도와 개성 지역에 홍수가 자주 발생하면서 피해를 입은 주택을 대신
한 신규 주택들이 일부 건설되었다.[23] 이외에도 개성 시내의 주거지
역는 송악산 근처인 고려동과 운학동, 보선장마당이 있는 보선동을
중심으로 점점 넓어지는 추세이다.

그러나 평양이나 원산 등 주요 지방도시에서 진행되고 있는 도시
재생이나 대규모 주택 재건축 사업은 진행되지 않고 있다. 이는 오랫

〈개성시 풍덕협동농장에서 – 태양빛전지로 탈곡기를 돌린다〉,《로동신문》 2015년
10월 27일자.

23 〈개성시당위원회 일군들의 사업에서〉,《로동신문》, 2012년 9월 13일자.

동안 개성이 남북 접경도시로 북한 당국의 관심이 집중되어 있었고, 중국 국경과의 거리가 멀기 때문에 시장화가 지체되면서 개인적으로 주택을 건설할 만큼 돈주들이 성장하지 못했기 때문으로 추측된다. 때문에 남대문을 중심으로 남동쪽인 용산동이나 동흥동, 관훈동 등에는 1950~1960년대 지어진 주택들이 대부분이고, 일제강점기에 건설된 주택도 남아 있다. 최근 시장화가 확산되면서 일부 주민들이 낡은 아파트 내부를 직접 수리해서 산다고는 하지만, 1950~1970년대 주요 도로 양 옆에 건설된 낡은 아파트는 엘리베이터가 없거나 전기 사정으로 인해 운행이 불안정하고 상하수도 시설도 완비되어 있지 않다고 한다.[24] 개성의 자랑이며 현재도 신분적 · 경제적으로 안정된 주민들이 많이 살고 있다는 북안동과 자남동 조선기와집 거리에 있는 한옥들도 우물이나 펌프 시설을 이용하고 있다.[25]

　관광객의 눈길이 닿지 않은 골목은 대부분 비포장길로 비가 오면 진흙창으로 변하고, 오래된 담장은 붕괴 위험도 있다. 도시 간 네트워크가 활발하지 않은 경제체제와 경제위기로 인해 교통시설도 많이 부족하고 낙후되어 있다. 그나마 남북교류협력 사업과 개성공단이 운영되면서 개성과 평양을 잇는 고속도로가 개선되고, 개성공단에 근무하는 노동자들을 위한 출퇴근용 버스가 운영되면서 일부 도로가 포장되고 도로 주변이 정비되었지만, 대중교통시설은 여전히 부족하여, 대부분의 주민들은 자전거나 도보로 이동하는 상황이다.

---

[24]　개성 출신 이탈주민 A씨(2020년 11월 18일).
[25]　개성 출신 이탈주민 A씨(2020년 11월 18일).

상업시설, 문화시설

한국전쟁 이후 개성이 북한 사회로 편입된 이후 상업시설도 재편되면서 상당 부문 축소되었다. 1950년대 후반까지 250여 개의 개인 매대가 있었던 당교시장[26]은 없어졌다. 도교시장은 국영시장, 공업품 상점으로 명맥을 이어 가다가 2000년대 북한 사회에 시장화가 확대되면서 주민들이 잘 이용하는 '관훈시장' 혹은 '개성중앙시장'으로 개편되었다. 축소된 상업시설은 소규모 국영소비조합이 대신하였고, 고급 공산품을 파는 개성백화점이 운영되었다.

2000년대 북한 전역에서 시장이 활성화되면서 개성에서도 크고 작은 시장이 발생하였다. 보선동 야산에서 시작된 보선장마당은 중국 수입품은 물론 개성공단 상품을 판매하면서 규모가 확대되어 지금은 매대가 설치되고 규격화된 장마당으로 성장하였다. 이외에도 만월대 주변에 형성된 만월대장마당이 있으며, 골목길과 개천 주변에 비상설시장인 메뚜기장마당이 들어서기 시작했다.[27] 이외에도 개성을 방문하는 관광객을 위한 통일관과 개성인삼판매소도 운영되고 있다.

북한의 다른 지방도시처럼 개성에도 주민들을 위한 문화체육시설들이 있다. 청소년을 위한 과외교양기관인 학생소년궁전이 광장 바로 옆에 있고, 개성극장과 개성문화회관, 어린이교통공원이 있다. 일제강점기에 만들어진 개성운동장도 1988년과 2013년에 리모델링되었으며, 야외 물놀이장과 롤러스케이트장도 만들어졌다.

---

26 〈단장되는 거리〉, 《개성신문》 1956년 4월 18일자.
27 개성 출신 이탈주민 A씨(2020년 11월 18일).

<그림 10> 개성의 상업 및 문화체육시설

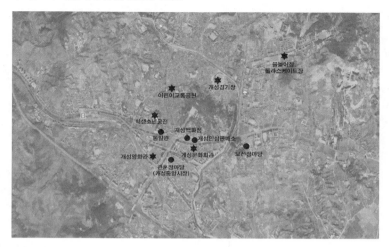

출처 : 구글 위성사진.

이처럼 일반적인 문화체육시설 외에 개성 지역에는 한여름에 송
악산 기슭 마미천에서 모래찜질을 하는 풍속이 지금도 지속되고 있
으며, 최근에는 그 지역에 아예 모래찜질을 위한 '삼댐요양소'가 건
설되어 주민들이 이용하고 있다고 한다.[28] 또한 개성 주변에 있는 역
사문화유적지에 소풍이나 나들이를 가는 경우가 많다고 한다. 개성
출신 이탈주민 A씨도 어린 시절 만월대에 놀러가 작은 유물을 발굴
하기도 했다고 한다.[29]

---

28   북한연구센터, 《2019년 3/4분기 북한 건설.개발 동향》, 한국토지주택공사 토지주택
연구원, 2019, 19쪽.

29   개성 출신 이탈주민 A씨(2020년 11월 18일).

역사문화도시 개성의 발전 방향

역사문화 도시경관 정비 및 산림경관의 회복

앞서 서술하였듯이 개성은 2013년 세계문화유산으로 등재되었다. WHC는 등재 과정에서 역사지구를 보호하기 위한 법령 정비와 유적지 각각에 대한 보수·관리 계획은 물론, 거의 개성 전 지역을 포괄하는 완충구역에 대한 관리까지 구체적으로 지적하였다. WHC의 권고에 따라 북한 당국은 개성 지역을 전담하는 관리기구로 '개성민족유산관리사무소'를 운영하고 있으며, '만월대관리사무소'와 '왕건릉관리사무소'를 설치하였다. 또한 「민족유산보호법」에 의해 개성시 인민인위원회에 '개성시 민족유산보호위원회' 등을 설치하는 등 개성역사유적지구를 보호하기 위한 기구와 법, 제도 등을 꾸준히 보강하고 있다.[30] 최근 북한 당국이 지속적으로 관광자원을 개발하는 상황에서 세계유산으로 지정된 개성의 역사유적지구는 정권 차원에서 관리·보존될 것이다. 그러나 개성역사유적지구의 지정과 관리에도 불구하고 몇 가지 미흡한 사항이 있다.

우선 개성 지역의 역사문화재와 보존 대상에 대한 발굴과 확대가 필요하다. 개성역사유적지구는 개성 시내를 비롯하여 완충구역까지 폭넓은 범위가 포함되었지만, 고려시대의 개경 지역을 다 포괄한 것은 아니다. 특히 벽란도가 있었던 예성강 주변의 개풍 지역과 과거

---

30 이규철, 〈세계유산 개성역사유적지구의 제도적 관리 현황과 특성〉, 《대한건축학회 논문집》 36(6), 2020, 91~95쪽.

판문군, 장풍군 등 개성 외곽 지역까지 범위를 넓힐 필요가 있다.

또한 조선 후기부터 일제강점기에 만들어진 근대문화유산은 포함되지 못하였다. 최근 근대문화유산의 가치가 확대되면서 군산과 인천 등에서는 근대건축물과 유적지를 발굴·지정하고 보호·관리하는 사례가 많이 나타나고 있다. 특히 개성 지역의 근대건물은 일본 식민지 당국이 아니라 당시 개성 주민들이 직접 만들고 활용하였으며, 지금까지 학교와 행정기관으로 이용되고 있기 때문에 이에 대한 가치를 재평가할 필요가 있다. 전쟁으로 인해 유실되었지만 개성 주민들의 독립성과 경제성을 상징했던 개성부립박물관과 고려청년회관, 인삼장 등의 주요 건물터 위치를 확인하고 기억할 수 있는 장치 등도 적극적으로 마련해야 한다.

개성역사유적지구로 지정되면서 개별 유적지에 대한 보호와 함께 완충구역 관리, 산림경관의 중요성을 인식하여 '유적 지역 및 완충지역에서 벌목 금지와 단계별 조림, 산불 방제 및 산림 병해충 방제' 등도 포함되었다.[31] 따라서 산림경관의 회복도 고려해야 할 것이다. 북한의 산림 환경은 1990년대 중반 '고난의 행군' 이후 급격하게 황폐화되었다. 주민들이 식량을 생산하기 위해 다락밭과 화전으로 산림을 전용하고, 땔나무 확보를 위해 과도하게 벌목한 결과로 인해 인구가 밀집되어 있는 도시 주변의 산림이 심각하게 훼손되었다. 이는 해마다 되풀이되는 북한 도시 주변 산사태의 원인이 되고 있으며, 기후변화가 심각해지면서 그 피해도 가중되고 있다.

주민 필요에 의한 산지 전용과 함께 개성 지역 산림 황폐화의 또

---

31   UNESCO, *State of conservation report by the States Parties-DPRK*, 2019.

〈그림 11〉 개성역 뒤 야매산

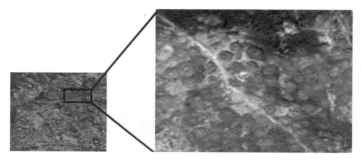

출처 : 구글 위성사진.

다른 원인은 묘지이다. 북한에는 아직까지 시신 매장문화가 지속되고 있어서 개성처럼 오래된 도시 주변의 야산은 무질서하게 무덤들로 뒤덮혀 있다. 구글 위성사진으로 본 개성역 바로 뒤에 있는 야매산 역시 온통 무덤으로 가득 차 있어 산과 숲으로의 역할을 다하지 못하고 있다. 이에 화장시설을 지원하여 오래된 묘지를 정리하고 산림 회복을 지원할 필요가 있다.

〈그림 12〉 운학동 채석장

출처 : 구글 위성사진.

일제강점기부터 개성 지역의 화강석은 그 질이 좋기로 유명했고, 지금도 북한의 대규모 건축물 재료로 이용되고 있어서 개성 곳곳에 채석장이 있다. 특히 송악산 남서쪽 자락에 있는 채석장과 운학동의 채석장은 인구밀집지역이며 유적지구인 개성성 내에 위치해 있다. 이에 도시 및 산림경관의 복원은 물론 산사태를 대비하기 위해서라도 최소한 개성성 내의 채석장은 운영을 중단하고 산림으로 회복할 필요가 있다. 이외에도 경의선 부설과 한국전쟁, 국토개발 등으로 끊긴 개성성곽에 대한 복원사업도 하루 빨리 진행되어야 할 것이다.

주민 거주지 보수, 구도심 외 주거지 확대

서론에서 제기하였듯이 개성이 세계적으로 보호할 가치가 충분한 지역임에도 불구하고, 현재 그곳에서 살고 있는 5만 명의 주민들에게도 살기 좋은 곳인지 판단하기에는 여전히 어려움이 많다. 게다가 역사유적지구로 지정되면서 대규모 도시 발전이 지체되고, 오히려 다른 지방도시에서 신축되거나 재건되고 있는 애육원이나 보육원, 종합학교단지 등의 건설이 늦어질 만큼 지역경제의 활성화도 지체되고 있다.

역사도시로 지정된 이후 지역 주민과 갈등을 겪은 사례는 국내외를 막론하고 많이 존재한다. 물론 역사유적 보호를 위해 주민들의 삶의 질을 포기하거나 도시개발과 경제적 이익을 위해 역사성을 포기하는 극단적인 선택이 아니라, 역사문화유적에 대한 보존과 도심 재생에 성공한 사례도 분명 존재한다.[32] 성공한 역사도시들은 대체

---

32 스페인 톨레도에서는 주택을 구입하여 복원할 경우 구매자의 소득 수준과 문화유산의 가치에 따라 수리비를 지원하는 대신, 규정에 맞게 건축해야 하고 한 달에 2~3회 정도 관광객이 방문할 수 있도록 하고 있다. 박훈, 《공간정치이론으로 읽은 역사도시의 가치》, 한국학술정보, 2013, 95쪽.

적으로 주민들의 이해와 지지를 기반으로 정부와 국제기구의 직간접적인 지원을 통해 도시의 역사성을 유지하면서, 그것을 활용한 도시발전계획이 수행되었다. 따라서 유네스코에서도 유적지구의 주거지는 '현대적인 삶의 환경을 지향하는 거주자의 특성'을 고려할 필요가 있다고 명시하고 있다.[33]

도시의 기반시설이 낡고 부족한 개성이 역사도시로 지속가능한 성장을 하기 위해서도 유적지에 대한 보존·관리 사업과 동시에 역사도시에 어울리는 도시재생 사업을 진행해야 한다. 우선 주민 생활의 편의를 보장하기 위해 민생시설에 대한 전반적인 개선 사업이 필요하다. 특히 수도와 전기, 위생시설 등 열악한 가옥 내부를 개선하고, 주택 주변의 담장 및 골목길 개선 사업, 개성 시내 곳곳을 흐르는 실개천 주변 정비 사업, 상하수도 확대 사업 등이 진행되어야 한다.

최근 역사도시의 보존 범위는 개별 유적지를 넘어 도시경관을 모두 포괄하는 것으로 확대되고 있다. 개성의 경우 개성성 내부가 모두 유적지구로 지정된 만큼 안전에 문제가 있을 것으로 보이는 1950~1980년대 주요 도로 주변에 건설된 낡은 고층주택과 오래된 단층주택들에 대한 정비 사업을 진행해야 할 것이다. 개성은 고려시대부터 도시의 틀이 되었던 개성성곽으로 인해 도시 규모의 확대가 매우 어려웠다. 따라서 인구 증가나 개성공단 재개 및 확대를 대비하기 위해 개성 외곽에 새로운 주거지가 필요할 것이며, 주변 도시 간 교통시설 등 네트워크 시설의 확충도 필요하다.

---

33   UNESCO, *State of conservation report by the States Parties-DPRK*, 2019.

결론

개성은 고려시대 건설된 도시의 기본 형태와 유적지를 비롯하여 조선시대와 일제강점기 역사와 사회주의적 도시의 유산을 포괄하고 있다. 또한 지금까지 주민들의 삶의 터전이고, 남북 분단과 화해·협력의 시대를 경험하고 있는 현재의 도시이다. 즉, 개성 지역은 고려시대부터 현재까지의 역사를 간직하고 있는 한반도에서 몇 안 되는 도시이다.

다행히 개성은 일제강점기와 한국전쟁의 피해가 최소화되면서 도시의 역사경관이 보존될 수 있었다. 그리고 북한이 고조선-고구려-고려-북한으로 이어지는 역사적 정통성을 강조하면서, 고려 수도였던 개성의 문화유산을 정권적 차원에서 관리·보존하였다. 이제는 WHC에 등재되면서 개성 지역의 유적과 유물은 북한 당국이 제안한 유적 보존 및 활용제안서에 근거하고 WHC의 지도 아래 관리·보존이 더욱 강화될 것이다. 북한 당국은 2015년, 2017년, 2019년에 유적지구 관리를 위한 제도 강화, 유적지에 대한 보수·관리, 완충구역 관리 현황을 보고하는 등 약속한 바를 이행하고 있다.

그러나 미흡한 점도 있다. 우선 도시경관 회복에 대한 문제이다. 최근 역사도시의 보존 범위는 개별 유적지를 넘어 도시경관을 모두 포괄하는 것으로 확대되고 있다. 이에 '고난의 행군' 이후 빠르게 황폐해진 산림과 도시숲 재생을 통해 도시경관을 회복해야 할 것이다. 그리고 개별 유적지로 지정되지 않은 낡은 주민 거주지, 특히 주요 도로 주변에 있는 낡은 고층주택과 대다수 주민들이 거주하고 있는 오래된 단층주택도 도시경관을 고려한 정비 사업을 추진해야 한다.

개성 지역의 역사유적과 역사성이 주민의 삶의 질을 향상시키는 데 긍정적으로 작용할 때 지속가능한 역사도시로 성장할 수 있을 것이다. 따라서 주민들에게 밀접한 민생시설에 대한 전반적인 개선 사업이 필요하다. 상하수도와 전기·위생시설 등 열악한 가옥 내부를 개선하고, 낡은 담장과 골목길 개선, 실개천 정비 등 도시재생사업을 함께 진행하며 대중교통시설과 주민 편의시설도 확충해야 한다.

참고문헌

고동환, 〈조선후기 개성의 도시구조와 상업〉,《지방사와 지방문화》12(1), 2009, 337~353쪽.

김남석, 〈일제강점기 개성 지역 문화의 거점 '개성좌(開城座)' 연구 – 1912년 창립부터 1945년까지 –〉,《영남학》26, 2014, 367~395쪽.

김창현, 〈고려 개경과 조선 한경의 구조 비교〉,《서울학연구》58, 2015, 1~34쪽.

박성진, 〈세계유산 '개성역사유적지구'의 보존 · 활용방안 연구〉,《현대북한연구》16(3), 2013, 73쪽

박소영, 〈북한 신해방지구 개성에 관한 연구—지방정체성과 지방통제를 중심으로〉, 동국대학교 북한학과 박사학위논문, 2010, 50~53쪽.

박소영 · 민경숙, 〈북한의 역사도시 개성지역 관리 · 보존 정책의 흐름과 특징〉,《한국민족문화》68, 2018, 204쪽.

이규철, 〈세계유산 개성역사유적지구의 제도적 관리 현황과 특성〉,《대한건축학회논문집》36(6), 2020, 91쪽.

채혜인, 〈문화유산 국제보존원칙의 역사도시경관 개념에 의거한 도시보존 방향—서울 서촌(西村)을 사례로〉, 서울대학교 석사학위논문, 2012.

김두섭 외,《북한 인구와 인구센서스》, 통계청, 2011.

박훈,《공간정치이론으로 읽은 역사도시의 가치》, 한국학술정보, 2013.

송경록,《북한 향토사학자가 쓴 개성 이야기》, 푸른숲, 2000.

편집부편,《개성상인들은 어떻게 부자가 되었을까》, 출판시대, 1999.

《개성의 옛자취를 더듬어》, 평양: 문학예술출판사, 2002.

《조선건축사》, 평양: 과학백과사전종합출판사, 1997.

《조선지리전서》, 평양: 교육도서출판사, 1990.

《開城郡面誌 第一輯_高麗王都松都面》, 개성도서관, 1916.

UNESCO, State of conservation report by the States Parties–DPRK, 2019.

《개성신문》,《로동신문》,《연합뉴스》각호.

접촉지대로서 개성공단의 공간적 특성 분석

| 백일순 |

이글은 백일순, 〈접촉지대로서 개성공단의 공간적 특성 분석〉, 《문화역사지리》 31(2), 2019, 76~93쪽의 내용을 수정, 보완한 것이다.

들어가는 말

2018년 남북정상회담에서 이루어진 〈판문점선언〉은 2007년 〈10·4 선언〉에서 합의된 사업들을 적극 진행하며 남북 철도, 도로 연결 및 현대화를 우선 추진한다는 합의를 통해 새로운 남북경협 추진의 토대를 마련했다는 평가를 받았다. 다시 말하자면, 〈판문점선언〉의 성과는 10년 이상 단절되었던 남북 간의 대화와 상호이해의 가능성들이 연대와 협력의 공간으로 현실화될 수 있음을 보여 주었다는 점에서 매우 중대한 의의가 있다.

〈판문점선언〉 이후 남북이 합의한 다양한 협력 사업들이 지지부진한 가운데, 개성공단은 2016년 가동 중단이 결정된 이후에도 여전히 남북한의 관계 변화를 보여 주는 상징지표로 작동하고 있다. 문재인정부의 '한반도 신경제지도 구상'에서도 개성공단의 중요성이 다시금 강조되고 있다. 수도권을 시작으로 하여 개성공단, 평양·남포, 신의주를 연결하는 '서해안 산업·물류·교통벨트'와 금강산과 원산·단천을 거쳐 청진·나선을 개발한 뒤 남측 동해안과 러시아를 연결하는 '동해권 에너지·자원벨트'는 한반도 신경제지도가 그리는 새로운 통일국토 비전의 핵심이다.

이 구상안에서 개성공단은 남북한의 경제 공간을 연결하는 것과 함께 산업구조 재편을 위한 중심 공간이자 한반도 신경제지도의 중핵 지점으로 볼 수 있다. 남북통일 정책에서 개성공단의 중요성이 강조되면서 개성공단 재개에 대한 기대가 한층 커지는 가운데, 개성공단에 기업을 운영했던 기업인과 관계자들도 수동적인 자세에서 벗어나 개성공단의 재가동을 위해 적극적인 방안을 모색하겠다는 의지를 보이고 있다. 2019년 6월 미 연방하원을 방문하여 개성공단의 경제적 효과와 더불어 한반도와 전 세계의 평화적 가치를 실현하는 데 있어 공단 재개의 중요성에 대해 의견을 나누는 자리를 마련한 것도 그러한 차원의 일환으로 볼 수 있다.

개성공단이 세워지기 이전 시기부터 개성은 다양한 사람과 물자가 오고 가는 접촉지대의 역사를 가지고 있었다. 한반도의 결절지점으로서 개성 일대는 온화한 기후와 기름진 토양, 우수한 접근성으로 구석기시대부터 한반도 인류의 중요한 삶의 터전이었다. 발해와 신라가 대치한 남북국시대에는 변방으로 간주되어 쇠퇴의 길을 걷던 개성 일대가 도시로서 급격하게 성장한 계기는 개성을 황도皇都로 하는 고려의 건국과 밀접한 관련이 있다(한국역사연구회, 2002). 고려를 건국한 태조 왕건 일가는 후삼국시대부터 개성 일대를 기반으로 하는 무역을 통해 영향력 있는 지방호족으로 성장하였고, 궁예 역시 이 지역의 지리적 입지에 주목하여 태봉 건국 초기에 잠시 수도로 삼음으로써 개성의 전성기가 시작되었다.

개성의 지리적 입지는 풍수적으로 3대 길지 중 하나이며, 예성강과 임진강·한강의 물길이 만나 서해로 나가는 지점과 인접해 있어 천혜의 교통입지를 보유하고 있었다. 개성의 이러한 입지적 장점을 활용하기 위하여 태조 왕건은 건국 직후부터 예성강 하구인 벽란도를 국제무역항으로 새롭게 개발하고 개경과 벽란도를 연결하는 교통체제를 조성함으로써 개성의 개방화와 국제화를 추진하였다.

《고려사》를 비롯한 여러 사료에 전하는 각국의 내왕과 교류 기록(박종기, 2002)에도 개경에서 12킬로미터 떨어진 외항인 벽란도는 국제무역항으로 번성하여 중국·일본은 물론 멀리 서아시아와 동남아시아·인도의 사신과 상인들이 드나드는 고려의 국제무역특구였으며 이 상인들이 최종 행선지인 개경에 집단적으로 체류하며 교역활동을 펼쳤음이 잘 나타나 있다. 이로 인해 13세기 초 개경과 벽란도 일대 인구는 50만에 달했던 것으로 추정되는데, 이는 동시대 피렌체 인구 10만을 훨씬 상회하는 숫자다.

고려가 멸망하고 조선이 건국되어 한양 천도가 이루어지면서 국제도시 개경의 명성은 쇠퇴하게 되었다. 하지만 고려시대부터 형성된 상업의 중심지로서 개성의 정체성은 조선시대에도 계속 이어졌다. 5백 년 국제무역도시 개성을 통해 전국 유통망을 구축했던 '개성상인'은 오히려 상업이 쇠퇴했던 조선시대에 이르러 그 존재가 부각되었다. 개성상인(일명 송상松商)은 창의적인 경영과 상술로 전국 상권을 장악하고 조선의 경제를 좌지우지할 정도로 번창하였으며, 전국에 송방을 설치하여 포목 판매를 관장하였을 뿐만 아니라 보부상의 중심 행위자로 활약하였다(노혜경 외, 2011).

일제강점기 시대에 이르러, 개성은 장점으로 여겨졌던 상업적 특성으로 인해 조선총독부로부터 많은 고난을 겪게 된다. 개성상인들은 인삼 재배 및 유통권을 박탈당하였을 뿐만 아니라, 독립군 군자금을 제공하고 독립군을 이동시키는 데 협조했다는 이유로 철저하게 말살되었다. 5백 년 고도 개성의 문화유적 역시 도굴되거나 방치되는 일이 빈번하게 발생하여 과거의 화려했던 역사들이 사라지고 말았다.

광복 후 개성은 북위 38도선 이남 지역으로 미군정 지역에 편입되었고 1949년 개성시로 승격, 대한민국의 최북단 접경도시가 되었다. 그러나 한국전쟁으로 북한에 포함되면서 평양을 중심으로 하는 북한 정치행정 체계에서 또다시 변방 지역으로 밀려났다. 개성은 수도인 평양과는 달리 남북한의 접경지역에 위치하여 인구·물자가 원활히 공급되지 못하였을 뿐만 아니라, 도시 발전 계획상에서도 큰 주목을 받지 못하였다.

그러다가 제1차 남북정상회담을 계기로 2000년대 이후 역사적인 남북화합의 공간이 된 개성은 개성공단 조성과 더불어 2003년 개성특급시로 변경되면서 지역 성장의 기반을 마련하였다. 개성공단의 등장은 단지 산업단지의 조성에 그치는 것이 아니라, 한반도의 접촉지대로 다양한 지점에서 갈등과 합의를 반복하며 한 번도 경험해 보지 않았던 새로운 공간을 만들어 냈다는 점에서 매우 큰 의의가 있다. 다시 말하자면, 남북한을 연결하는 공간, 사고와 사람이 만나는 공간을 만들어 내는 것은 남북관계를 진전시킬 가장 효과적인 방식으로, 개성공단이 그 가능성을 보여 준 사례라고 할 수 있다.

현재까지 개성공단 연구는 크게 세 가지 측면에서 이루어졌다. 첫째, 경제특구로서 개성공단의 특성과 효과에 대한 것이다. 북한이 운영하고 있는 경제특구 중에서 개성공단이 갖는 지위와 개발 방향에 대한 논의들은 중국식 경제특구 개발 모형에서 비롯되었다고 볼 수 있다(임을출, 2007; 김상현 외, 2015). 남북경협을 위한 발판으로서 개성공단이 가진 입지적 장점과 한계를 분석한 연구들(이규석, 2011; 김치욱, 2014)이 주로 이루어졌다.

둘째, 개성공단 설립을 위한 제도 및 법 제정에 대한 연구이다. 개성공단에서 시행된 제도와 법의 제정과 시행은 북한 내에서는 한 번도 시도되지 않았던 것들로서, 서로 다른 체제가 조정하는 과정을 통해 개성공단의 체계 구축에 이바지하였다. 개성공단 운영과 관련된 노동, 관세, 보험 등의 제도 구축에 대한 연구(정웅, 2005; 박천조, 2015)부터 실제 근무하였던 근로자와 운영자 간의 노사 갈등을 중재하는 제도(이주원 외, 2007; 유현정 외, 2015; 배국열 외, 2017)에 이르기까지, 개성공단에서 마련된 다양한 측면의 체계들이 공단을 원할하게 운영하는 데 있어 중요한 요인임을 보여 주었다.

셋째, 개성공단을 경험한 기업, 근로자, 정부기관 등의 집단적·개인적 인식 변화와 함의에 대한 연구이다. 개성공단 근로자들을 대상으로 조사한 연구 결과를 바탕으로 접촉 빈도의 증가가 상호이해의 범위를 넓히고 적대감을 감소시킨다고 한 양문수 외(2013), 정은미(2014) 등의 연구는 개성공단이 갖는 사회적, 문화적 효과가 남북관계의 긴장 완화에 긍정적인 영향을 미친다는 것을 보여 주었다. 또한 강미연(2013)의 연구는 개성공단 작업장 문화를 분석하여 문화적 창조성과 민족적 동질성에 기초한 남북 노동행위자들의 대면 접촉과 상호작용이 접촉지대 형성에 야기하였음을 밝혔다.

개성공단의 설립과 운영을 공간적 측면에서 다룬 연구로는 이승욱(2016)과 정현주(2018)의 연구가 있다. 이승욱은 비판지정학의 개념들을 활용하여 개성공단이라는 공간을 둘러싼 다양한 정치적 갈등 및 협상 과정을 분석함으로써, 기존의 영토주권과 한반도의 지정학적 구조로부터 예외공간이라는 측면을 넘어, 한반도 통일에 대한 비전이 다양한 형태로 제출되고 경쟁하는 장으로서 개성공단을 설명하였다. 정현주는 공간의 내적 다양성 및 다양한 궤적의 공존을 이해하며 공간을 끊임없이 만들어지는 가변적인 것으로 보는 관계적 공간 인식론을 개성공단에 적용하여 통일공간의 방향성을 제시하였다.

이 글은 한반도 내 개성의 위치가 지리적·역사적으로 매우 중요한 입지였음을 확인하고, 개성 지역에 조성된 개성공단의 공간을 분석하여 그것이 가지는 함의를 추적함으로써 한반도의 접촉지대로서 개성공단의 유의성을 설명하고자 한다. 이를 설명하기 위해 최근 접경 연구에서 주목하고 있는 '접촉지대contact zone'를 중심으로 국가 중심의 접경 분석에서 벗어나 미시 스케일에서의 공간들과 행위자들이 접경지역에 미치는 영향에 대한 선행 연구를 정리하고자 한다.

사례 분석에서는 개성공단의 배후도시로서 개성 신도시계획과 개성공단의 공간 구조가 남북한의 접촉지대로서의 특성을 보여 주고 있음을 설명할 것이다. 이 연구의 분석 자료로서, 개성공단을 다룬 정부보고서를 포함하여 개발 사업에 직접적으로 참여하였던 현대아산, 한국토지공사, 통일부 등이 발간한 개발사, 개발계획안 등의 자료를 활용하였다. 이러한 자료들은 개성공단 개발과 관련된 일련의 과정을 살피는 데 매우 중요할 뿐만 아니라 실행을 위해 계획하였던 목표, 방향성을 확인할 수 있다는 점에서 연구의 분석 자료로 적합하다고 판단하였다.

접촉지대로서의 접경지역[1]

접경지역 연구는 물리적·인위적 경계선이 국가의 정치와 지리를 연결하는 매개임을 설명함으로써, 급변하는 세계의 담론을 읽어 내는 데 유용한 도구로 활용되어 왔다. 글로벌 이동성이 급증하면서 1990

---

[1] 이 글의 일부는 백일순(2009)의 내용을 정리한 것이다.

년대 말 주요 이슈로 언급되었던 '국가의 종말'이나 '국경 없는, 탈영토화된 국가'(Ohmae, 1990; Anderson et al., 1995; Sassen, 1996) 등의 논의들은 이제 지리학뿐만 아니라 정치학, 사회학, 경제학, 인류학, 외교학 등과 같은 많은 사회과학을 넘어 인문학, 예술 분야에서도 중요한 주제로 다루어지고 있다.

전통적으로 경계 및 접경지역은 국가 중심의 시스템을 가장 잘 반영하는 영역으로 영토, 영역성territoriality, 주권 등과 밀접하게 연결되어 있다고 전제된다. 우리가 어떻게 세계를 이해하고 재현해 내는가와 세계에 대한 지리적 지식들이 국가 시스템의 재생산을 위해 어떤 방식으로 생산, 조직, 사용되는지에 대한 관점은 접경지역에 대한 해당 국가의 정책과 이해 방식에 따라 다르게 나타난다. 그렇기 때문에 여전히 접경지역은 국가 정체성이 발현되는 최전선으로 국가의 존재 및 역할의 강화가 두드러지는 곳이며, 이러한 정체성을 바탕으로 국민들의 동원과 법 집행이 자연스럽게 시도되고 있다.

국가와 연관된 접경지역 연구는 국가 정체성의 문제로 확장되어 심리적, 상징적 차원에도 많은 이야깃거리를 제공하고 있다. 국가 정체성은 국가의 문화적 구성물이자 하나의 슬로건으로, 민족-지역적 문제들을 부각시키고, '우리'와 '그들'이라는 이분법적인 사고를 사람들에게 주입시킴으로써, 타자에 대한 차별과 구분을 정당화하고 더 나아가 식민화에 이르는 근대적인 국가 경계 담론의 핵심적인 영역이다(Schlesinger, 1991; Billig, 1995).

그러나 '절대적이고 매끄럽게 정의 내려진 경계'의 중요성은 점차 감소하고, 개인과 사회적 집단의 접경에 대한 탈고착화 현상이 새로운 경계지역을 설명하는 데 사용되고 있다. 이러한 과정은 영역적이고 상징적인 의미 안에서 경계의 재발명reinvention에 기초하고 있다. 최근에 논의되고 있는 포스트영토주의Post-territorialism는 국가의 경계와 그를 둘러싼 접경지역에 대해, 국가의 영토성과 안보 논리에 기반한 고정성, 확실성, 안정성, 상호배타성에 의해 작동한다기보다는 다양한 의미와 상징, 권력들이 중층적이고 복합적으로 작동하면서 만들어 내는 유동성, 모호함, 상호구성성으로 구성된 공간으로 정의 내린다(박배균 외, 2019). 그렇기 때문에 영토의 제도적 산물인 경계 및 접경지역은 역사적으로 우연적이고 역동적이며(Passi, 1991), 경계 및 접경지대를 구성하는 실천들은 다양한 형태의 정치적 요구뿐만 아니라 공간적, 사회적, 문화적 맥락을 반영하고 있는 것으로 볼 수 있다.

세웨린과 스마가츠(Seweryn and Smagacz, 2006)는 '사회적 유기체' 혹은 사회적 총체나 시스템으로서의 경계로 전체적이고 체계적인 접경지역의 이미지를 분석하는 '경성적 접근 방식hard approach'과 개인과 그들의 행위에 초점을 맞춘 '연성적 접근 방식soft approach'을 넘어 '사회적 생성becoming'의 측면에서, 기존의 문화적·경제적·정치적 맥락을 바탕으로 행위자에 의해 지속적인 형성·재형성을 겪게 되며 구조적 조건과 새로운 사회적 요구·분위기·목표 사이의 변증법적 관계로서 접경을 이해해야 한다고 주장한다.

최근 접경지역이 갖는 특유의 불안정한 시스템으로 인해 자본과 노동의 이동에 대해 인위적으로 예외적 제도가 적용된다고 보는 '예외공간Exceptional space' 논의도 이와 같은 맥락에서 이해할 수 있다(이승욱, 2016; 김부헌·이승철, 2017; 이승욱 외, 2017). 예외공간이라는 접근법을 통해 서로 다른 체제가 충돌하는 접경지역에서 나타나는 배제와 감시가 필연적으로 발생하는, 그럼에도 불구하고 합리적인 작동 방식으로 간주되고 있음을 드러내 주었다는 점에서 큰 의의가 있다. 그러나 이러한 연구는 접경지역에서 마주치는 행위자들의 접촉으로 인한 변화와 그에 대한 공간의 역할을 충분히 다루고 있지 못하다는 점에서 한계가 있다.

이러한 접경 연구의 공백을 메워 주는 개념으로, 본 글에서 다룰 '접촉지대'는 역사적 맥락을 배경으로 문화들 간의 접촉을 설명하고자 하였던 메리 루이스 프랫Mary Louise Pratt과 폴 카터Paul Carter에 의해 고안되었다. 프랫은 접촉지대에 대해 '지리적으로, 역사적으로 분리된 집단 혹은 개인이 서로 접촉하는 공간'이라고 설명한다(Pratt, 1991; 1992). 프랫의 연구는 주로 탐험가의 신대륙 개척 과정에서 원주민과의 만남, 식민화를 위한 서구 열강의 군사적 점령에서 발생하는 이문화 충돌을 다루었다. 이러한 예시에서도 알 수 있듯이, 이들이 다루는 접촉지대는 불평등한 권력관계를 내재하고 있으며, 그로 인한 갈등과 협상의 과정이 상시 존재하는 곳이라 볼 수 있다.

프랫이 정의하는 문화번역Transculturation은 두 집단 이상이 접촉하는 상황에서 상이한 문화에서 전달되는 의미들을 선택하고 협상하는 과정을 의미한다. 문화의 압력과 범주에 따라 그 영향을 강하게 받는 민족은 지배적인 문화로부터 벗어나기 어렵지만, 그럼에도 불구하고 그들 자신의 것으로 흡수하는 것과 그것을 어떻게 사용하는지에 대한 선택권을 갖는다(프랫 저, 김남혁 역, 2015). 프랫(1992)은 서구 열강의 식민지배 시기에 문화적 초월성이 식민지 주변뿐만 아니라 유럽 대도시 사람들의 정체성과 문화에 깊은 영향을 끼쳤다고 주장한다. 여기서 지배와 피지배의 식민지 관계는 '분리성 또는 인종차별성' 측면에서가 아니라 상호작용, 이해 및 관행 측면에서 이해될 수 있다. 따라서 접촉지대에서 발생하는 문화적 차이들을 해석하는 것은 결손이라기보다는 생산적인 것으로 인식해야 하며, 문화교류가 가진 파괴적이고 창조적인 가능성에 초점을 맞추어야 한다.

카터(Carter, 1992)도 마찬가지로 원주민과의 첫 대면을 통해 탐험가들과 원주민 간의 접촉지대에 대한 분석을 시도하였다. 그의 관심은 접촉 시 두 집단이 나누었던 텍스트 자체가 아니라 소통의 공간을 만들기 위한 행위에 있으며 이는 혼종적인 산물로서 차이의 간극the intervals of difference, 즉 상대방으로 인해 만들어진 접촉의 장場에 초점을 맞추고 있다. 따라서 접촉의 목표는 상대방과의 만남을 통해 발생한 생각과 경험의 차이를 동시에 표현할 수 있는 의사소통 방식을 찾고 만들어진 산물들을 각기 다른 형태로 자신의 삶과 접합시킬 수 있는 기회의 확대에 초점을 맞춰야 한다(김남혁, 2015).

따라서 접촉지대는 일종의 사회적 공간으로 이질적인 자아, 문화, 공동체의 만남을 통해 갈등과 소통, 배제와 포섭 등과 같은 역동성이 발생하며 경계의 재구성을 촉발시킨다. 공간으로서의 접촉지대는 적극적이고 능동적인 차원의 사회적 관계를 형성하는 매개체로 작동한다(이우영·구갑우 외, 2016). 이 공간에 참여하는 행위자들은 문화적 차이에 대해 주체적으로 경험하고 새롭게 구성된 경계들이 어떻게 의미를 형성하는지를 인지하게 된다(김현미, 2005; 마정미, 2014; 이수정, 2016). 이러한 과정은 일회적이거나 단선적인 방식으로 제한되지 않고 접촉의 빈도와 깊이에 따라 정교한 경계로 재구축된다.

접경지역에서 발생한 접촉지대 연구들은 이질적인 집단들의 협상 과정을 기술하는 방식으로 수행되어 왔다. 서머빌과 퍼킨스(Somerville and Perkins, 2003)는 호주 원주민과 비원주민 간의 협력 과정에서 이루어진 일련의 대화들을 분석하여, 두 집단 사이에 존재하는 경계가 각 집단들에 의해 매우 상이하게 구상된다는 것을 밝혔다. 따라서 효과적인 협력의 달성을 위해서는 다양한 방식의 경계 형성이 용인 되어야 하며, 접촉지대에서 발생하는 긴장과 갈등을 생산적인 것으로 전환할 수 있는 체계가 마련되어야 한다고 설명한다.

두 집단 간의 접촉지대 연구뿐만 아니라, 하나의 집단에 대해 서로 다른 접촉지대를 만들어 낸 사례에서도 접촉지대의 중요한 함의를 확인할 수 있다. 여와 윌리스(Yeoh and Willis, 2005)는 영국 및 싱가포르의 중국인 이주 사례 연구를 바탕으로, 국제도시들을 포함한 중국 여러 도시에서 나타나는 '접촉지대'의 역학관계로 인하여 문화적 차이뿐만 아니라 기업문화 측면에서도 문화적 차이가 나타나는지를 조사하였다. 싱가포르인과 영국인이 경험한 중국인에 대한 인종-역사적 연관성이 매우 다르며, 그 결과 '중국'에 대한 문화적 상상력의 차이로 인하여 중국 이주자에 대한 인식과 접근법의 차이가 발생하였다. 이처럼 지리적, 역사적 분리에 의해 나뉘어진 주체들의 공간적, 시간적 결합을 유발하고 현재 궤적이 교차하는 지점으로서 '접촉지대'는 '차이'가 끊임없이 부딪히고 협상되는 최전방 지역으로 해석할 수 있다.

접촉지대에 대한 국내 선행 연구는 역사 자료들을 근거로 한 이문화 접촉 사례(한승훈, 2017; 노지민, 2019), 글로벌한 이동을 통해 야기된 새로운 공동체의 형성과 초국가적 사회 공간에 대한 논의(성공회대학교 동아시아연구소, 2013) 등이 있다. 또한 학교(이민경, 2013), 박물관(김성은, 2011; 고가영, 2019), 여행기(구모룡, 2018; 김영신, 2018; 이보고, 2018) 등과 같이 시-공간적으로 다른 주체들이 교차하는 지점이라는 관점에서의 접촉지대

연구가 활발하게 이루어지고 있다. 이러한 연구의 대부분은 '접촉'이라는 행위 중심으로 행위자의 정체성 변화와, 접촉으로 인해 발생한 갈등을 어떤 방식으로 조정하는지에 초점을 맞추고 있다.

　접촉지대를 마음 통합의 관점에서 분석한 연구(이영우·구갑우 외, 2016)는 다양한 남북교류의 경험들이 접촉지대의 일상화를 통해 상호적 마음 체계에 변화를 야기하는 것으로 설명하고 있다. 예를 들어, 개성공단의 남북한 접촉을 통해, 남한 주민에 대한 북한 근로자의 태도가 적대감과 대결의식에서 서로 다른 체제의 차이가 존재한다는 것을 인정하는 방향으로 전환되었다(양문수 외, 2013). 개성공단 내에서의 남북한 근로자의 상호작용은 거시적인 차원의 정치적 변화나 개성공단의 운영 변동에 따라 영향을 받지만, 미시적 차원에서 한민족이라는 공통성과 분단으로 인한 감정의 공유 등을 통해 상호이해의 범위가 넓어지는 긍정적인 방향으로 진화해 왔다는 점에서, 접촉지대의 형성이 이질적인 차이를 감소시키는 데 중요하다는 함의를 보여 주었다.

　이처럼 접촉지대 개념이 접경 연구에 주는 함의가 있음에도 불구하고, 기존 연구는 행위자들의 접촉에 집중함으로써 접촉으로 인한 공간 그 자체의 특성 변화를 매우 한정적으로 다루었다는 한계가 있으며, 따라서 이에 대한 연구의 필요성을 들 수 있다. 예를 들어, 기존 연구에서 다루어지는 접촉지대의 '공간'에 대한 정의는 지리학에서와는 달리 제도의 유무의 차이로 분류하고 있다(윤철기 외, 2016). 이로 인하여 접촉지대 개념을 설명하는 과정 속에서 공간 그 자체에 대한 특성과 이해가 고려되고 있지 않다. 개념에서 언급하는 자연적 또는 인위적으로 한정된 일정 구역이라는 뜻을 가지는 '지대^{Zone}'라는 공간적 정의에 대해서도 은유적인 설명에 그칠 뿐, 해당 단어가 다른 공간 개념들에 비해 적절한 표현임을 증명할 수 있는 연구가 이루어지지 않았다.

또한 기존 연구에서 다루어지는 접촉지대에 대한 기술은 과정적 측면보다는 단편적인 장면의 나열이나 결과에 대한 설명에 치중해 있다. 그러나 접촉지대 행위자들의 의사 결정 과정, 공간 조성에 따른 경관의 변화, 접촉지대에 부여되는 상징과 의미 체계의 선택과 조정 등에 대한 논의 없이 접촉지대의 역동성·변동성·혼종성을 설명하기 어렵다. 다시 말하자면, 접촉지대에 대한 공간적인 분석은 고정적인 명사형의 개념이라기보다 적극적이고 능동성을 띤 동사 형태의 개념으로 다루어야 한다.

이와 같은 한계에도 불구하고 개성공단을 접촉지대[2]의 관점에서 분석하고자 하는 이유는 두 가지로 들 수 있다. 첫째, 그동안 접경지역 연구는 주로 '민족'을 중심으로 소속감을 가르고, 이웃 국가의 문화가 만나는 장소로서 접경을 설명해 왔다(Donnan and Wilson 1999). 그러나 개성공단과 같이 동일한 민족이 접합되는 공간을 설명하기 위해서는 '가르고, 나뉘는 것'을 강조하는 접경 개념보다 '접합되고 교차하는' 접촉 개념이 더 적절하다고 사료된다. 따라서 구분을 위한 선line이 아닌 지속적인 변화를 내재한 면surface, 즉 접촉지대로서 개

---

[2] 본 연구에서는 접촉지대 개념이 가정하고 있는 권력의 불균등성에 대해서는 매우 제한적으로 다루고 있다. 그러한 이유로 분석 자료로 활용한 정부 및 기관 보고서가 남북한의 권력관계에 대해 구체적으로 서술하고 있지 않기 때문이다. 따라서 추후 개성공단 관계자들의 인터뷰 및 현장 조사가 실현되었을 때 보완 연구를 수행하는 것으로 가름하고자 한다.

성공단을 살펴보는 것은 접경 연구가 가진 문제를 보완하는 데 중요한 함의를 던져 줄 것이라고 판단한다. 둘째, 개성공단이라는 공간의 생산은 접경지역에서 이루어진 사람, 물자, 생각, 제도 등의 다양한 접촉을 통해 만들어진 결과물이다. 경계지역으로서 서로 맞닿는다는 수동적인 접촉이 아닌 가까이 대하고 사귄다는 능동적 접촉의 과정을 통해 개성공단의 공간 구조와 내용들이 결정되었다. 따라서 접촉지대 개념이 가지는 상호능동성, 변화 가능성은 개성공단의 공간적 형성을 설명하는 데 유용한 접근이라 생각한다.

접촉지대로서 개성공단은 일상적 삶의 실천에 강한 영향을 미쳤을 뿐만 아니라, 지속적인 물리적·상징적 가치들의 유입을 통해 공간의 변화를 겪었다. 특히 다양한 행위자들의 경험과 인식의 변화는 개인, 지역 단위의 미시적인 공간 활동에 의해 재구조화되고 있다. 따라서 개성공단을 좀 더 구체적으로 이해하기 위해서는, 미시적 차원의 경험과 인식 변화들을 근거로 하여 개연적·역동적인 성격을 띠고 있는 것으로 볼 필요가 있다. 이러한 논의를 바탕으로, 개성공단은 다양한 실천으로 구성되며 공간적, 사회적, 정치적 맥락 내부에 숨겨져 있는 여러 가지 정치적 요구를 반영함으로써 그 형태와 의미가 매우 독특하게 나타나는 지역으로 설명할 수 있다.

개성공단의 개발과 새로운 접촉지대의 형성

접촉지대로서 개성공단의 공간적 특성 변화를 파악하기 위해 개성공단의 개발계획안을 살펴보고자 한다. 이를 통해 개성공단을 어떻게 정의 내리고, 무엇에 초점을 맞추어 개발하려 했는지를 확인할 수 있을 것이다.

개성공단의 최초 개발업자인 현대아산은 2000년 6·15 정상회담을 계기로 이루어진 〈공업지구 건설운영에 관한 합의서〉 체결을 시작으로 개성공단 개발에 참여하게 되었다. 이후 독자적인 사업 추진의 어려움으로 인하여 현대아산과 한국토지공사가 함께 공동사업시행협약을 체결함으로써 본격적인 개발 궤도에 오르게 되었다. 체결된 합의서의 주요 내용은 개성 지역에 66.1제곱킬로미터 규모로 공업지구 및 배후도시를 건설한다는 것이다(성도용 외, 2001; 허련, 2011).

개성공단을 지원하는 배후 신도시 1,200만 평 중 400만 평에는 국제적인 상업·금융기관과 골프장, 호텔, 휴양시설이 들어서는 국제자유도시가 개발될 계획이었다. 이곳은 개성공단의 생산활동을 지원하는 동시에 별도로 한국을 포함한 외국인들의 북측에 대한 투자와 금융을 지원하기 위한 교류 업무가 집중적으로 이뤄질 수 있도록 계획안이 마련되었다[3]. 남북의 교류와 협력이 이루어지는 협력도시로서 공단과 신도시가 조화롭게 기능하는 복합기능도시, 기업과 외국인 투자자들이 투자하기 좋은 기업중심도시로 배후도시 및 개성공단의 목표가 설정되었다(〈표 1〉 참조)(허련, 2011).

구체적으로 살펴보면, 용도별로 공장 구역, 생활 구역, 관광 구역, 상업 구역 등 4개 구역으로 나누어 국제적 환경도시를 건설하는 것으로 기본 방향을 설정하였다. 공장 구역의 경우 채용 창출, 외화 획득, 시장경제를 구획하기 위한 제조업 유치가 우선 과제였으므로 남

---

3 〈1200만 평 15만 가구 배후市 조성〉,《매일경제》 2000년 11월 1일자.

〈표 1〉 개성공단의 개발 목표

개발 목표	내용
국제적 교류가 가능한 도시	국제도시들 간의 경쟁우위를 가질 수 있는 산업 도시로서의 성장
역사적 정체성을 바탕으로 성장하는 도시	개성의 역사적 유산에 대한 통합적 관리로 세계적 관광도시로 개발
자연과 공존하는 환경친화적 도시	지형, 하천 등의 자연적 요소를 최대한 살리고 오염이 최소화될 수 있는 지속가능한 도시
자족 기능을 가진 도시	남북협력을 통해 성장 기반을 구축하고, 이를 바탕으로 자족적 도시로 발전

출처: 현대아산.

한과 접근성이 양호한 고속도로 동남쪽 지역에 배치되었다.

공장 구역 외에는 계획의 실행이 이루어지지 않았지만, 공장 구역의 생산활동을 뒷받침할 수 있는 생활 구역, 상업 구역, 관광 구역의 계획도 완결된 하나의 도시로서 개성공단이 성장할 수 있도록 설계되었다. 예를 들어, 생활 구역 계획에서 최우선으로 고려한 것이 생태주거 개념의 도입이었는데, 기존 개성의 주거경관을 해치지 않으면서 자연지형을 활용한 녹지축이 주거 지역에 배치될 수 있도록 고려하였다.

이러한 공간 배치는 남북한의 정부기관 관계자뿐만 아니라 개발업자인 현대아산, 한국토지공사의 참여로 이루어졌다. 이를 기준으로 도로, 용수, 전력 등을 포함한 인프라의 연결이 이루어졌다. 이러한 의사 결정 과정과 운영 주체의 선정은 수차례 진행된 「개성공업지구법」 제정을 위한 남북한 관계자들의 협상과 조정 과정을 통해 이루어졌다. 〈개성공업지구 공장구역 개발업자 지정 합의서〉 체결

〈그림 1〉 개성공단 단계별 개발 계획도

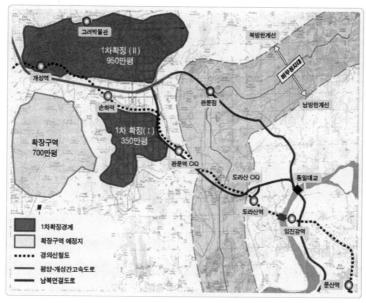

출처: 현대아산

을 통해 현대아산과 한국토지공사가 개발업자의 지위를 보장받게
되었으며, 이들이 제안한 계획들이 진행되었다. 즉, 다양한 제도와
법을 구축해 나가는 과정을 함께 경험함으로써 이제까지 없었던 새
로운 접촉지대로서 개성공단이 만들어지게 된 것이다.

　국제적 교류가 자유로운 도시로 개발하되, 기존 개성 시가지와는
별도로 국제적 감각이 살아 있는 신시가지를 계획하였으며, 또한 지
속가능한 도시개발을 위해 녹지와 수변 공간을 충분히 확보할 뿐만
아니라 도시의 성장 단계, 주민의 소득수준 향상 정도를 반영하여
확장 가능성을 염두에 둔 신도시 건설을 추진하였다. 개성공단이 하

나의 도시로서 기능할 수 있도록 새롭게 조성될 시가지 중심에 상업시설을 집중시키고, 기존 시가지를 부심으로 개발함으로써 1중심, 2부심, 5지구 중심 체계로 공간 구조를 구상하였다. 이 구상안에 개성 도심과 산업 공간을 연결하고, 도시 성장에 대비할 수 있는 잠재 공간을 확보하는 등 주요 공간 간의 연계를 통해 도시 기능이 적절히 이루어질 수 있도록 계획하였다(현대아산, 2005).[4]

이러한 도시계획은 상징경관을 중심으로 하는 전체성, 지배성, 중심성을 가진 북한의 도시계획과는 현저히 다른 개발 방식이라고 볼 수 있다. 북한 도시개발의 기본 개념은 철저한 지역균형 개발, 성장 중심의 계획경제, 군비 강화를 뒷받침하는 도시개발, 현지교시를 중시하는 계획 시행을 바탕으로 이루어졌다(김원, 1998; 김현수, 2000).

예를 들어, 함흥시는 사회주의 공업도시의 전형으로서 일제의 대륙 병참기지로 활용되었던 흥남의 내륙연계도로와 흥남항 등을 기반으로 하여 성장하였다. 공업 기능을 지원하는 함흥시의 도시 구상은 구소련이 채택한 공업과 주거를 분리하는 토지 이용의 분리, 자족적 주거 단위로서 소구역 설정, 직주 근접과 서비스 공간의 균등 배치, 공공시설과 기념광장으로 구성된 도심부 계획이 도입되었다(박희진, 2013).

그러나 개성공단 도시계획은 개발계획안의 주체로서 정부기관뿐만 아니라 개발업자인 현대아산과 한국토지공사의 역할이 매우 중요하였기 때문에, 개성공단 사업 추진 계획안을 결정하고 시행하는 과정이 일방적인 방식으로 이루어지지 않았고, 개발의 내용 역시 특

---

4 중단된 개성공단, 최종 개발하면 6600만m^2 '첨단 산업단지' 변모, 머니투데이, 2018 년 5월 8일

정 지역에만 성장 기회를 부여하는 것이 아닌 균형발전을 목표로 하였으며, 북한 정권의 상징경관을 우선 배치하는 것이 아니라 평화와 협력이 개성공단의 상징 개념으로 활용되었다. 이처럼 개성공단은 접촉지대로서 도시 공간 구조의 형성과 기능, 배치 등의 설정에 있어 '남북한의 경제협력'이라는 목표를 수행하기 위해 구상되었다고 볼 수 있다.

배후도시 개성과 개성공단을 연결하는 각종 인프라의 개발 방식 역시 접촉지대로서 상호협력과 조정 과정을 통해 개발되었다. 개성공단 조성 초기에 도로, 전력, 용수의 공급 등과 같은 인프라의 조성은 단순히 개성공단만을 위한 것이라기보다는 개성공단 노동자들이 살고 있는 지역 개발과 밀접하게 연결되었으며, 또한 이는 남측의 인원과 물자 등이 원활하게 이동할 수 있게 하는 매개체였다. 이처럼 남한의 선진화된 기술력을 통해 북한의 자원 효용성과 공간 활용성을 높임으로써, 남북경협의 공간적 효과는 산업단지 내부뿐만 아니라 외부에도 확산되어 더 많은 지역으로 파급효과를 발생시켰다.

개성공단 개발총계획에 따라 교통계획은 가로망 계획과 연계되도록 하고, 지구 내에서 격자형 가로 체계를 도입하였다. 개성공단으로 들어가는 남북 연결도로를 계획하고 원활한 소통을 위하여 기존 시가지와도 연결하도록 하였다. 대중교통수단이 제대로 발달하지 않은 탓에 근로자들 대부분이 도보나 자전거로 출퇴근을 하였는데, 이들의 안전한 이동을 위하여 도로를 재정비하였다(한국토지공사, 2009). 도로뿐만 아니라 개성공단에서 제공한 출퇴근 버스는 개성 주요 시가지의 아침 및 저녁 풍경의 변화를 가져왔으며, 인간 이동의 흐름을 규정하는 주요 요소로 작동하였다. 대중교통수단의 도입이 도시

구조는 물론, 그 도시에 거주하는 사람들의 행위양식 및 인식에 지대한 변화를 가져온 것이다.

도로 정비 과정에서 개성공단 외 지역의 개발은 북한의 승인이 있어야만 가능했으므로, 남한의 건설 인력이 자유롭게 드나들지 못하였다. 때문에 개성공단을 넘어서 이루어진 도로포장 공사는 북한에서 직접 시공하였다. 〈그림 2〉[5]에서 볼 수 있듯이, 이러한 도로의 건설은 행정적인 측면에서 보았을 때는 품질의 균질함을 보장해 주지 못한다는 점에서 비효율적일 수 있으나, 남북한 체제와 운영 방침의 차이를 수용하고 협상하는 과정을 통해 하나의 연결도로를 만들어 냈다는 점에서 중요한 의미가 있다고 볼 수 있다.

또 다른 개성공단 인프라 개발은 국내 신문[6]에서도 다룰 정도로 매우 중요한 사건이었다. 개성공단 용수 공급처로 논의된 월고저수지는 개성시와 장풍군 지역의 식수·용수 공급을 위해 1992년부터 장풍군 일원에 축조 공사를 시작하였지만 잦은 집중호우로 공사의 중단과 재개를 반복하고 있었다. 남북한은 용수 공급처의 위치 선정을 두고 2년 이상 대치하다가 월고저수지의 현대화로 합의를 마무리하였으며, 2007년 9월 13일 북한의 용수를 받아 남한의 기술로 정수 처리된 상수가 최초로 개성공단 및 개성시에 공급되었다(개성공단지원재단, 2008).

이 밖에도 판문점 CIQ와 같은 출입경 시스템 역시 남북한을 연결

---

5   https://www.kidmac.or.kr/ko/0505/board/gallery/?pageIndex=11&searchYear=2005
    (검색일: 2019년 8월 12일)

6   〈개성공단서 개성 주민에 물 공급〉,《조선일보》2007년 2월 3일자.

〈그림 2〉 근로자를 위한 자전거 도로 및 출퇴근 버스

출처: 개성공업지구지원재단.

하는 주요 시설로서 정치적 상황 변화에 따라 이어짐과 닫힘을 반복
하였다. 이 장소들은 남북한의 연결 공간에서 가장 민감하게 작동하
는 지역으로서 국가 중심의 체계가 작동하는 방식, 지리적 지식들이
국가 시스템의 재생산을 위해 다양한 방식으로 생산, 조직, 사용되
는 것을 보여 주는 곳이라 할 수 있다. 이처럼 남북한 간 조정과 협
력의 과정은 개성공단을 넘어서는 공간의 연결을 만들어 냈을 뿐만
아니라, 북한 도시와 산업단지의 연결로 국한되지 않고 남한과의 연
계를 가능하게 하는 접촉지대의 계기들을 다양한 인프라를 통해 견
고하게 구축하여 왔다는 점에서 그 의의가 있다.

접촉지대에서 나타나는 개성공단의 이식경관

북한의 지역 개발을 포함한 공간 관련 연구들은 개발에 대한 정치
적·경제적 영향에 대한 분석이 주요 관심이었다. 예를 들어, 개성공

단은 사회·경제·정치적인 입지로 인해 다양한 공간적 함의를 내포하고 있으나, 기존의 연구들에서는 '남북 간의 노동력, 자본, 상품 등이 초국경적인 형태로 연계된 지경학적 공간인 동시에 남북 양측이 지정학적 논리를 내세우고 관철하는, 그 결과 지정학적 갈등이 직접적으로 표출되고 매개되는 모순적 공간이자 미완성, 불안정, 불확실성이 구조적으로 내재한 공간'(김병로 외, 2015)으로 설명하고 있다.

또한 개성공단은 개발과 운영을 제도적으로 뒷받침하는 관련 규정을 설정함으로써 북한의 영역성과는 뚜렷하게 구별되는 예외공간(이승욱, 2016)으로 탄생하게 되었으며 새로운 규정을 통해 해당 지역에서만 예외적으로 작동하는 다층적인 법적, 제도적 공간이 형성된 것으로 해석되고 있다(이효원, 2011).

그동안 정치, 군사적 요인으로 인해 일반 연구자들은 개성공단 관련 정보에 접근하는 것이 어려웠기 때문에 공간 구조와 경관 분석에 대한 연구는 극히 드물었다. 그럼에도 불구하고, 개성공단 조성은 해당 지역 및 인근 지역의 공간 구조를 변화시켰으며, 이러한 재구조화가 개성을 비롯한 남북한 접경지역에도 사회경제적으로 영향을 미쳤기 때문에, 개발계획과 시행 과정에서 나타난 공간 구조의 변화를 통해 접촉지대로서 개성공단의 공간적 특성을 확인할 수 있다.

개성공단은 산업단지로서의 경관 특성과 더불어 북한에서는 볼 수 없는 개성공단 특유의 경관들이 형성되어 있다. 〈그림 3〉에서 볼 수 있듯이, 주요 건물들의 배치, 건물과 건물을 이어 주는 빈터, 도로 등의 연결망이 남한의 산업단지 계획과 유사하게 형성되어 있다. 여기서 개성공단의 공간적 특성 중 가장 주목해야 하는 것은 한국의 '이식경관'이다. 개성공단은 남측의 산업단지와 상당히 유사한 경관

〈그림 3〉 개성공단 지구단위계획도

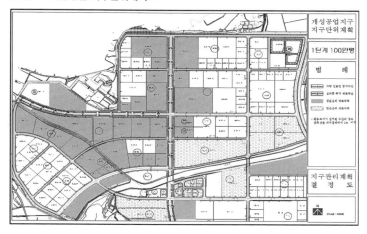

출처: 개성공업지구지원재단.

체계를 갖는데, 이는 건물의 배치와 동선을 계획할 때 한국의 제도 와 경관 계획을 적극적으로 도입, 활용하였기 때문이다.

　한국의 산업단지 조성 계획에서 산업단지의 공간 배치는 위치, 규 모, 유치 업종, 배후도시의 유무 등과 같은 단지의 특성에 따라 이루 어지며 생산, 주거, 휴식 등의 기능별 공간이 합리적으로 배치되는 것을 목표로 한다. 특히 생산 기능 지역은 '생산성'을 극대화할 수 있 도록 배치하며, 주요 생산 공간과 연관 생산 공간의 합리적인 배치 로 생산과정의 계열화, 협업화를 도모한다(대한국토계획학회, 2014).

　예를 들어, 단지 내 영세 중소기업을 위한 아파트형공장 부지의 배치, 주거 및 생산자원 공간의 쾌적성 유지를 위한 생산 공간과 연 계 공간 간의 일정 거리 유지 및 완충 공간 확보 등의 요소들은 한국 의 산업단지를 구성하는 기본 원칙이라고 할 수 있다. 이러한 공간 생산 방식이 '최대 효율, 최소 비용'이라는 목적 아래 개성공단에 동일하게 적용되었다. 또한 토지 이용계획 역시 공장용지는 적정 수요로 배분하여 업종 간 상호 유기적으로 연계 배치하고, 상업 및 지원시설 용지를 단지 중앙부 선상으로 배치하여 이용자의 접근성을 강화하도록 구상되었다.

이러한 산업 공간의 배치는 북한의 법적, 제도적 제한으로 인해 일부 제한된 부분이 있었지만, 대체적으로 남측의 산업단지 형태를 그대로 복제하였으며 일종의 '이식移植경관'으로서 북한 도시공간에 새로운 파급효과를 발생시켰다고 볼 수 있다. 이식경관은 주로 식민지를 경험한 국가들에서 나타나는 경관을 설명하기 위한 개념으로, 지배국가의 도시계획의 실험 대상지로서 식민지에 예측 불가능한 도시계획들이 적용되었던 식민도시 연구들에서 잘 나타난다.

예를 들어, 일제강점기 경성에 도입된 '조선시가지계획령'과 같은 도시계획들은, 근대성이란 이름 하에 식민체제를 공고히 하기 위한 방안이었다. 이로 인해 발생한 새로운 이식경관들은 식민지 담론을 재생산하고, 도시 중심부를 차지하려는 일제의 의도를 재현하는 데 활용되었다(김영근, 2003: 김종근, 2010: 강창우 외, 2014).

그러나 여기서 말하는 이식경관의 의미는 식민이나 지배와 같은 위계적, 종속적 권력관계를 설명하기 위한 것이 아니라, 상이한 체제가 중첩·교차되는 지점으로서 개성공단의 공간적 특성을 보여 주기 위함이다. 오히려 남한의 산업단지 경관을 수용한 개성공단의 경관은 최근 한국을 포함한 선진국들의 '도시수출'[7] 개념과 유사하다

---

[7] '도시수출'에 대한 개념 정의가 정리되어 있는 문헌은 아직 없으나, 한국형 도시 모

고 볼 수 있다. 선진화된 기술과 과학적인 토지 구획 방식을 도입하여 제3세계의 도시를 성장시키기 위한 수단으로 전 세계에서 도시 수출이 이루어지고 있다. 그러한 차원에서 개성공단의 산업 경관은 사회주의 이념을 전시하고, 군사적인 목표를 달성하기 위한 것이 아닌 높은 생산성, 효율성, 합리성에 기반한 공간이라고 볼 수 있다.

개별 건축물 단위에서도 이식경관의 특성이 잘 드러나는데, 개성공단의 기업 및 공공기관의 건물 등은 남한의 산업 경관이 압축적으로 표현된 곳이라 할 수 있다. 개성공단 내·외부의 가로망 체계를 보면, 개성공단과 개성시의 관계뿐만 아니라 개성공단 내에서 발생하는 다양한 이해관계자들의 공간 사용 규칙을 확인할 수 있다. 예를 들어, 공장 구역의 배치 목표는 일체화, 개방화, 다양화에 초점을 맞추고 있다. 이에 따라 남북한의 근로 효율을 최대화하기 위한 동선이 명확하게 구성되어 있으며, 주요 가로변 저층부에 개방형 구조를 이용한 건물을 조성하고 주요 보행 동선 상에 녹지대 확보 및 공원을 마련하여, 근로자가 이동할 때 불필요한 건물과 마주치지 않도록 계획되었다.

대부분의 기업, 공공기관 등은 각자의 목적에 따라 아파트형공장이나 단독 공장 등의 건축물을 건축하였다. 특히 〈그림 4〉와 같이 개방형 구조로 주요 도로변 저층부에 사무동이나 쇼룸 등의 공간을 배치하도록 장려되었는데, 이는 초기 공단의 정착 단계 이후 폐쇄적

델과 관련된 기업, 지자체들의 보고서에서 다음과 같은 의미로 해당 개념을 사용하고 있다. 도시수출은 도시 인프라, 주택, 교통정보망 등과 같은 하드웨어뿐만 아니라 도시행정, 의료문화 등의 전문서비스, 생활양식을 하나의 상품으로 보고 국내 저개발지역이나 국외 도시개발에 적용하는 것을 의미한다.

〈그림 4〉 열린 구조의 원칙이 적용된 공장 건물

출처: 현대아산.

공단의 형성이 우범화로 연결되는 것을 막기 위함이었다. 예를 들어, 멕시코의 마킬라도라의 경우 폐쇄적인 공간으로 인하여 젊은 여성근로자들이 성범죄에 노출되는 사례가 빈번하게 발생하였다. 개성공단의 공간 계획자들은 이러한 문제점을 미연에 방지하고자 단지 전체의 구조뿐만 아니라 개별 건물의 계획에도 근로자들의 안전을 보장할 수 있는 예방 장치를 마련한 것으로 볼 수 있다.

이처럼 개성공단 내의 공간 배치와 구성은 남한에서 사용되는 공간 계획과 건물의 배치 방식을 일부 혹은 전면 수용함으로써 북한의 도시계획과는 다른 비非정치적 효과를 가지게 되었다. 의도하였든 그렇지 않든 개성공단의 공간 구성과 사용은 결과적으로 남북한의 이데올로기적 갈등을 최소화하고 경제적 효율성을 극대화하는 방향으로 수렴되었다고 볼 수 있다.

생산 공간뿐만 아니라 여가나 휴식의 공간에도 이식경관이 나타나는 것을 확인할 수 있다. 일반적으로 북한에서 공원 및 유원지의 성격과 사명은 근로자와 청소년들의 문화 휴식 장소이자 그들을 정치사상적인 측면에서 혁명적으로 교양하는 학교이며 과학지식의 보급기지로 간주된다(김동찬, 1995). 그러나 개성공단에 조성된 공원의 경우, 계몽적 목적보다는 다른 용도 구역 간의 완충지대나 자연자원을 활용하는 녹지 공간으로 조성되었다.

개성의 역사성을 고려하여 전통정원 양식으로 만든 민족공원을 비롯하여 삼봉공원, 통일체육공원, 평화기념광장 등이 조성되었는데, 이들 공원을 조성함에 있어 서로 다른 문화를 수용할 수 있는 공간을 만드는 것에 주력하였다. 이는 개성공단 내에서 빈번하게 마주칠 남한 근로자와 북한 근로자 간의 상호이해를 높이고 긴장을 완화시키기 위함이었다.

민족공원[8]의 경우, 개성공단의 대표 공원으로서 개성의 지역적 특성을 반영하고자 하였다. 〈그림 5〉에서 볼 수 있듯이, 민족공원의 주요 공간인 전통 공간은 전통 시설의 도입을 위해 평탄한 부지 위에 약 1~3미터 정도의 성토 작업을 시행하였으며, 창덕궁의 부용지芙蓉池를 모델로 하여 연못 안에 섬을 만들었다. 전통 공간을 따라 산책로에는 과실수를 식재하였는데, 이는 북한의 요구 사항을 반영한 것

〈그림 5〉 민족공원 전경

출처: 개성공업지구지원재단.

---

8 https://www.kidmac.or.kr/ko/0505/board/gallery/?mode=V&searchKey=공원&searchType=contents&pageIndex=1&idx=559698144774602816 (검색일: 2019년 8월 12일)

이었다(한국토지공사, 2009).

또 다른 공원인 평화기념광장은 개성공단 방문 시 가장 먼저 볼수 있는 상징경관으로 개성공단의 랜드마크 기능을 담당한다. 광장중앙은 영속성을 의미하는 상징연못과 개성공단의 발전을 기원하는 조형물들로 구성되어 있다. 또한 남북교류의 역사와 개성공단의 개발 과정을 담은 전시벽이 광장을 에워싸고 있다. 당초 개성공단의 역사적 상징성을 감안하여 평화기념광장 내 조형물을 설치하려고 하였으나 북측에서 해당 조형물이 공단의 건설 사명과 맞지 않다는 이유로 설치를 반대하는 의견을 냈다. 이로 인하여 평화와 협력을 상징하는 조형물의 건립은 무산되고 말았다(현대아산, 2005).

개성공단 내에 위치한 공원을 통해 알 수 있는 것은 기존의 북한내에서 통용되었던 입지, 목적 등과는 상이한 공간들이 조성됨으로써 개성공단 내에서만 볼 수 있는 경관들이 발생하게 되었다는 점이다. 북한에서는 사회주의 사상을 함양하기 위한 장소로 공원을 활용한다. 특히 도시 중심부에 자리 잡은 광장과 공원은 사회주의 체제의 우월성을 과시하고 사상 교육을 위한 곳이 될 수 있도록 기념비와 같은 상징 구조물이 배치되며, 온 도시가 지도자의 품이라는 것을 느끼도록 꽃밭과 잔디밭을 깔고, 저밀도의 개발로 녹지 비율을 높이는 방식을 취한다(김동찬 외, 1996).

그러나 개성공단에 조성된 전통공원의 경우, '남북화합'과 '한민족통일'이라는 주제를 가지고 근로환경 개선과 근로자들이 문화를 교류할 수 있는 장으로 활용하고자 하였다. 이러한 공원 조성을 통해 남북경협 사상 처음으로 남한의 조경 기술과 트렌드를 북한에 재현하여 선보였다는 점에서 큰 의미를 가진다. 물론 남한이 제안한 모든 계획안이 수용된 것은 아니지만, 개성공단 내의 접촉지대로서 공원은 구성과 내용 면에서 남북한의 의견 충돌과 조정 과정의 산물이자 이해와 협력의 경험을 공유함에 있어 주요한 교훈을 준 공간이라 할 수 있다.

이상의 분석 결과를 종합하여 요약하면 〈표 2〉와 같이 정리할 수 있다. 기존의 접촉지대 연구에서와 마찬가지로 접촉지대로서 개성공단은 행위자의 선택과 협상 방식에 상당한 변화를 야기한 것으로 나타났다. 북한 지도자의 현지교시와 같은 일방적이고 절대적인 계획안의 도입이 아닌, 정부기관을 포함하여 개발업자와 기업 등의 참여가 가능해지면서 다양한 목소리를 수용할 수 있는 장소로 개성공단이 만들어지게 되었다.

또한 계획의 목표에 있어서도, 개성공단의 신도시계획에서부터 공원 조성 계획에 이르기까지, 북한이 고수해 왔던 사회주의 계획 모델과 남한의 자본주의 계획 모델이 여러 지점에 충돌했지만 수많은 협상 과정을 통해 변형을 거쳐 새로운 산물을 탄생시켰다. 개성

〈표 2〉 접촉지대로서 개성공단의 효과

대상	효과	
	개성공단 설립 이전	개성공단 설립 이후
의사 결정 방식	북한 지도자의 절대적인 권위	정부기관, 개발업자, 기업, 근로자 등의 다양한 주체들의 참여
계획의 목표	전체성, 지배성 등에 기반한 사회주의 도시계획	효율성, 합리성 등을 중시하는 자본주의 도시계획의 수용
공단의 공간 체계와 구조적 상징	북한 지도자의 절대화, 신격화	남북한의 평화와 협력

공단을 대표하는 상징 역시 북한 지도자의 이념이나 사상이 아닌 남북화합, 협력과 평화 같은 상호존중의 상징으로 대체되면서 공원을 비롯한 공단의 경관에 독특한 이미지들을 부여할 수 있게 되었다.

이러한 접촉지대의 효과는 개성공단의 설립 결정과 그 과정에서 전혀 예상하지 못한 것들이었다. 남북협력이라는 추상적인 목표 아래 산업단지를 건설한다는 경제적 효용성이 개성공단의 시작이었지만, 실제 개성공단이 형성된 과정은 경제적인 측면보다는 서로의 생각과 아이디어를 확인하고 실현 가능한 선택지를 결정하는 일들이었으며, 이는 남북한이 한 번도 경험해 보지 못했던 새로운 접촉공간을 만들어 내는 것으로 이어졌다.

행위자 중심으로 접근했던 기존의 접촉지대 연구에서는 행위자들의 만남을 통해 차이와 같음을 확인했다는 것을 나열하거나(김진향 외, 2015), 사고와 상호이해의 방식들이 긍정적이거나 혹은 부정적 태도로 변화했다는 것을 강조(양문수 외, 2013)하는 것으로 기술했다면, 본연구에서 결론으로 도출한 접촉지대의 공간적 효과는 공간의 계획과 개발의 실현에 있어 공간에 대한 의미 부여에서부터 하나의 공간을 만들어 내기 위한 의사결정 방식들이 경관 생산에 결정적 요인이었다고 본다는 점에서 관점의 차이가 있다. 뿐만 아니라 서로 다른 문화와 배경을 가진 사람들의 접촉은 단지 개인의 변화에 그치는 것이 아니라 공간 구조와 경관에 그대로 반영되며, 다시 개인에게 영향을 미쳐 재구조화되는 순환적인 영향력을 만들어 낸다는 점에서 접촉지대의 공간적 효과에 대한 중요한 함의가 있다고 할 수 있다.

결론

2016년 북한의 미사일 발사 등 남북관계 악화 상황이 지속되면서 전면 철수가 결정된 이후 현재까지 개성공단의 가동이 중단된 상태이다.

평화, 상호협력, 상생의 가치를 가진 공간으로서 개성공단은 '함께 할 수 있다'는 가능성을 보여 준 처음이자 마지막 사례이다. 개성공단에서 실제 근무하고 생활한 관계자들의 이야기(김진향 외, 2015)에서, 상대방의 생각과 경험의 차이에 놀라고 서로에게 적응하는 것이 쉽지 않을 것이라고 생각했지만 결국에는 이해할 수 있었음을 알 수 있다.

개성공단은 남북한의 접촉지대로서 이제까지 볼 수 없었던 경관들로 구성되었다. 개성공단의 첫 개발계획이 실현된 산업단지는 남한의 산업 경관의 장점을 적절히 선택, 적용하였을 뿐만 아니라 효율성과 생산성을 위해 도로, 용수, 전기 등과 같은 인프라의 배치와 공간의 재구조화를 적극 수용했다는 점에서 '이식경관'의 특성을 가지게 되었다. 생산 공간과 더불어 공원과 같은 여가 공간에서도 북한의 사상이나 이념을 보여 주기보다는 남북한의 평화와 협력을 상징하는 경관들로 채워졌다는 점에서 남북한의 상호이해 가능성을 실현한 접촉의 지점으로서 개성공단이 기능하였음을 확인하였다.

연구의 한계로 개성공단의 지정학적 특성상 직접 방문한 자료를 확보하지 못하였고, 정부 보고서나 계획도와 같은 2차 자료로만 분석을 수행했다는 점을 들 수 있다. 또한 보유하고 있는 자료도 매우 한정적이어서 개성공단의 공간적 특성 전체를 다루었다고 할 수 없다. 그럼에도 불구하고 기존 연구들이 다루지 않았던 개성공단의 공간 구조의 의미와 개발 과정 등을 접촉지대의 관점으로 분석함으로써, 향후 대비해야 할 통일 공간의 특성을 예측하고 통일을 위한 공간 계획의 요소들이 무엇인지에 대한 힌트를 제공하였다는 점에서 연구의 의의를 찾을 수 있다.

기존 연구에서 개성공단 등과 같은 남북관계의 상호 접촉의 효과를 차이의 발견과 그를 통한 상대에 대한 재해석, 새로운 경계 형성과 같은 심리적·인지적 차원으로 접근하여 분석하였다면, 본 연구는 경관의 생산이 한 집단의 주도에 의해서 일방적으로 만들어지지 않으며, 예상하지 못한 갈등과 계획을 진전시키기 위한 기나긴 협상, 여러 난관을 넘어서려는 조정의 과정을 반복하면서 남북한 양측의 목적을 반영한 구체적인 결과물이자 두 체제와 이념의 통로로서 개성공단의 공간적 효과가 나타난다는 점을 보여 주고자 하였다.

결론적으로 접촉지대의 관점에서 개성공단의 공간 형성 과정을 정리해 보면, 개성공단은 남북한의 갈등이 현실적으로 나타난 가장 경직된 공간이면서 동시에 끊임없는 협상의 시간을 거쳐 공동의 합의를 이룰 수 있다는 것을 보여 준 가장 유연한 공간으로 설명할 수 있다. 따라서 앞으로 남북관계의 방향성에 있어 상호관계에 대한 신뢰는 '함께 있을 수 있는 공간', 포용적인 공간에서부터 비롯된다는 것을 염두에 두어야 한다는 점을 우리 모두 인식할 필요가 있다.

참고문헌

강미연, 〈개성공단 경제특구의 작업장 문화〉,《북한학연구》9(2), 2013, 113~137쪽.
강창우·양승우, 〈일제강점기 경성 동북부 도시조직 변화과정연구: 서울특별시
　　종로구 혜화동을 중심으로〉,《서울학연구》57, 2014, 115~172쪽.
개성공단지원재단,《개성공단백서》, 2008.
구모룡, 〈접촉지대 부산을 향한 제국의 시선: 외국인의 여행기에 재현된 19세기
　　말의 부산〉,《해양도시문화교섭학》18, 2018, 295-330쪽.
고가영, 〈접촉지대로서의 러시아 현대사 박물관 전시에 나타난 푸틴 정부의 새로
　　운 국가 이미지와 국민 만들기〉,《러시아연구》29(1), 2019, 1~37쪽.
김남혁, 〈제국주의와 여행서사: 메리 루이스 프랫의 연구를 중심으로〉,《현대문학
　　이론연구》60, 2015, 131~160쪽.
김동찬, 〈북한의 도시광장 및 거리 형성에 관한 연구〉,《대한국토계획학회지》
　　80(6), 1995, 99~123쪽.
＿＿＿, 〈남북한 주요 오픈스페이스 비교연구 : 관련법류를 중심으로〉,《대한국
　　토계획학회지》 85, 1996, 65~77쪽.
김병로·김병연·박명규·김윤애·김정용·김천식·송영훈·이효원·정근
　　식·정은미·홍순직,《개성공단 : 공간평화의 기획과 한반도형 통일 프로젝
　　트》, 2015, 진인진.
김부헌·이승철, 〈예외 공간으로서 접경지역의 위치성 전환〉,《한국경제지리학
　　회지》20(3), 2017, 267~286쪽.
김상빈·이원호, 〈접경지역연구의 이론적 모델과 연구동향〉,《한국경제지리학회
　　지》 7(2), 2004, 117~136쪽.
김상현·이을진, 〈북한과 중국의 부동산 정책 비교 연구 : 경제특구를 중심으로〉,
　　《통일전략》 15(1), 2015, 155~183쪽.
김성은, 〈'우리'와 '그들'의 접촉지대: 영국 인류학 박물관에서 보는 현대 미술〉,
　　《역사와 문화》 21(21), 2011, 247~271쪽.
김영근, 〈일제하 경성 지역의 사회·공간구조의 변화와 도시경험: 중심-주변의
　　지역분화를 중심으로〉,《서울학연구》20, 2003, 139~180쪽.

김영신, 〈여행기와 접촉지대 관점에서 살펴 본 파독 여성 간호사 연구〉, 《통번역
    교육연구》 16(3), 2018, 225~245쪽.

김원, 《사회주의 도시계획》, 보성각, 1998.

김종근, 〈식민도시 경성의 이중도시론에 대한 비판적 고찰〉, 《서울학연구》 38,
    2010, 1~68쪽.

김진향 · 강승환 · 이용구 · 김세라, 《개성공단 사람들: 날마다 작은 통일이 이루
    어지는 기적의 공간》, 내일을여는책, 2015.

김치욱, 〈남북 경제협력의 네트워크 구조와 시사점: 개성공단을 중심으로〉, 《고려
    대학교 평화연구논집》 22(1), 2014, 93~130쪽.

김현미, 《글로벌 시대의 문화번역》, 또하나의문화, 2005.

김현수, 〈개방 · 개혁에 따른 북한도시의 공간구조변화전망〉, 《대한국토계획학회
    지》 35(4), 2000, 23~35쪽.

노지민, 〈접경지대(Contact Zone)의 개념으로 보는 이문화 접촉의 의미—조선
    시대 일본인 마을 왜관(倭館)에서 발생한 교간사건을 중심으로〉, 《일본학보》
    119, 2019, 189~207쪽.

노혜경 · 노태협, 〈개성상인의 공급사슬망 변화와 유통 관리적 유형〉, 《경영사학》
    26(4), 2011, 49~73쪽.

대한국토도시계획학회, 《단지계획》, 보성각, 2014.

마정미, 《문화번역》, 커뮤니케이션북스, 2014.

박종기, 〈『高麗史』 地理志 譯註 (2): 開城府編〉, 《한국학논총》 24, 2002, 41~63쪽.

박배균 · 백일순, 〈한반도 접경지역에서 나타난 안보-경제 연계와 영토화와 탈영
    토화의 지정-지경학〉, 《대한지리학회지》 54(2), 2019, 199~228쪽.

박천조, 〈개성공단 노동제도의 변화와 영향 연구〉, 《산업노동연구》 21(2), 2015,
    179~222쪽.

박희진, 〈함흥시 도시공간의 지배구조와 탈주체의 삶〉, 《북한연구학회보》 17(2),
    2013, 299~330쪽.

배국열, 〈개성공단 가동중지로 본 법제도 보완방안 고찰: 분쟁해결제도를 중심으
    로〉, 《북한학연구》 9(1), 2013, 39~61쪽.

백일순, 〈경계 및 접경지역에 대한 지리학적 연구의 이론적 동향〉, 서울대학교 사
    회교육연구소, 《사회과교육》 12, 2009, 99~131쪽.

성공회대학교 동아시아연구소, 《아시아의 접촉지대 교차하는 경계와 장소들

2013, 그린비, 2013.

양문수·이우영·윤철기, 〈개성공단 북한 근로자에 대한 남한 주민의 태도에 관한 연구〉,《통일문제연구》25(1), 2013, 143~180쪽.

유현정, 〈개성공단의 안정적 운영과 법치경제의 모색: 고용, 임금, 분쟁에 관한 노동법제를 중심으로〉,《북한한연구》11(1), 2015, 139~161쪽.

윤철기·구갑우, 〈남북한 대화에서 남북한의 상호인식 변화: 노태우 정부 시기 남북고위급회담을 중심으로〉,《북한학연구》9(1), 2013, 5~38쪽.

이규석, 〈남북한 경제 협력 사업의 성과와 과제: 개성공단 사례를 중심으로〉,《사회과학연수》22(1), 2011, 3~22쪽.

이민경, 〈접촉지대(Contact zone)에서의 갈등과 협상: 이주가정자녀교육기관 교사들의 상호작용을 중심으로〉,《한국교육학연구》19(2), 2013, 219~247쪽.

이보고, 〈「귀츨라프의 중국연안 탐사기」로 통해 본 문화 접촉지대의 횡단자들〉,《중국어문학논집》110, 2018, 147~171쪽.

이승욱, 〈개성공단의 지정학: 예외공간, 보편공간 또는 인질공간?〉,《공간과 사회》56, 2016, 132~163쪽.

이승욱·조성찬·박배균, 〈제주국제자유도시, 신자유주의 예외공간, 그리고 개발자치도〉,《한국지역지리학회지》23(2), 2017, 269~287쪽.

이영우·구갑우·양문수·윤철기·이수정, 《분단된 마음 잇기: 남북의 접촉지대》, 2016, 사회평론 아카데미.

이주원·신군재, 〈개성공단에서의 분쟁해결을 위한 중재규칙의 제정방향〉,《국제상학》22(3), 2007, 113~134쪽.

이효원, 〈개성공단의 법질서 확보방안〉,《저스티스》124, 2011, 352~377쪽.

임을출, 〈중국 경제특구와 개성공단의 초기 조건 비교: 임금·고용 법제(法制)와 실제(實際)를 중심으로〉,《북한연구학회보》11(1), 2007, 251~279쪽.

정웅, 〈남북한 관세협력의 제도화에 관한 연구〉,《관세학회지》6(4), 2005, 155~181쪽.

정은미, 〈개성공단 북한 근로자의 정체성 인식과 행동 양식의 메커니즘〉,《북한연구학회보》18(2), 2014, 123~146쪽.

정현주, 〈공간적 프로젝트로서 통일: 개성공단을 통해 본 통일시대 영토성에 대한 관계적 이해〉,《한국도시지리학회》21(1), 2018, 1~17쪽.

통일부,《남북교류협력법규집》, 2009,

통일부 남북협력지구지원단,《개성공업지구 법규집》, 2012,

한국역사연구회,《고려의 황도 개경》, 창비, 2002,

한국토지공사,《개성공단개발사》, 2009,

한승훈, 〈변경의 접촉지대 삼도(三島), 그리고 거문도(巨文島)의 탄생〉,《조선시
　　대사학보》83, 2017, 399~435쪽.

현대아산,《개성공업지구 개발총계획》, 2005.

Anderson, M., 1996, *Frontiers: Territory and State Formation in the Modern
　　World*, Polity Press, Cambridge.

Billig, M., 1995, *Banal nationalism,*. London: Sage.

Carter, P., 1992, "Making contact: history and performance," in *Living in a New
　　Country: history, travelling and language*, ed., Carter, P, London: Faber and
　　Faber.

Donnan, H., Wilson, T. M., 1999, *Borders: Frontiers of identity, nation and state*,
　　Berg.

Ohmae, K., 1995, *The end of the nation state, The rise of regional economies*,
　　London: Free Press.

Paasi, A., 1991, "Deconstructing regions: notes on scales of spatial life",
　　Environment and Planning A 23, pp. 239-256.

Pratt, M. L., 1991, "Arts of the contact zone", *Profession*, pp. 33-40.

＿＿＿＿＿＿, 1992a, *Imperial Writing and Transculturalism*, London and New
　　York, Routledge.

＿＿＿＿＿＿, 1992, *Imperial eyes: Travel writing and transculturation*, London:
　　Routledge. (메리 루이스 프랫,《제국의 시선: 여행기와 문화횡단》, 김남혁 옮김,
　　현실문화, 2015)

Sassen, S., 1996, *Losing control? Sovereignty in an age of globalization*, New
　　York: Columbia University Press.

Schlesinger, P., 1991, *Media, state and nation: political violence and collective
　　identities*, London: Sage.

Seweryn, O., Smagacz, M., 2006, "Frontiers and Identity: Approaches and
　　Inspirations in Sociology," in *Frontiers and identities: exploring the*

research area, eds., Lud'a Klusáková and Steven G. Ellis, Pisa University Press.

Somerville, M. & Perkins, T., 2003, "Border work in the contact zone: Thinking indigenous/non-indigenous collaboration spatially", *Journal of Intercultural Studies* 24(3), pp. 253-266.

Yeoh, B. S., & Willis, K., 2005, "Singaporean and British transmigrants in China and the cultural politics of 'contact zones'", *Journal of Ethnic and Migration Studies* 31(2), pp. 269-285.

모빌리티스 패러다임으로 본 개성공단
: 새로운 모빌리티스 시스템으로서 개성공업지구 통근버스가 만들어 낸 사회–공간

| 백일순 · 정현주 · 홍승표 |

이 글은 백일순 · 정현주 · 홍승표, 〈모빌리티스 패러다임으로 본 개성공단: 새로운 모빌리티스 시스템으로서 개성공업지구 통근버스가 만들어 낸 사회─공간〉,《대한 지리학회지》55(5), 2020, 521~540쪽의 내용을 수정, 보완한 것이다.

들어가며: 모빌리티로 개성공업지구 다시 읽기

1998년 6월 고故 정주영 현대그룹 명예회장이 소 5백 마리를 트럭에 나눠 싣고 판문점을 통과하며 보여 준 이른바 '소떼 행렬' 모습은 평화로운 남북관계가 시작될 것이라는 기대와 이 길로 수많은 사람과 물자들이 오고 가면서 통일로 더 가까이 다가갈 수 있을 것이라는 희망을 상징하는 장면이었다. 그해 11월 관광객을 실은 배가 금강산을 향해 뜨고, 2년 뒤인 2000년 6월 분단 후 첫 남북정상회담을 거쳐 북한과 현대아산이 〈개성공업지구 건설운영에 관한 합의서〉를 채택하면서 개성공업지구 개발이 시작되었다.

경제적 동반 성장과 정치적 긴장 완화라는 효과를 확인했음에도 불구하고, 다시 군사적 긴장이 나타나면서 2013년 4월 북측 근로자들이 개성공업지구에서 철수하는 곡절을 겪었고, 반복되는 북측의 핵실험과 미사일 발사로 인하여 남측 정부가 2016년 2월 개성공업지구 전격 중단을 선언하기에 이른다. 이처럼 개성공업지구 역사의 시작과 끝은 남과 북으로의 모빌리티와 흐름에 대한 허용과 단절로 설명할 수 있다.

다시 말하자면, 개성공업지구는 남과 북이 마주할 수 있다는 가능성을 보여 주는 사례이고, 그 마주함의 배경에 '무수한 모빌리티들이 존재했다'는 것을 알 수 있다. 팀 크레스웰Tim Cresswell(Cresswell, 2006)은 모빌리티를 '차별화된 이동에 수반되는 사회적 수하물social baggage that accompanies differential mobilities'이라고 정의했다. 또한 그가 모빌리티는 'A에서 B로 이동하는 것' 이상의 것으로 보아야 하며, '여러 가지 형태의 이동성이 실행되고, 경쟁하고, 표현되고, 이해할 수 있는 방법을 포함시킴으로써 우리가 움직이는 방식에 있어 사회적 차원에 대한 더 풍부한 이해를 이끌어 낼 수 있다'고 설명한 것에서 힌트를 얻을 수 있다.

기존의 담론과 연구들은 개성공업지구 자체를 하나의 단위로 가정하고, 개성공업지구에 대한 논의의 범위도 그 경계 내부에 머물러 있었다는 점에서 한계를 가진다. 특히 남북이라는 국가 경계 너머 북한 지역사회에 미친 효과에 대해서는 깊이 다루지 못했을 뿐만 아니라 그것을 설명할 수 있는 개념도 부재하였다.

예를 들어, 지정학적 논의들은 개성공업지구의 성과를 하나의 고정된 결과물로 봄으로써, 개성공업지구의 탄생과 성장이 스스로 경로의존적이고 과정적으로 변화해 나간 과정을 살피는 데 한계를 노정했다. 특히 남한의 시각에서 개성공업지구의 안보적·경제적 의의에만 주목함으로써, 개성공업지구 바깥에서 벌어지는 변화, 특히 북한 사람들과 그들이 사는 지역에 전달되는 효과에 대한 논의들이 충분히 다루어지지 않았다.

따라서 이 글은 이러한 논의들의 한계를 극복하기 위해 대안적인 이론적 자원으로 '모빌리티Mobilities' 관점을 채택하고자 한다. 모빌리티 관점이란 이동을 중심으로 사회적 현상을 해석하고 이론화하려는 사회과학계의 최근 경향을 지칭한다. 인간과 비인간 등 다양한 주체의 이동과 네트워크를 분석의 중심에 두는 모빌리티 접근은 경계가 무너지고 재구성되는 과정을 고찰하는 데 이론적 통찰을 제공한다는 점에서, 개성공업지구의 실질적 작동 과정을 이해하고 이를 공간적 사유를 통해 전유하는 사례 연구에 유용하게 접목시킬 수 있다. 또한 모빌리티 이론의 지리학적 접목이라는 이론적 확장과 더불어 개성공업지구의 실질적 작동 과정을 설명하는 새로운 방식을 제안하려 한다.

개성공업지구의 실질적 효과는 국가중심적 담론에서 말하는 안보-경제 효과보다 훨씬 더 광범위하고 미시적인 차원에까지 미쳤다. 개성공업지구의 작동 과정 중에서 남북 모두 예상하지 못했던 새로운 사회-경제적 공간과 관계들이 만들어졌는데 이러한 공간의 생산을 추동한 핵심적인 기제로서 이 글은 개성공업지구 통근버스 시스템에 주목하고자 한다.

즉, 개성공업지구의 효과를 그 물리적 경계 너머 북한 지역사회에까지 광범위하게 확장시킨 동인으로서 통근버스 시스템을 모빌리티 이론을 접목하여 분석하고, 이를 통해 개성공업지구 경계 안팎의 역동적 과정을 통해 생성된 개성 일대의 새로운 공간적·사회적 관계 변화를 고찰하고자 한다. 개성공업지구가 가지는 다양한 가치를 확인할 수 있는 접근 방식으로서 모빌리티 접근은 무수한 교류와 협상이 상황에 따라 창발적으로 이루어졌던 그곳의 미시적 과정을 설명하기에 적절하며, 선행 연구들이 주목하지 않았던 통근버스라는 모빌리티 시스템이 가져온 구체적인 사회-공간적 변화상을 포착하는 데에 유용하다.

이 연구는 2017년 개성공업지구지원재단과의 연구 협력 사업에서 실시했던 전문가 심층인터뷰(입주기업 관계자 8명, 유관기관 관계자 2명, 관리위원회 관계자 7명, 2017년 10월 25일~11월 15일에 실시)를 바탕으로, 사실관계 확인을 위한 관계자 추가 인터뷰(2019~2020년)[1]를 더하여 북한 연구에서 나타나는 전형적인 한계인 제한된 문

---

1 인터뷰 내용은 무기명으로 기재하였으며 연구참여자의 신원을 최대한 드러내지 않기

헌과 정보를 보완하고자 하였다. 개성공업지구에 체류했던 북한 근로자들에게 직접 묻고 그것을 분석하는 것이 사례 연구의 일반적인 방식이지만, 남북 이동이 자유롭지 못하고 북한 근로자들을 만나는 것이 사실상 불가능하므로 국내 거주하는 개성공업지구 운영 주체와, 입주하여 북한 근로자들과 함께 생활했던 관계자들의 인터뷰를 중심으로 이야기를 재구성하였다.

연구의 신뢰도를 높이기 위해 특별히 선별한 인터뷰 대상자(개성공업지구지원재단 관계자 6명, 기업인 2명 등)들은 연구의 주제와 관련된 분야를 특별히 담당했거나 북측 근로자와 긴밀한 관계를 맺으면서 그들의 의식 변화를 능동적으로 감지할 수 있는 위치에 있었던 행위자들로서, 개성공업지구의 미시적인 변화를 가져온 의사 결정 과정에 직접 참여했거나 그러한 변화들을 함께 체험하면서 그 정동을 감각적으로 각인한 주체들이다.[2]

인터뷰 대상자들은 맡은 임무와 역할이 매우 다양했으며, 개성공업지구 조성 초창기부터 참여했던 행위자뿐만 아니라 폐쇄 직전까지 근무했던 이도 포함되어 있어 개성공업지구가 만들어지고 운영된 약 12년 동안의 일화들을 들을 수 있었다. 따라서 연구의 시간적

위하여 간접인용 방식으로 서술하였고 글에 실린 순서에 따라 A, B, C 등으로 처리하였다. 정치적으로 민감한 남북 사업의 특수성상 연구참여자의 신원 보호 요청에 따라 인터뷰 대상자들의 인적사항은 연령대, 인터뷰 일시, 담당 업무만을 기재하였다.

[2] 정보 부족에 기인한 사실관계 확인의 어려움은 대부분의 북한 연구에서 흔히 노정되는 문제점이다. 정보의 부족을 인터뷰를 통해 보완하기 위해서는 인터뷰의 진실성을 담보할 대상자들의 대표성 및 공공성이 요구된다. 따라서 본 연구에서는 2017-2020년에 이루어진 수십 건의 관계자 인터뷰 중 대표성과 공공성을 갖춘 대상자 인터뷰만을 특별히 선별하였다. 신원 노출을 피하기 위해 이들의 언어를 최대한 중립적 언어로 간접인용했다.

〈표 1〉 연구참여자 요약

구분	담당 업무	성별/연령	인터뷰 일시
A	도로 교통 관련 담당자	남, 50대	2019년 11월 4일
B	통근버스 운영 담당자	남, 40대	2020년 8월 7일
C	통근버스 운영 담당자	남, 50대	2017년 11월 13일
D	입주 기업인	남, 60대	2017년 11월 3일
E	지원재단 관계자	남, 40대	2017, 11월 14일
F	도로 교통 관련 담당자	남, 60대	2019년 11월 4일
G	통근버스 운영 담당자	남, 50대	2017년 10월 26일
H	입주 기업인	남, 60대	2019년 11월 28일

연구 범위는 2004년에서 2016년까지로 한정한다.

이 밖에도 개성공업지구의 계획 및 현황을 파악하고자 통일부의 《개성공단백서》를 비롯하여 개성공업지구 초기 계획안을 담은 현대 아산의 《개성공업지구 개발총계획》, 한국토지공사가 발간한 《개성공업단개발사》 등 정부와 공공기관의 공식 발간 보고서와 기타 내부 자료를 활용하였다.

모빌리티스 패러다임과 포스트영토주의 접목

모빌리티 전환과 (새로운) 모빌리티스 패러다임

마치 온 세상이 이동 중인 것처럼 보인다.
(강현수 · 이희상 역, 2014: 23)

20세기 후반 이후 사회과학계를 강타한 '공간적 전환'은 21세기 들어 '모빌리티 전환'으로 그 명맥을 이어 가고 있다. 지구화의 가장 눈에 띄는 특징이 사람과 사물의 이동량과 이동 거리의 비약적 증가라고 할 수 있을 정도로, 이동은 현대인의 삶을 조직하는 데 핵심적인 기제가 되고 있다. 시공간 압축, 유목, 탈경계와 탈영토, 초국가적 이주 등 이동을 대체하는 다양한 개념어들이 최근 학계의 화두가 되는 것만 보아도, 이동을 둘러싼 학제적 관심의 증가를 어렵지 않게 체감할 수 있다.

이동을 연구의 핵심 주제로 놓고 사회현상을 이동을 중심으로 이론화하려는 일련의 움직임들이 이른바 '새로운 모빌리티스 패러다임New Mobilities Paradigm'을 주장하는 연구자들에 의해 주도되고 있다. 사회학자 존 어리John Urry, 미미 셸러Mimi Sheller를 필두로 피터 에디Peter Adey, 팀 크레스웰, 케빈 한남Kevin Hannam, 피터 메리먼Peter Merriman 등 지리학, 관광학 분야의 학자들이 가세하여 국제학술지 《Mobilities》(2006~)를 창간한 이래 《Transfers: Interdisciplinary Journal of Mobility Studies》(2011~)와 《Applied Mobilities》(2016)를 추가로 창간하면서 하나의 정립된 학문분과로서 학제적으로도 그 위상을 넓혀 가고 있다.

'새로운 모빌리티스 패러다임'이란 사람과 화물의 특정 장소 간 이동 패턴을 주로 연구했던 전통적인 이동성 연구와 달리 사람·사물·아이디어·정보·이미지 등의 이동과 흐름, 그리고 그것을 통제하는 시스템과 하부구조, 그러한 이동에 내재된 정동과 경험, 그로 인한 이동 주체와 사회의 변화 등을 연계하여 탐색하는 학문적 접근이자 사유 방식을 의미한다.

새로운 모빌리티스 패러다임을 최초로 천명한 존 어리와 미미 셸러는 이러한 전환이 여섯 가지 이론적 자원에 근거하고 있다고 설명한다. '연결 의지will to connect'라는 개념을 통해 이동을 인간의 본성으로 간주한 짐멜Georg Simmel의 사회-공간론, 포스트휴먼 및 인간너머 지리학 등의 연구를 선도해 온 과학기술연구STS, 공간적 전환, 육체성과 정동 등 비재현이론과 접목된 감각지리학, 위상학적 관점의 네트워크 이론, 그리고 복잡계 이론이 이들이 제시하는 모빌리티스 전환을 야기한 이론적 토대이다(Sheller and Urry, 2006).

이 분야 연구의 창시자인 존 어리는 하나의 모빌리티를 일종의 시스템으로 보면서 인간-기계의 이질적인 '혼종지리'(강현수·이희상 역, 2014: 83)로서 5개의 대표적인 모빌리티 시스템을 제시했다. 보도와 길, 기차, 자동차, 비행, 통신이 그 예인데, 각 시스템은 특정한 시공간을 가로지르며 특정한 삶의 방식과 사회관계를 조직함으로써 특정 시대를 구성하는 사회-공간성을 정초했다고 보았다.

가령 기차가 만들어 낸 시공간표는 근대적 일상의 리듬을 만들어 내고 기차를 통한 이동은 계급 분화를 더욱 촉진시켰으며 도시 중심부의 기차역 등 새로운 공간 구조를 만들어 냈다(강현수·이희상 역, 2014: 182-204). 달리 말하면 근대적 시공간성은 기차라는 모빌리티 시스템과 상호구성적이다. 또한 모바일 통신이 지배하는 현대에서는 사회와 사이버네틱 시스템, 육체와 컴퓨터의 경계가 흐려지면서 뫼비우스의 띠처럼 각 영역이 서로 겹치고 포개지는 프랙털fractal 공간으로 전환되고 있다고 한다(강현수·이희상 역, 2014: 332). 이처럼 존 어리는 모빌리티를 자기생산적autopoietic이고 경로의존적인path dependent 복잡계 시스템으로 보았으며, 이는 공간과 사회적 과정을 하나의 상호구성적 관계로 보는 관계적 공간론을 견지하고 있다. 이 점에서 교통지리나 도시생태학 등 용기container적 공간론(공간과 사회는 분리되어 있고 공간은 현상이 펼쳐지는 무대)을 견지하는 대부분의 실증주의적 이동성 연구와 근본적인 차이를 보인다.

존 어리의 연구가 영향력을 지니는 데 큰 기여를 한 또 다른 개념은 '네트워크 자본'이다. 모빌리티 시스템처럼 네트워크 자본도 기존의 개념들을 절충하여eclectic 만든 것으로 이론적 독창성은 떨어지지만 그만큼 가용성이 높다는 장점이 있다. 네트워크 자본은 부르디외Pierre Bourdieu의 '사회/문화자본'과 퍼트넘Robert D. Putnam의 '사회자본'에서 착안한 개념으로(강현수·이희상 역, 351-359), 모빌리티의 결과물로서 얻어지는 비경제적 편익이라고 볼 수 있다.

그러나 어리는 부르디외의 개념은 국가중심적이며 지나치게 정태적이라고 비판하고, 근린공동체 참여를 통해 신뢰와 호혜에 기반하여 얻어지는 퍼트넘의 사회자본은 개인의 모빌리티가 극대화된 현대사회에서는 설명력이 떨어진다고(강현수·이희상 역, 2014: 351-359) 비판하면서, 하이퍼모빌리티 시스템에서 네트워크는 개인화되고 있으며, 사회는 이질성이 공존하는 느슨한 공동체로 전환되는 한편, 원거리 자원을 동원할 수 있는 시공간 조정 능력이 더 중요해진다고 보았다(윤신희, 2018: 212).

이러한 시대에 네트워크는 개인의 역량이자 중요한 자본으로서 작동한다(이희상, 2016). 모빌리티스 사회의 새로운 자본 개념을 분류한 윤신희·노시학(2015)은 어리의 네트워크 자본의 이론적 토대가 된 카우푸만Vincent Kaufmann의 모틸리티motility 자본이 실제 이동과 구분되는 '이동할 수 있는 능력, 즉 시공간 제약을 극복할 수 있는 능력'을 의미하는 개념이라고 설명한다. 이에 비해 어리의 네트워크 자본은 모틸리티 자본을 포괄하면서 공적 영역보다는 사적 영역에서의 이동과 관계, 개인의 이동 능력과 조직력이 필수 요소로 작동하며 다른 자본을 보완하고 증강할 수 있는 자본으로 규정한다(윤신희·노시학, 2015: 500). 이처럼 부르디외, 퍼트넘, 카우푸만의 이론을 절충적으로 취사선택하면서 하이퍼모빌리티에 부합하는 개인화된 네트워크 구성 및 운영 능력을 추가한 개념이 네트워크 자본이다.

네트워크 자본은 차별적인 모빌리티를 생산하는 기제가 된다는 점에서 후속 연구자들의 큰 호응을 불러일으켰다. 프랑스 계급 분화의 복잡성을 설명하기 위해 제시된 부르디외의 사회/문화자본처럼 어리의 네트워크 자본도 하이퍼모빌리티 시대의 사회불균등 양산의 주요 원인이자 결과로 작동한다. 이 점에 착안하여 불균등한 모빌리티와 사회정의 문제를 비판적으로 성찰한 미미 셸러의 최근 저작(최영석 역, 2019) 및 젠더화된 모빌리티 불균등에 대한 최초의 단행본(Uteng and Cresswell, 2008)이 큰 주목을 받기도 했다.

모빌리티스 패러다임의 비판적 수용

이상에서 소개한 새로운 모빌리티 패러다임은 이동이라는 현대사회의 핵심적인 공간 기제를 최신 이론의 토대에서 다룬다는 점에서 유용한 개념임은 틀림없지만 몇 가지 점에서 비판적 논의의 여지를 남긴다.

첫째, 제목에서 괄호를 친 것처럼 '새로움' 주장은 분란을 일으킬 소지가 다분한 용어 선정이다. 정주주의와 정태적 사회 개념에 머물러 있었던 사회학과는 달리 지리학, 관광학, 인류학, 교통학 등 다양한 학문에서는 이동이 항상 주된 연구 주제였다. 특히 지리학과 교통학은 이동 그 자체가 학문적 근간이라고 할 수 있을 정도로 오랜 세월 동안 다양한 이동성에 대해 탐색해 온 대표적인 학문이다.[3] 이들 학문의 성과를 제쳐 두고 갑자기 '새로움' 선언을 하게 된 배경에 대해서는 다음과 같이 설명하고 있다.

첫째, 공간을 주체와 존재론적으로 분리된 빈 용기처럼 사고하는 실증주의 전통에서는 공간적 고정성fixity이 항상 전제되어 있었고 공간 관계 규명이 학문의 관심사였기 때문에, 이동에 관한 연구라 하더라도 이동 그 자체가 우선 관심 대상이 아니었다는 것이다 (Cresswell and Merriman, 2011). 즉, 실증주의 전통의 지리학만 보면 모빌리티스 패러다임은 '새로운' 인식론적 전환을 제시하고 있다고 볼

---

3 새로운 모빌리티 패러다임 선언 이전에 지리학에서 이미 수행된 관련 연구들과 논쟁들에 대해서는 Cresswell and Merriman(2011)의 서론에서 간결하게 제시되었고 피터 애디는 최근 저서에서 지리학 연구의 성과들을 적극적으로 활용하여 모빌리티와 모빌리티에 대한 생각을 개진했다(최일만 역, 2019).

수 있다. 둘째, '새로움'의 의미가 그전에는 모빌리티 연구가 없었다는 뜻이 아니라 이러한 연구들을 학제적으로 통합하려는 시도가 없었으므로 새로운 시도로 이해될 수도 있다(최일만 역, 2019)는 다소 유보적 입장이다. 즉, 이동을 중심으로 인접 학문의 다양한 접근을 통합하는 새로운 플랫폼으로서 모빌리티스 패러다임을 주창하는 것으로 볼 수 있다.

필자들이 판단하기에 우선 모빌리티스 패러다임에서 주장하는 사회-공간성은 사실 그다지 새롭지 않다. 유사한 사회-공간 인식론과 개념들은 이미 지리학 일각에서도 많이 제기되어 왔기 때문이다. 다수의 지리학자가 이 '새로운' 모빌리티 패러다임의 저작들을 낯설지 않게 읽을 수 있는 이유도, 단지 이 이론이 기존 이론들의 절충이어서만은 아닐 것이다. 최근 여러 논쟁에서 제기되어 온 공간 인식론과 궤를 같이하기 때문에 더욱 친숙하게 읽히는 것이다. 다만 모빌리티 패러다임이 과연 새로운 것이냐 아니냐의 논쟁을 지금에 와서 제기하는 것은 별로 생산적이지 않다고 본다. 오히려 이 학제적 플랫폼에 지리학자들이 어떻게 참여하고 이바지할 수 있을 것인지(Cresswell and Merriman, 2011)를 고민하는 것이 더욱 생산적이라고 판단하여, 이 글에서는 '새로움' 주장에 반박할 근거를 제시하는 데 초점을 두지 않고 이의 비판적 수용 및 지리학적 논의에의 접목 가능성에 집중하고자 한다.

두 번째로 새로움 논쟁보다 더 심각한 오류가 있다. 하이퍼모빌리티 시대의 사회-공간 변화를 해석하려는 이론으로 등장하다 보니 자연스럽게 새로운 모빌리티와 그것이 낳은 새로운 현상에 주목하는 경향이 있고 그러다 보니 이동의 반대, 즉 부동immobility에 관한 개념들이 아직 부족하다.

이동/부동을 동시에 표시함으로써 이동 가능성 못지않게 이동 불가능성도 모빌리티스 패러다임의 중요 관심사임을 존 어리와 피터 애디 등이 언급하기도 했고(강현수·이희상 역, 2014; 최일만 역, 2019), 이동의 제약을 겪는 집단에 대한 경험 연구들이 모빌리티스 공론장에서 점점 증가하는 추세이기는 하지만(Purifoye, 2020; Shewly et al., 2020 등 Mobilities 최신 호 참고), 대부분 이동성의 홍수 속에서 발견되는 아이러니한 이동 제약에 대한 경험 연구이지 부동, 감금, 이동의 제약을 낳는 메커니즘과 구조에 대한 개념적 분석 틀은 모빌리티스 패러다임 내에서 활발히 제시되지 못했다. 이는 마르크스주의, 페미니즘, 포스트 식민주의 등 억압과 타자화를 심층적으로 이해하는 데 유용한 개념을 발전시켜 온 분야와의 이론적 접목이 요구되는 지점이다.

세 번째, 이동/부동의 출발점이 항상 개인(또는 개인의 집합체로서 집단)으로 상정되는 설명 틀을 지니고 있다. 어리의 모빌리티 시스템 분석은 행위체actant들의 유기적 관계를 보여 주긴 했지만, 다수의 연구들은 개인의 모빌리티, 개인의 역량을 분석하는 구도를 지닌다. 이는 (인간) 행위주체를 설명의 시발점으로 삼는 사회학의 특성이자 관행에 일부 기인하며, 어리가 정초한 모빌리티스 이론 자체가 역량 이론을 중요한 토대로 삼다 보니 개인의 시선에서 모빌리티를 설명하는 경향이 있다고 본다.

그러나 이러한 관행은 모빌리티가 개인이나 집단의 역량 문제로 환원되거나 지극히 인간중심적인 관점으로 모빌리티스 시스템이 축소될 우려가 있다. 또한, 미시 연구에 그침으로써 중범위, 거시 연구로의 확장 가능성이 잠식될 수 있으며, 다른 분석 단위(가령 특정 공간 단위, 인간-기계 혼종체 등)에 모빌리티 이론을 적용하는 데 어려움이 따르며, 모빌리티를 구성하는 비인간 요소들(공간적 인프라, 동식물, 제도, 무엇보다 이동수단 그 자체)에 관한 연구를 축소할 수 있다. 이에 크레스웰과 메리만(Cresswell and Merriman, 2011)은 모빌리티의 학제적 확장을 위해 '실천, 공간, 주체'라는 세 가지 설명 범주를 제안했다. 실천은 걷기 · 춤추기 · 운전하기 등 모빌리티 양상에, 공간은 모빌리티를 통제하는 중요한 공간적 하부구조에(다리, 도로, 공항, 도시, 출입국관리소 등), 주체는 통근자 · 이민자 · 관광객 · 난민 등 이동 주체의 모빌리티 위치성에 초점을 맞춘 서술 방식을 취하고 있다. 특히 모빌리티의 공간적 하부구조에 따른 설명 방식은 사회학적 모빌리티 이론을 공간적으로 전유할 수 있는 하나의 대안을 제시해 준다.

개성공업지구와 모빌리티스 패러다임

개성공업지구의 포스트영토성과 모빌리티스 패러다임의 접목
개성공업지구를 둘러싸고 쏟아진 수많은 정치 · 경제 · 통일 담론에 비해 개성공업지구의 사회-공간성을 탐색한 연구는 그다지 많지 않지만 몇 가지 주목할 만한 연구들이 나름의 성과를 내 왔다. 대표적인 것이 개성공업지구를 포스트영토주의적 관점으로 해석하면서 그러한 관점이 정치 · 경제적 논리에 치우친 통일 담론에 어떤 새로운 통찰을 주는지를 제안한 연구들이다(박배균 · 백일순, 2019; 백일순, 2019, 2020; 이승욱, 2016; 정현주, 2018; 지상현 등, 2019).

　이들 연구는 영토에 기반한 주권 권력을 근대 정치체제의 기본으로 규정한 근대적 국가-공간관이 실제 접경지역에서 작동하는 다양

한 공간 관계를 포착하지 못함을 지적하면서, 경계의 다공성porosity
과 국가 공간의 다중스케일적 구성(Moisio and Passi, 2013), 영토적 주권
에 위배되는 경계 바깥의 예외공간의 생산(이승욱, 2016: Doucette and Lee,
2015; Gregory, 2006; Minca, 2017), 국가 이외의 다양한 주체들에 의한 경
계 만들기(Passi and Prokkola, 2008; Rumford, 2007) 및 '다중공간적 메타거
버넌스multispatial metagovernance'(Jessop, 2016) 등을 새로운 연구 주제로
제안하는 포스트영토주의 관점을 개성공업지구의 생성과 운영, 그
시사점을 분석하는 데 접목했다.

이러한 연구에서 가정하는 공간은 기본적으로 공간-사회가 상호
구성적이고 특히 공간은 사회적 권력관계의 매개이자 결과물이며,
네트워크적 위상학에 입각하여 다양한 스케일의 공간이 상호중첩하
여 연결되어 있으며 이러한 연결은 균질하지 않게 작동한다는 이른
바 관계론적 공간관을 견지하고 있다. 이는 모빌리티스 패러다임에
서 가정하는 공간관과 매우 유사하다.

다만 규명하려는 대상이 전자는 특정한 공간(가령 개성공업지구)
과 공간 관계이고 후자는 이동 주체 내지는 이동이 만들어 낸 사회
변화라는 점에서 두 접근이 매우 상이한 것처럼 보일 뿐이다. 그러
나 모빌리티가 공간 관계 변화의 중요한 기제라는 점에서 후자는 전
자의 동인을 설명하는 데 유용한 개념을 제공한다. 가령 경계의 다
공성은 특정한 모빌리티에 의해 시공간 맥락적으로, 창발적으로 구
성된다.

포스트영토주의적 접근에서 '예외공간'(박배균, 2017; 이승욱, 2016)은 발
전주의 국가의 축적 전략 또는 탈냉전의 지경-지정학적 산물로서
국가의 통치 전략으로 해석되어 왔다. 개성공업지구 역시 남한의 영

토적 주권을 초월한 예외공간으로서 남북이라는 국가적이고 지정학적인 국제질서 속에서 탄생한 공간이다. 그러나 포스트영토주의 접근은 이러한 공간의 생산 메커니즘을 설명하는 데에는 유용하지만, 그러한 공간이 실제 작동하는 양상을 포착하고 미시적 스케일에서의 변화를 설명하는 데에는 한계를 드러낸다. '다중스케일 및 다중적 국가 공간'(지상현 등, 2020, Jessop, 2016), '시민 참여형 경계만들기'(Passi and Prokkola, 2008; Rumford, 2007) 등 최근 이를 극복하려는 다양한 시도가 전개됐지만 근대국가의 공간성을 허무는 다양한 현상을 규명하려고 한다는 점에서 여전히 그 준거점은 국가이며 사례도 주로 접경지역의 '경계만들기 작업borderwork'(Rumford, 2008)에 한정되어 있다.

따라서 포스트'영토'주의라는 용어에서 유추할 수 있듯이 극복하고자 하는 준거가 여전히 '영토'이며, 이는 보다 '액체화된'(이일수 역, 2009) 유동성을 담지하기에는 한계가 있다. 따라서 더 유동적이고 미시적이며 탈국가적인 사회-공간 만들기를 설명할 수 있는 개념들이 보완되어야 할 필요가 있다.[4] 모빌리티스 패러다임은 경계의 협상과 재구성, 탈영토화와 재영토화, 국가-영토 결합을 해체하는 예외공간의 생산 등 포스트영토주의의 주요 연구 주제를 새로운 각도로 조명하는 데에 유용하다. 특히 '이동'에 초점을 맞춤으로써 경계의 고정성을 해체하는 실제 과정을 중범위 및 미시적 스케일에서 조명하는

---

4 이에 대한 보완으로 백일순(2019)은 개성공업지구를 '접촉공간'으로 재해석하면서 북한과 남한 근로자들의 일상적 조우의 현장으로서 개성공업지구가 만들어 낸 문화적 혼종과 변용, 일탈을 고찰했다.

데 적합한 개념을 제시한다.

개성공업지구와 모빌리티스 패러다임의 적용: 모빌리티 시스템과 네트워크 자본

개성공업지구의 경우 그 탄생과 폐쇄는 국제지정학적 질서와 남북 관계에 의해 주도되었지만, 개성공업지구가 운영되던 기간 중에 발생한 수많은 변화는 단순히 개성공업지구의 탄생과 폐쇄, 또는 정치·경제적 성과만으로 축소될 수 없을 정도로 다양하다. 개성공업지구는 생성 이후 자기생산적이고 경로의존적인 방식으로 계속 진화해 갔으며, 이를 추동한 대표적인 기제 중 하나가 바로 개성공업지구 근로자들을 날마다 안정적으로 실어 나르고 개성공업지구 물자를 공단 밖으로 보급하는 데 결정적인 기여를 한 것으로 추정되는 통근버스 모빌리티이다.

통근버스의 등장은 원래 계획된 것이 아니라 개성공업지구 운영 도중인 2006년경에 정착된 것으로, 입주기업과 북한 근로자들의 요구에 관리 주체가 적극적으로 부응한 결과였다. 개별 기업에서 필요에 의해 임의로 몇 대 운영되던 통근버스가 관리위원회에 의해 조직적으로 운영되면서 300여 대의 버스가 개성과 인근 지역을 거미줄처럼 연결하면서 5만 5천 여 명의 근로자를 운송하는 모빌리티 시스템으로 진화하게 된 것이다. 이러한 모빌리티 시스템은 단순히 통근 편의를 제공함으로써 생산 효율성을 높인 것만이 아니라, 개성공업지구 근로자의 근무 시간과 근로자 배치를 더욱 유연하게 재조정함으로써 북한 근로자들의 새로운 삶의 리듬을 만들어 냈으며, 대중교통이 없던 개성 일대에서 최초로 대중교통 역할을 하게 되었다.

개성공업지구 5만 5천여 명의 근로자는 개성 시내에서 일할 수 있는 노동자들을 거의 다 동원하고 인근 지역까지 노동시장을 넓힌 결과였다. 그만큼 개성 일대는 북한의 변방 지역으로 인구 및 인프라가 열악했다. 새로운 모빌리티 시스템은 시간의 압축과 공간의 확장으로 새로운 통근권을 창출하였고, 개성과 인근 지역에서 공단으로의 접근성뿐만 아니라 통근권 내 지역 간의 상호접근성도 획기적으로 높였다. 이는 통근 이외의 목적으로도 통근버스를 활용하는 다양한 실천들을 낳게 되었고, 그 결과 버스 노선과 배차 시스템은 더욱 확장되고 정교해졌다. 이에 따라 버스정류장을 중심으로 하는 새로운 장소들이 '정박지mooring'(Cresswell and Merriman, 2011)로 부상하였고, 이들이 이동을 조절하는 공간 기제가 되어 새로운 이동의 흐름 탄생 및 도시 공간 구조의 변화를 가져왔다.

개성공업지구 통근버스는 정해진 경로와 배차시간이라는 시공간 고정성을 지니는 모빌리티라는 점에서 존 어리가 제시한 기차 모빌리티와 유사한 시-공간 이동성을 만들어 낸다. 기차 모빌리티는 기차역, 레일과 같은 공간적 하부구조를 필요로 하므로 대대적인 건설 사업을 가져오며, 이는 근대 도시공간 구조를 정형화하는 계기가 되었다. 또한, 대량 수송을 가능하게 함으로써 도시화를 가속화했고 이는 본격적으로 근대를 여는 서막이 되었다(강현수·이희상 역, 2004).

존 어리가 가장 공을 들여 설명한 자동차 모빌리티는 근대 도시를 완성시키고 탈근대적 도시화로 전환시키는 핵심적인 기제였다. 어리가 제시한 자동차 모빌리티의 가장 큰 특징은 기차의 시공간 고정성을 제거하고 '개인'의 의지에 따른 자율 이동을 극대화했다는 점이다. 즉, 자동차에 의해 이동이 전 방향으로, 시간에 구애받지 않고 발생하게 되었다. 도로 위를 달리는 '버스'는 형태상으로는 자동차 모빌리티와 더 유사하지만 통근이라는 특정한 이동을 지원하기 위한 버스는 시공간 고정성을 지녔다는 점에서는 그 효과가 철도와 더욱 유사하므로, 두 모빌리티 시스템의 중간 역할을 하는 모빌리티로 볼 수 있다.

개성공업지구 통근버스는 처음에는 기차처럼 고정된 경로와 배치표에 의해 운영되었지만 차츰 다양해진 근로자들의 요구를 수용하면서 경로의 임의 조정, 배차 간격 조정, 운영 시간 조정 등의 행위들이 등장하면서 자동차 모빌리티가 가져온 시공간 이동의 자율성을 일정 부분 구현했다. 뿐만 아니라 개성공업지구 내의 다양한 화물을 외부로 반출하는 물류체제로서 역할도 담당하게 되었다. 개인의 짐 운반부터 배급품의 반출, 공단 기자재의 반출[5]에 이르기까지 공간이 넉넉한 버스는 화물수송 수단으로서 역할을 겸했다. 이는 근로자의 '통근'이라는 전형적인 자본주의적 근대 도시의 이동성뿐만 아니라 (제한적이나마) 물류시스템을 개성공업지구와 인근 지역 사이에 구축하는 효과를 가져옴으로써, 개성공업지구의 지경-지정학적 예외성을 개성공업지구 경계 너머로까지 확장하는 역할을 했다.

이러한 일련의 변화는 통근버스 통제권을 지닌 관리 주체(남한 측 관리위원회)의 권한을 한층 강화한 한편, 버스 노선의 임시적 변경 및 화물 적재, 승하차 관련 재량을 발휘할 수 있었던 북한의 버스 운

---

5 생산 후 남은 자재, 불량품, 파손된 기자재 등 개성공업지구에서는 생산품 외에 다양한 유류품들이 발생했다. 이러한 물건들에 대한 처분은 종종 근로자들의 재량에 맡겨지기도 했는데 상당수가 개성시와 인근 지역의 장마당으로 반출되었다(인터뷰 F, 2019).

전자들을 네트워크 자본의 새로운 수혜자로 출현시켰다. 또한, 통근
버스를 탈 수 있는 합법적 주체인 개성공업지구 근로자들도 일반 지
역 주민보다 향상된 모빌리티를 통해 새로운 변화를 선도하는 프런
티어 위치를 점하게 되었는데, 남한의 물건을 먼저 사용해 보고 새
로운 취향과 유행을 만들어 내는 유행선도자로서, 장마당에 물건을
공급하는 운반책으로서 다양한 역할을 수행하며 지역사회에서 새로
운 네트워크 자본을 구축하였다.

　이처럼 새로운 모빌리티 시스템의 등장과 이를 통한 네트워크 자
본 축적은 개성공업지구를 통해 개성과 인근 지역의 사회-공간이
획기적으로 변화하는 일대 전환을 가져왔다. 이 글은 모빌리티스 패
러다임의 주요 개념인 '모빌리티 시스템'과 '네트워크 자본'이라는
두 개념을 활용하여, 개성공업지구 통근버스가 가져온 개성과 개성
일대의 변화를 분석하고, 이러한 변화가 함의하는 바를 이론적·정
책적 차원에서 고찰하고자 한다.

통근버스를 통한 개성공단과 개성시의 공간적 변화

개성공업지구 운영을 위한 새로운 모빌리티 체계의 형성

개성공업지구의 도로교통 계획과 북한의 현실

초기 개성공업지구 교통계획의 목표는 남·북측과 해외시장 사이에
사람 및 물자의 원활한 이동을 보장하는 것에 있었다. 개성공업지구
에서 발생하는 교통 수요는 북측보다는 남측에 중점을 두었으므로,

경의선과 남북 연결도로의 우선 개발, 인천국제공항과의 접근성 강화에 초점을 맞추었다. 공단으로 들어오는 노동자들의 이동을 위해 비용과 효율성 측면에서 경전철 시스템이 제안되었다. 기존의 개성 시가지와 개성공업지구 3단계 개발사업이 완료되었을 때 조성될 신도시 간의 연결 노선은 개성공업지구를 중심으로 새로운 공간의 재편을 암시하는 것이었다.

이러한 기본계획안이 놓치고 있었던 것은 실제 공단에서 근무할 노동자들의 안전한 이동수단에 대한 논의가 전혀 없었다는 점이다. 다시 말하자면, 국가 단위에서의 모빌리티 계획은 다소 비현실적이지만 구체적으로 논의됐으나, 노동자 개인 단위의 일상적인 모빌리티 계획은 애초 계획에서 배제되었다. 특히 〈그림 1〉에서와 같이, 도로와 철도 부문 설계에 있어 개성 지역 내에서의 이동보다는 남측과의 연결을 우선 고려했다는 점에서 향후 발생할 노동자들의 이동수단 문제를 남북이 모두 간과하고 있었음을 확인할 수 있다.

2004년 개성공업지구 입주기업들이 본격적으로 제품 생산에 돌입하면서 북측 근로자의 개성공업지구 생활이 시작되었다. 거주지에서 공단까지의 거리는 대략 10킬로미터로, 공단 시행 초기 대부분의 근로자는 출퇴근 거리가 아주 가까운 경우 도보로 이동하거나 일부 근로자들은 자전거를 이용하였으며, 덤프트럭을 타고 출퇴근하는 것이 일반적이었다. 개성공업지구와 개성시를 연결해 주는 대중교통이 부재한 상황에서 이러한 출퇴근 방식은 노동자의 피로도를 높였을 뿐만 아니라, 위험한 도로 환경과 날씨 변화에 그대로 노출되는 한계를 지니고 있었다. 당시 도로 상태는 대부분 구간이 비포장 상태였으며, 일부 구간이 개성공업지구 진·출입을 위해 임시도

〈그림 1〉 개성공업지구 도로 체계 구상도와 도로교통 기본 계획 모식도

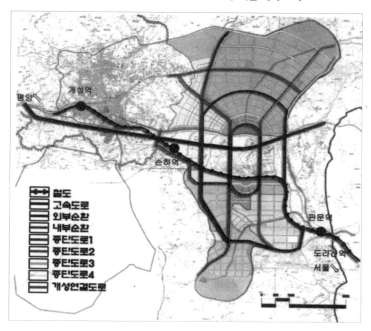

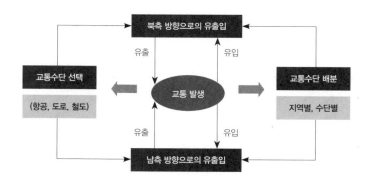

출처 : 현대아산(2005), 그림 일부 저자 재구성.

로가 개설된 것이 전부였다.

이에 따라 입주기업들은 북측 근로자들의 출퇴근 대책 마련을 촉구하였고, 불완전한 도로포장 공사도 마무리 지어 달라고 요청하였다. 여러 차례의 협의를 거쳐 2004년 말에 현대아산과 총국(개성공업지구 운영을 담당한 북한 측 대표기관)은 도로포장 공사와 관련된 계약서를 체결하였고, 약 1백만 달러 규모의 공사를 총국이 시행하기로 합의하였다. 그러나 남한 기술자와 인원이 공사하는 것이 아니라, 남한이 북측에 자재와 비용을 지급하는 방식이었고, 공사 실시 준공 검사와 도로 유지 보수 역시 북측이 시공하다 보니 도로의 상태가 지속해서 악화되었다.[6]

도로가 준공되고 5년 정도 지난 뒤 도로가 전반적으로 파손되고 손상되는 상태에 이르게 되자 2010년 남측의 관리위원회와 한국토지공사(LH), 북측의 총국이 출퇴근 도로 보수공사에 관한 합의서를 다시 체결하게 되었다. 이때는 5년 전 합의와 달리, 개성공업지구 출구에서 개성시 산업다리까지의 도로(4.5킬로미터) 및 청봉교 시설물 보수, 버스 회차장 부지 확장, 검사소 이전 공사 등을 남측이 직접 시공하는 것으로 결정하였다. 이에 따라 좀 더 안정적인 도로를 통해 노동자들의 이동을 보장할 수 있게 되었다(한국토지공사, 2009).

---

6 〈도로포장 공사 계약서〉, 〈청봉다리 신설에 관한 합의서〉, 〈개성 연결도로 시공검사 및 준공검사 합의서〉(LH공사-현대-총국, 2005년 7월 26일) 등에는 도로포장의 품질 관리를 위해 남측이 공종별로 총3회에 걸쳐 들밀도시험, PBT 등 61회 검사하기로 하였으나 공사 진행 과정에서 남측 관리감독자의 출입이 원활하게 이루어지지 않아 공정 종별 품질관리가 계획대로 진행되지 못하였고, 그 결과 준공 1년도 채 지나지 않아 포장 면 보수 소요가 상당히 발생하였다.

이동수단에 대한 요구와 통근버스의 도입

입주기업과 북측의 요구에도 불구하고 대중교통이 전혀 없는 개성 지역에 버스 등과 같은 이동수단에 대한 구체적인 방안이 초기에는 강구되지 않았다. 앞서 언급한 바와 같이, 개별 노동자들이 취할 수 있는 수단을 이용하여 개성공업지구에 들어오는 구조였기 때문에 출퇴근 시스템의 일괄적인 관리가 이루어지지 않았다.

대중교통에 대한 수요를 남측 정부가 이른 시일 안에 해결하기 어렵다고 판단한 기업들은 자구책으로 인근 지역에 사는 근로자들에게 자전거를 제공하는 등의 대안을 제시하였지만, 이 역시도 날씨에 영향을 받는다는 점, 거리상의 제약과 소요 시간 등으로 현실화하지 못하였다. 이에 따라 몇몇 기업들이 임시로 셔틀버스를 운영하기 시작하였다.

이에 남측 정부는 기업들의 개별적인 대응 방식이 갖는 한계를 파악하고 보다 근원적인 문제 해결 방식을 추진하고자 하였다. 그중 하나가 철도를 이용한 통근으로, 열악한 도로 사정, 예산 문제, 기업의 비용 부담 등을 고려할 때 적절하다고 판단되었으나 철도의 신설 및 개보수 작업 공사가 빠르게 진행되지 못하여 좋은 대안이 될 수 없었다.

여러 차례 논의 끝에, 개성공업지구관리위원회(이하 관리위원회)는 철도 운행 전까지 공용버스를 운영해 달라는 기업의 의견을 수용하여 공용통근버스 운영 계획을 마련하였다. 이에 따라 관리위원회는 2004년 말에 건설교통부를 통해 중고 시내버스 구매를 문의하였으나 요구 사항에 부합하는 버스가 없다는 회신을 받고 사설 중고차량 업체로부터 견적을 받아 98년식 중고 버스 4대를 구매하여 운영

을 시작하게 되었다(통일부, 2017).[7]

관리위원회 공용버스와 입주기업 자체 버스가 따로 운행되는 이중적인 구조는 기업 간의 운영 차이로 인한 불만으로 이어졌다. 관리위원회 공용버스는 개성공업지구에 출퇴근하는 근로자는 누구나 탑승할 수 있었던 반면, 입주기업 자체 버스는 해당 기업 근로자만 탑승할 수 있도록 통제되었기 때문이다. 이런 이유로 입주기업 자체 버스는 상대적으로 편안한 출퇴근이 가능했고 관리위원회 공용버스는 혼잡이 가중되면서, 자체 버스를 보유하지 못한 기업의 북한 근로자들이 기업에 자체 버스 구매를 요구하면서 입주기업을 압박하는 상황이 발생하게 되었다.

이러한 문제가 지속되면서 입주기업을 중심으로 관리위원회와 입주기업의 통근버스를 통합하여 관리위원회에서 운영하는 방식을 추진하기 위해 2011년 3월 관리위원회와 입주기업이 통근버스 통합 TF를 구성하였고, 관리위원회가 통근버스 통합 TF 논의를 주도하면서 입주기업 버스 125대를 매입하여 2011년 9월부터 통근버스 통합·운행을 시작하면서 통근버스 시스템이 갖추어지고 안정적인 출퇴근이 가능하게 되었다(통일부, 2017). 통근버스가 등장함으로써 개성시와 개성공업지구를 연결해 주는 매개체로서 남과 북을 연결해 주는 새로운 이동수단이 탄생하였다. 그리고 통근버스의 등장은 개성시와 그 인근 지역의 공간적 연결 효과를 가져오는 계기로 작용하였다.

---

7 2004년 운행 초기 통근버스는 4대의 차량으로 개성 시내 '통일의 다리'부터 공단 간 약 7킬로미터 구간을 각각 3회 왕복 운행하였다.

통근버스의 공간적 확대와 파급력

통근버스 제도의 진화와 영향

개성공업지구 입주기업의 통근버스에 대한 수요가 지속적으로 증가하여 매해 운영 버스의 수가 증가하게 되었다. 2004년 4대에 불과했던 통근버스는 2005년 12월에 이르러 21대로 늘어났다. 그만큼 개성공업지구로 들어오는 근로자의 숫자가 폭발적으로 증가했다는 뜻이기도 했으며, 근로자들의 생산성 유지를 위한 입주기업의 요구도 함께 커졌다는 것을 의미한다. 2004년 시범단지 분양기업 15개 중 12개가 가동을 시작하였으며, 본 단지의 1차 분양도 완료되어 2006년경에는 19개의 입주기업이 생산설비를 가동하였다. 2007년에는 본 단지 2차 분양이 이루어져 183개 기업이 분양을 체결하였으나 일부 기업만 입주하여 2007년 말에는 65개의 기업이 운영되었다(통일부, 2017). 이에 따라 본격적으로 개성공업지구의 가동이 이루어진 2005년부터 공단의 안정화 시기에 이르는 2009년까지 근로자 수가 급격하게 증가하였다. 통근버스 제도 도입 초기 4대에 불과했던 버스는 매해 증가하여 2015년에는 291대로 늘어났다.[8]

이러한 증가세에 따라 개성시와 개성공업지구 인근에 거주하는 북측 근로자들의 출퇴근 수요를 맞추기 위해 여현리, 전재리, 용흥리 등을 포함하는 개성 지역 전역의 출퇴근 노선이 형성되었다. 개성 시내 노선과 개성시 외곽 지역 노선으로 구분할 수 있는데, 개성

---

[8] 근로자 수가 급격하게 증가한 2009년도 이후의 수요를 맞추기 위해 약 85대가 증차된 것을 제외하고 매해 평균 15대 내외로 운행 버스 수가 증가하였다.

<그림 2> 개성공업지구 북한 근로자와 통근버스(누적 대수)

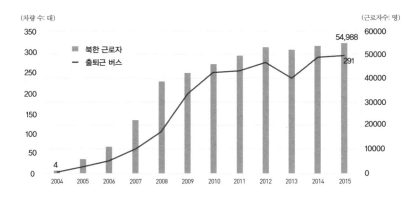

출처 : 개성공업지구지원재단 제공 내부 자료, 저자 재구성.

시내 노선의 경우, 개성 시내 중심부에 자리 잡고 있는 영화관을 중심으로 동대문 노선, 성균관 노선, 삼각공원 노선, 승전 노선이 운영되었다(〈표 2〉 참조). 16개 방향의 노선은 기업의 요구에 따라 출퇴근 시간이 유연하게 변경되는 체제로 작동하였으며, 이로 인하여 통근버스를 둘러싼 새로운 시-공간 조직들이 생겨났다.

대중교통이 없었던 개성 시내와 주변 지역을 거미줄처럼 엮는 버스노선들이 새로 생겨나면서 사람들의 행동 반경과 이동량이 급격하게 증가하였다. 예를 들어, 개성시 방향으로 퇴근하는 근로자들을 태운 통근버스의 경우 노선 중앙에 있는 영화관이 일종의 교차점으로 기능하면서 많은 사람의 승하차가 이루어졌는데, 이러한 이동들이 빈번해지면서 이 지역 상권이 활성화되고 개성 시내 유동인구가 증가하는 효과가 나타났다(인터뷰 A, 2019). 개성공업지구의 도로 상황을 관

〈표 2〉 개성공업지구 통근버스 노선

지역	노선	거리 (편도)	소요 시간
개성시	승전–역전–영화관–통일다리–산업다리–봉동–공단	16km	50분
	삼각–영화관–통일다리–산업다리–봉동–공단	16km	
	성균관–문화회관–영화관–산업다리–봉동–공단	17km	
	동대문–은덕–문화회관–영화관–통일다리–산업다리–봉동–공단	18km	
개성시 외곽	여현리	27km	1시간 30분
	삼거리	27km	1시간 30분
	상도리	25km	1시간 20분
	해선리	17km	50분
	용흥리	19km	50분
	선적리	25km	1시간 20분
	평화리	22km	1시간 20분
	전재리	20km	1시간 10분
개풍	개풍군 내	20km	1시간 10분
	연강리	24km	1시간 30분
	신서리	24km	1시간 30분
장풍	장풍군 내	27km	1시간 30분

출처 : 개성공업지구지원재단 제공 내부 자료.

리하던 관계자 A[9]씨에 따르면, 근로자들뿐만 아니라 이들과 함께 생활하는 개성과 인근 지역의 이웃 주민들에게도 통근버스가 지역의 새로운 활력으로 인식되었고, 통근버스 제도가 정착된 2010년 후반에는 그들의 일상으로 자리 잡게 되었다고 한다(인터뷰 A, 2019).

개성시 외곽 지역을 운행하는 노선들은 개성공업지구로의 출퇴근을 돕는 기능에 초점을 맞추었지만 그것에 국한되지 않고 지역 간

---

9 개성공업지구 도로교통 관련 담당자, 남, 50대, 2019년 11월 4일

이동이 자유롭지 못했던 상황을 개선해 주거나 지역 내로 고립되었던 사회·경제적 교류를 증가시키는 역할을 맡게 되었다. 예를 들어, 개성공업지구 동북쪽에 있는 평화리는 비무장지대 인근에 있는 마을로 개성공업지구에 인접해 있으나 진입할 수 있는 도로가 없어 개성시를 거쳐야만 개성공업지구로 들어갈 수 있는 지역이었다. 도로 상황에 따른 경로 우회에도 불구하고 통근버스를 통해 많은 근로자의 개성공업지구 접근성이 향상되었을 뿐 아니라 개성 시내에서의 이동이 증가하면서 더욱 많은 사회·경제적 교류에 참여할 수 있게 되었다(인터뷰 A, 2019).

통근버스의 도입은 '네트워크 자본'으로서 새로운 형태의 일상을 만들어 내는 데 영향을 미쳤다. 예를 들어 '문화생활'이라는 특수한 형태의 근로복지제도는 북한 근로자들이 근무 이후 토요일 오후부터 누릴 수 있는 여가로 대부분 개성공업지구 밖에서 이루어졌는데, 여기에도 통근버스 제도가 영향을 미쳤다. 개성공업지구 통근버스 운영 관계자 B[10]씨에 따르면, 문화생활은 단순한 여가가 아닌 북한 당국이 주관하여 혁명적 사상을 고취하고 심화하기 위해 선전영화 등을 감상하고 토론하는 것이 주된 활동이었다고 한다. 이러한 활동을 지원하기 위해 통근버스를 퇴근과 함께 배차하였다(인터뷰 B, 2020).

근로자와 입주기업이 늘어나면서 개성 시내에 모든 근로자가 동시에 문화생활을 할 수 있는 장소가 부족하게 되자 이용 시간 배분을 통해 문제를 해소하고자 하였다. 평일이나 토요일 오전에 문화생활이 있으면 통근버스가 문화생활 장소까지 이동하였다가 문화생활이 끝

---

[10] 개성공업지구 통근버스 운영 담당자, 남, 40대, 2020년 8월 7일.

나면 근로자를 탑승시켜 입주기업까지 수송하였다(인터뷰 C, 2017).[11]

제도의 변동과 공간의 공진화

통근버스를 운영하는 것은 단순히 사람을 옮기는 작업이 아니었다. 버스 약 300여 대로 5만여 명에 달하는 근로자들을 매일 원활하게 운송하기 위한 안전 관련 규칙, 차량 배차 신청 및 배차 방식, 차량 관리 및 정비 규칙 등 다양한 제도들이 새롭게 만들어졌고 이것은 새로운 공간적 규칙을 만들어 내는 데 영향을 미쳤다. 대표적인 사례로 운행 버스 증가에 따른 모빌리티 공간의 형성과 통근버스의 배차 간격이 만들어 낸 노동시간의 유연한 배치를 들 수 있다.

운행 차량이 증가하면서 관련 공간의 수요가 발생하게 되었다. 2007년까지만 하더라도 차고지가 조성되지 않은 상태로 차량을 운행하다 보니 차량의 관리와 적절한 주차가 이루어지지 않았다. 임시 방편으로 관리위원회 주차장을 차고지로 활용하였지만 엄청난 속도로 늘어나는 버스들을 모두 감당할 수 없는 상황에 도달하였다. 이러한 문제를 해결하기 위해 물류 부지로 예정되어 있던 곳을 임시 차고지로 활용하기로 하고 토지 정지 작업과 포장 공사를 시행하였다(인터뷰 C, 2017).

이와 같은 차고지의 조성은 접경지역과 일상 영역의 차원에서 두 가지 의미가 있다. 첫째, 통근버스라는 모빌리티가 개성공업지구와 통합되는 과정에서 형성된 공간이라는 점에서 주요 정박지 역할을 수행했다는 점과 둘째, 고정적인 물리 환경을 기반으로 하는 자동차

---

[11] 개성공업지구 통근버스 운영 담당자, 남 50대, 2017년 11월 13일.

〈그림 3〉 통근버스로 출근하는 북측 근로자(좌)와 통근버스 차고지(우)

출처 : 개성공업지구지원재단.

중심의 직주 환경 형성을 통해 일상적인 접근성이 향상되었다는 점
이다. 차고지는 버스 종착지로서 이곳으로부터 이동의 흐름이 시작
되고 일단락될 뿐만 아니라 버스 정비 및 점검, 운전사들의 만남의
공간 등 모빌리티를 통제하고 조절하는 공간 인프라이다.

통근버스 모빌리티 시스템은 버스정류장뿐만 아니라 차고지 등 다
양한 공간 인프라의 조성을 통해 체계를 갖추어 나갔다. 그 결과 통
근버스를 통해 도보 생활권 중심으로 이루어졌던 개성시민들의 생활
반경이 더 큰 영역으로 확장되었고 개성공업지구의 노동공간이 개성
시민들의 일상과 직접적인 연결망을 갖게 되는 계기가 되었다는 점
에서 모빌리티의 변동이 주는 공간적 효과를 확인할 수 있다.

한편, 통근버스로 인해 새로이 생겨난 정류장은 버스의 승하차가
이루어지는 공간이자 이에 더하여 정보와 물자가 오고 가는 거점으
로 활용되었다. 통근버스는 개성공단 내의 전체 입주기업을 구역별
로 순회하는 형태로 운영되었다. 기업인 D[12]씨는 주요 버스정류장이

12　개성공업지구 입주 기업인, 남, 60대, 2017년 11월 3일.

지역사회별로 근로자들에게 배급되는 도시락의 픽업 장소로 활용되기도 하였고, 버스 노선의 출발지점 혹은 종점에 있는 정류소에 소규모의 장마당이 열리는 것을 목격하기도 하였다(인터뷰 D, 2017). 이처럼 통근버스라는 모빌리티가 만들어 낸 공간들은 '정박지'로서 새로운 결절과 중심을 생산하였고 사람과 물자의 이동을 원활하게 하게 하는 공간적 장치가 되었다.

두 번째 사례로는 통근버스 배차 시스템의 유연화를 통한 모빌리티 변화이다. 초기 버스 운행은 4대로 진행되었는데, 4명의 운전기사와 식당 종업원 8명이 오전 6시에 개성 시내에서 출발하여 저녁 8시까지 북측 근로자들의 출퇴근을 지원하는 방식으로 바쁘게 운영되었다(통일부, 2017). 최초에는 정해진 시간에 정해진 장소에서 버스에 탑승해야 했기 때문에 근무 시간이 통근버스 운영시간에 맞추어 움직일 수밖에 없었다. 하지만 이후 통근버스가 지속적으로 증차됨에 따라 기존 노선을 유지하면서 운행 횟수를 늘릴 수 있었을 뿐만 아니라, 근로자들의 사정과 입주기업의 근무 환경을 반영한 유기적인 배차 시스템이 만들어져 갔다.

늘어나는 근로자 수와 입주기업의 근무 환경에 따른 요구를 감당하기 위해 배차 간격은 더욱 세분되고 복잡해졌다. 예를 들어 성수기에는 야근이나 철야근무 등이 필요한 기업이 생겼다. 화장품 케이스를 만드는 사출 기계를 다루는 공장이나 도자기를 만드는 공장 등 뜨거운 화로나 열을 사용하는 경우에는 밤에 화로의 불을 끄면 다음 날 불을 다시 지피는 데 몇 시간씩 걸리기도 하고 심한 경우 반나절 가까이 작업을 못 할 수도 있어서 야근, 철야, 3교대 등 다양한 방식의 출퇴근이 필요했는데 통근버스 배차 간격 조정으로 다양한 방식의 유연 근무가 가능해졌다(인터뷰 B, 2020).

배차 간격 조정은 교통량을 분산하여 수송량을 늘리는 데도 적극적으로 활용되었다. 가령 입주기업의 출근 시간을 오전 7시와 8시로 구분하여 이용 승객의 양을 분산시키고, 2개월마다 1차 출근 기업과 2차 출근 기업의 순번을 바꾸었다. 퇴근의 경우 17시를 시작으로 한 시간 간격으로 배차를 세분화하여 20시까지 운행이 이루어졌다. 마지막 배차가 종료되어 근로자들이 주거지에 도착하는 시각은 대략 22시경으로, 하루의 퇴근 수송 차량의 업무가 마무리되었다(인터뷰 B, 2020). 이러한 유연한 배차 조정은 관계기관 간의 긴밀한 소통과 신속한 업무 협력을 통해 가능해졌다. 날마다 변수가 발생하는 근로 일정을 즉각적으로 반영하기 위하여 매일 오전 기업별로 당일 퇴근과 다음 날 출근 현황을 작성하여 관리위원회 버스배차반에 발송하면 배차를 최대한 조정하여 반영했다(인터뷰 B, 2020).

법과 제도적인 측면에서 통근버스의 등장은 새로운 규율의 등장을 의미했다. 통근버스 운행에 따라 사고 발생 시 처리 문제, 자동차 보험, 유류 지급, 차량 관리 문제, 요금 징수 및 무임승차 방지 등 여러 가지 부수적인 문제가 발생하였다. 사고 발생은 보험과 연결되어 해결해야 하는데 2005년 말에 관리위원회, 총국, KNIC(조선민족보험총회사) 간 협의를 거쳐 차량 운행에 따른 위험담보 문제 해소를 위해 자동차보험에 가입하고, 향후 보상금 한도, 보험규정 보안, 남북보험협력방안을 추진해 나간다는 합의서를 채택하였다(김재영, 2015). 개성공업지구 내에서 적용되는 자동차보험은 타 의무보험보다 공단 내에서 가장 안착한 보험으로, 남한의 제3자 배상책임보험과 성격상 같다고 볼 수 있다. 이에 따라 자동차 등록이 이루어짐과 동시에 자연스럽게 보험에 가입하는 풍토가 정착되었다. 이러한 보험 가입 문화와 더불어 사고 발생 시 사고 조사, 보험 사정 등을 통해 보험금이 실질적으로 지급되는 등 자동차보험 제도가 빠르게 안착하였다(통일부, 2017).

이처럼 통근버스라는 모빌리티의 도입은 통근권과 생활권이라는 근대 도시적 공간 권역을 북한의 접경지역에서 생산했고, 통근버스 운영 변화에 따라 그 권역이 확대되고 보다 유연하게 협상되었다. 이러한 공간의 생산과 경계의 변화는 북측 사람들의 사회경제적 경험의 폭을 넓히고 남측 사람들과의 관계에도 긍정적으로 작용하였다. 그러나 개성공업지구 전면 중단이 선언되면서 상황은 급변하게 되었다. 유류 공급이 차단되고 유류 재고량이 5일이 채 되지 않는 상황에서 기업들은 하나둘 설비 가동을 멈출 수밖에 없었으며, 북측 근로자들 역시 근무지에 복귀하지 않음에 따라 통근버스 운행도 멈추게 되었다.

통근버스가 가져온 개성공업지구 근로자들의 모빌리티와 사회문화적 변화상

제한된 모빌리티와 북한 주민의 거주 이동의 자유

북한 주민의 이동, 즉 모빌리티의 자유는 당국에 의해 철저하게 관리됐다. 중국의 호구제와 마찬가지로 북한에서 개인은 특정 지역에 묶여 있게 되어 있으며 부여된 지역에 따라 교육을 포함한 식량,

취업, 의료 서비스를 배급받게 되어 있다. 그뿐만 아니라 개개인의 이동에 관한 결정도 당국의 허가를 받지 않으면 불가능하다(이금순, 2007:9). 주민들의 신분등록을 통한 거주지 결정은 주민들의 사상적 동향을 반영한 주민성분 분류에 기초하여 이루어지며 특히 '평양'의 경우 특별한 권리들을 부여받을 만한 주민들로 구성되어 있다.

그뿐만 아니라 북한의 주민들은 북한 '여행규정' 제6조에 따라 국내 여행을 할 때도 여행증을 소지하여야 한다. 여행증 발급의 목적은 근본적으로 정보 교환을 통해 체제일탈적 불법행위가 일어나지 않도록 하는 데 있다. 주민들이 국내를 이동하는 동안 심리적으로 해이해지기 쉽고 다른 지역과 정보 교환을 통해 비교의식이 생겨날 수 있으며, 이는 궁극적으로 체제 비판으로 발전할 수 있기 때문이다.

거주지에서 이사하려는 경우 퇴거등록신청서를 거주지 사회안전기관 또는 신분등록기관에 제출하고 공민증에 퇴거등록을 받아야 할 정도로 이사도 쉽지 않다(이금순, 2007). 이러한 체제·제도적인 환경뿐 아니라 북한의 불편한 교통 체계 역시 모빌리티에 상당한 제약으로 작용한다. 북한은 주철종도柱鐵從道의 구조로 교통 분담의 비율을 상당 부분 철도에 의존하고 있는데, 철도는 대부분 단선으로 노반·터널·교량의 정비 부족과 기관차 노후화 등으로 최고 시속이 40~50킬로미터에 불과하며 전력난으로 인해 수시로 정차가 발생하는 현실이다. 그리고 2015년 기준 북한의 도로 총연장은 남한의 0.24배 수준이고 고속도로의 경우 남한의 0.17배에 불과하며 도로포장률은 10퍼센트 미만으로 도로 사정도 매우 열악하다(삼정 KPMG, 2018).

도로가 있다고 하더라도 자동차가 없으므로 모빌리티가 확대되기 어려운 구조이다. 코트라KOTRA의 '북한 자동차 산업 현황'(2020)에

의하면 북한에서는 국가에 공헌하여 인정받거나 우수한 운동선수, 공훈을 받은 배우 등 특수한 사람들만 승용차를 구매할 수 있으며 평범한 시민은 자동차를 구매할 수 없으므로 차량 보급률이 매우 낮다. 2020년 현재 북한의 전체 자동차 수는 45만 대를 넘지 않는 수준으로 알려져 있다.

북한 주민들은 이러한 북한 당국의 모빌리티 제약과 미비한 교통 및 통신시설로 인해서 정보 교환 및 다양한 경험과 사고를 통한 공간적 인식의 확장 가능성이 차단되고 있다. 이러한 모빌리티의 제약을 통한 외부 세계와의 차단은 체제 유지의 필요충분조건이기 때문에 최근까지도 상당히 철저하게 시행됐다.

하지만 최근 북한에서 시장의 발달과 함께 물류의 필요성이 대두되면서 대중교통이 발달하고 있다고 보고되고 있다. 평양의 경우 지하철, 무궤도전차, 궤도전차, 택시 등의 대중교통 체계를 가지고 있는데 최근 들어 특히 택시의 중요성이 커지고 있다. 택시의 등장으로 인하여 전국 단위로 이동성이 확장되는 모습도 나타나고 있으며, 수도 평양을 넘어 일종의 '콜택시'도 등장했다.

택시의 주 고객은 물건을 싣고 장거리를 이동해야 하는 상인들로, 써비차(운임을 내고 이용하는 버스 또는 화물차)를 구입하지 못한 상인들이 택시를 많이 이용한다. 2000년대 이후 시장화로 인하여 북한에서 '장사'와 '써비차'가 준합법화되고 통행증 발급 역시 뇌물을 통해 어렵지 않게 발급할 수 있게 되었는데, 이러한 교통수단의 발전은 지역 간 가격의 격차를 줄이고 정보 이동을 활발하게 하는 효과를 발휘하고 있다(이상용, 2019).

북한에서 이사 또는 퇴거를 위해서는 승인과 등록이 필요한데 평양과 개성에서의 이주는 특히 더 까다롭다. 평양시와 개성시에서 퇴거하려는 자에 대해서는 특별히 시·구역·군 사회안전부장의 명의로 퇴거등록을 해야 한다. 그만큼 두 지역은 거주와 이전이 더 어려운 지역이라고 볼 수 있다(이금순, 2007).

평양이 특권층의 엔클레이브enclave이자 수도로서 그 출·입경이 까다로운 통제의 대상이 되었다면, 개성은 남북 접경지역으로서 그 변방성 때문에 감시의 대상이 되었다. 개성시의 경우 '신해방지구'라는 특별관리대상 지역이었다. 1976년 '판문점 도끼만행사건' 이후 북한 당국은 평양과 신해방지구 주민들의 성분을 조사하여 정권에 잠재적 불만을 가진 사람들, 외부와 손잡을 수 있는 사람들을 분산·와해시켜 핵심 군중의 포위 속에 들게 함으로써 체제 안정성을 기하고자 하였다. 현재까지도 개성시는 군사분계선 가까이에 있어 특별히 거주가 제한되고 외부인의 출입이 통제된다.

개성에 거주하기 위한 자격 요건은 개성에 부모가 있거나, 고향이거나, 중앙당이나 인민무력부에서 파견된 사람으로 인민보안성 주민등록국에서 거주 승인을 받아야만 거주할 수 있으며, 특별 통행금지 지역으로서 그 지역에 직계가족이 있거나 정당한 사유로 인정될 때에만 여행증명서를 발급받고 출입할 수 있다. 즉, 개성은 권력의 감시와 통제가 치밀하게 작동하는 지역으로 모빌리티가 극도로 제한된 지역이었다고 볼 수 있다(김병로 외, 2015).

개성공업지구 관계자 E[13]씨에 따르면, "개성은 (휴전하기 전까지) 남측 땅이었던 곳이었기 때문에 예전부터 특별히 관리됐을 뿐만이

---

13 개성공업지구 지원재단 관계자 남, 40대, 2017년, 11월 14일.

아니라 남북이 함께 일하면서 자본주의 황색 바람이 불어 대는 곳이기 때문에 관리가 필요하다"라는 말을 북한 관계자들이 자주 언급하였다고 한다(인터뷰 E, 2017). 이처럼 북한의 체제 속에서 개성시는 주민들의 모빌리티가 특별 관리되는 지역이었으며, 남북이 함께 공단을 운영해 나갔던 개성공업지구는 특히 이러한 출입과 통행이 특별히 관리되는 통제구역이었다고 할 수 있다.

북한의 도시 공간은 정치적인 고려, 즉 사상교양의 장으로 조성할 것을 강조하며 김일성의 우상화 시설물과 광장 등 정치적인 시설을 중심으로 하는 단핵 구조로 만들어진다. 공업 지역을 중심으로 하여 통행 유발을 최소화하는 생활 서비스와 상업 서비스의 분산 배치를 추구하여 주거와 공업 비중이 높고 상업 지역의 비중이 낮다. 상업 서비스 기능의 배치는 주민의 이용 빈도에 따라 빈도가 높은 기능(탁아소, 유치원, 식료품 등)은 주거지 내에, 이용 빈도가 낮은 기능(백화점, 직매점 등)은 도시 중심에 배치되어 있다(김효진 외, 2016).

개성시 주민들 역시 이러한 직주 근접 및 배급경제를 기반으로 한 분산형 도시공간 구조 속에서 모빌리티가 크게 필요하지 않은 채 오랫동안 살아왔다고 볼 수 있다.

그러나 개성공업지구가 건설되고 운영되면서 예상하지 않았던 통근 거리의 증가와 직주 근접 체계의 변화를 맞이하게 되었다. 특히 그간 북한에서 경제정책 변화에 따른 노동수요에 의한 이주는 거의 전례가 없었음에도 개성시를 비롯한 장풍·개풍 지역까지 노동인력 수급을 위한 인구 유입이 이루어진 것은, 「개성공업지구법」에 따라 북한이 담당한 인력 공급 문제를 해결하기 위해 거주 이동 제한 규정을 바꾸면서까지 인근 지역 주민들을 이동시켰기 때문으로 보인다(이금순, 2007).

이처럼 개성공업지구의 도입은 북한 주민의 거주 이동에 대한 강력한 규칙을 깨뜨리는 계기가 되었으며, 이로 인해 남측뿐만 아니라 북한 주민들 간에도 새로운 만남이 이루어지기 시작하였다. 이와 더불어 개성공업지구에 도입된 통근버스는 제약된 모빌리티 욕구를 해소하고 더 많은 '마주침의 장'을 제공하였으며, 사람들의 활동 범위를 넓히는 매개체로 활용되었다.

모빌리티가 가져온 사회문화적 변화: 버스 배차와 모빌리티 권력

개성공업지구에서 통근버스 시스템이 안정되고 남북이 공단에서 함께 생활하는 시간이 누적되면서 생산성이 지속적으로 향상됨과 동시에 사회문화적인 변화도 발생하게 되었다. 예를 들어, 개성공업지구 초창기에는 공단 내에서의 업무보다는 공단 밖에서의 공동 업무가 더 중시되었다. 운송수단이 제공되지 않아 출퇴근이 불편했으므로 공단 내에서 활동할 수 있는 여지가 크지 않았기 때문이다. 그러나 통근버스 시스템이 안정되고 기업별 근태 조정이 가능해지면서 야근, 특근을 선호하여 공단 내에서의 체류 시간이 길어지기 시작하였다.

관리위원회는 2013년 12월 통근버스 운영의 전문성을 강화하기 위해 '운송사업팀'을 신설하고 관리위원회 직원 3명이 현장에 상주하며 통근버스 관리·운영 업무를 전담하였다. 4명의 북측 운전기사와 1명의 남측 정비사로 시작된 통근버스 운영 인원은 차량 증가에 맞게 운전기사와 정비사 등을 지속 증원하여 2016년 2월 말 기준

〈표 3〉 통근버스 관련 근로자 현황

구분	남			북									합계
	관리위	현대아산	소계	기사	정비	배차	미화	경비	검차	의사이발	대표총무	소계	
인원	3	2	5	295	30	5	5	4	2	3	3	347	352

출처 : 개성공업지구지원재단.

남측 인원 5명, 북측 인원 347명으로 증가하였다.

　개성공업지구 버스사업팀은 개성공업지구관리위원회에서 남북이 협력하여 운영하는 시스템이었다. 그런데 매일매일 이루어지는 의사소통 방식이 상당히 복잡하여 고도화된 남북의 신뢰와 협조 체계 없이는 이러한 공조는 불가능하였다. 이 시스템에 따르면 매일 남북은 각 입주기업과 영업소 등에서 남북의 업무와 출퇴근에 대한 협의, 북한 측 버스배차반과 남한 관리위원회 직원의 커뮤니케이션, 남한 운송사업팀 직원과 북한 측 운전기사들의 협의와 의사 소통 과정이 일상적으로 이루어졌으며 이러한 매일의 커뮤니케이션 시스템이 갖추어지고 원활하게 작동하면서 5만 5천여 명을 3백여 대의 버스로 원활하게 출퇴근시키는 컨트롤타워 역할을 수행할 수 있었다.

　개성공업지구 통근버스 배차 원칙은 다음과 같다. ①매일 250여 개 입주기업과 영업기업의 북한 측 총무들이 남한 측 입주기업 대표와 협의한 근무 내용을 토대로 각 기업의 출퇴근 배차 인원 정형을 작성한다. ②매일 오전 북한 측 총무들이 관리위원회 버스배차반에게 당일 퇴근 계획과 다음 날 출근 계획이 담긴 출퇴근 배차 인원 정형을 팩스로 또는 직접 제출한다. ③관리위원회 북한 측 버스배차반이 오전에 들어온 전체 버스 출퇴근 정형을 토대로 약 5만 5천여 명 근로자들의 각 지역으로의 배차 계획을 만들어서 남한 측 관리위원회 관리총괄부 직원에게 전달한다. ④남한 측 관리위원회 직원이 버스 운송사업팀에 출퇴근 배차 정형을 전달하며 이를 토대로 남한 측 운송사업팀 직원은 북한 측 버스 운전기사들과 협의하여 배차한다.

이러한 원칙들이 존재하였지만, 실제 통근버스를 운영하는 일은 예상보다 복잡한 업무였다. 예를 들어, 관리위원회 소속의 버스배차반은 북한 측 인원 5명으로 이루어져 있는데, 매일 오전 2백여 개가 넘는 입주기업과 영업기업으로부터 버스 출퇴근 인원 현황표를 받아 배차를 하다 보니 하루하루 정신없이 바쁘게 대응해야 했다고 한다(인터뷰 B, 2020). 개성공업지구 남측 관계자 F[14]씨는 입주기업의 북한 측 대표가 관리위원회로 달려와서 배차반에게 배차를 잘해 줄 것을 부탁하면서 쩔쩔매는 모습을 어렵지 않게 볼 수 있었고, 가끔 버스 배차가 잘못되는 경우 북한 근로자들 간에 싸움이 나는 경우도 있었다고 하였다(인터뷰 F, 2019). 대부분 갈등 상황 종료는 입주기업이 배차반에 사과하는 형태였는데, 그러한 관계 설정이 나타나게 된 이유는 배차반이 가진 정보와 권한 때문이었다. 따라서 기업의 남한 측 직원들은 관리위원회 운송사업팀의 남한 직원들과 좋은 관계를 맺는 것이 필수적이었다. 통근버스를 둘러싼 새로운 관계 형성은 단순히 노동자들의 이동뿐만 아니라 개별 기업의 생산성 문제와 결부되어 있었기 때문에 중요한 이슈로 다루어지기 시작하였다.

모빌리티를 제공할 수 있는 북한 버스 운전기사들이 개성 시내에

---

14 개성공업지구 도로교통 관련 담당자, 남, 60대, 2019년 11월 4일

서 힘을 가지게 된 것도 이러한 상황과 연결되어 있다. 북한의 운전면허 체계는 운전기사 1급에서 4급까지의 4단계로 이루어져 있으며 1급의 경우 자동차의 설계, 제작 기능까지 보유하는 자로 모든 차량을 운전할 수 있다. 북한에서 운전면허에 자동차 정비 기능을 부여하는 것은 정비업체가 많지 않고 차량 불량 발생 시 즉각적으로 처리해야 하는 현실을 반영한 것이라 할 수 있다(함영삼, 2019). 이처럼 북한의 버스 운전기사는 운전 기능뿐 아니라 버스를 정비할 수 있는 기술을 같이 갖추고 관련 시험을 통과해야 버스 운행을 할 수 있는 대형면허를 발급받을 수 있으므로 통과하기가 상당히 어려워 고급 기술자로 인정받는 직업이다. 북한 주민들에게 버스 운전기사는 비행기를 운전하는 조종사와 동일한 직급으로 이해되기도 한다.

개성공업지구에서 운영하던 3백여 대의 버스들은 남한에서 실제 시내버스로 운행되던 버스들로, 북한에서 사용되던 오래된 버스들이나 중국제 버스와 비교했을 때 성능이나 차량 상태 면에서 품질이 좋은 차량이었다. 따라서 개성 지역에서는 상당히 보기 드문 좋은 운송수단으로 여겨졌다.

이러한 양질의 운송수단은 개성공업지구와 개성시, 그리고 인근 지역을 연결하는 출퇴근 용도로만 사용되지 않았다. 개성공업지구 통근버스는 마을 내 각종 행사 동원, 물자 수송 등 마을 주민들과 인민위원회 간부들에게 다양한 방법으로 상당한 수준으로 편의를 제공하였으며 이러한 활동은 '비공식적인' 것이기 때문에 순전히 버스 운전기사의 동의와 운행 지원으로 가능한 부분이었다.

이로 인해 마을 내 거의 유일한 대형 운송수단인 버스를 운행할 수 있는 운전기사들은 마을 주민뿐 아니라 인민위원회 간부들에게도 상당한 대접을 받았고 이동을 가능하게 해 준다는 이유로 새로운 권력을 가지게 되었다(인터뷰 G, 2017).[15] 뿐만 아니라, 개성공업지구에서 근로자들에게 보급한 다양한 간식류, 노동보호물자,[16] 원자재 자투리, 불량으로 판매하지 못하게 된 제품 등 다양한 물품들을 개성공업지구에서 개성 바깥으로 실어서 장마당에서 판매하기도 하였는데, 이러한 이동에 버스 운전기사의 역할이 결정적이었다(인터뷰 F, 2017).

다른 한편으로 이러한 권력의 변화는 남한 관계자들에게도 영향을 미쳤다. 하나의 체계로서 자연스러우면서도 일상적인 남북협력 시스템이 갖추어지는 것은 쉬운 일이 아니었기 때문이다. 버스 관리는 원래 남한의 관리총괄부의 1개의 팀으로 운영되었으나, 수요가 늘어 3백 명이 넘는 소위 '기가 센' 버스 운전기사들과 차량을 관리하고 개성공업지구 외부에서 일어나는 개성 시내 이야기와 북측 변화상 등 중요한 정보를 많이 접할 수 있으며 예산을 많이 필요로 하는 중요한 부서가 되었다(인터뷰 B, 2020). 개성공업지구 입주기업 운영자인 H[17]씨는 통근버스의 배차가 기업과의 관계에서도 생산성 문제와 직결되어 있었기 때문에 운송사업팀에 대해 상당히 호의적인 분위기가 조성되었다고 하였다(인터뷰 H, 2019).

---

[15] 개성공업지구 통근버스 운영 담당자, 남, 50대, 2017년 10월 26일.

[16] 노동보호물자는 북한 직원들이 각 직종에서 업무를 하는 데 있어서 필요한 피복류, 일상생활용품, 간식, 점심 등을 총망라한 것이다. 예를 들면 도로 보수 업무를 담당하는 북한 측 직원에게는 비옷, 안전화, 작업복 등이 피복으로 지급되며 작업 후 샤워를 할 수 있는 비누, 수건, 샴푸 등 생활용품과 초코파이, 라면 등 간식이 지급되었다. 이러한 물품들은 남한에서 들여가서 북한 근로자에게 전달하였다.

[17] 개성공업지구 입주 기업인, 남, 60대, 2019년 11월 28일.

요약하자면, 개성공업지구에 도입된 통근버스는 이동수단 그 이상의 기능을 수행하며 새로운 권력을 만들어 내는 '네트워크 자본'으로 전환되었으며, 개성공업지구 특유의 모빌리티 시스템 형성과 통제 양식을 만들어 내면서 공단 운영에 상당한 영향을 미쳤다. 통근버스 배차에 있어 매일매일 변화하는 기업들의 요구에 즉각적으로 대응하고, 운영 과정에서 발생할 수 있는 갈등과 충돌을 최소화할 수 있는 장치들을 정교화하는 일련의 과정들이 남북 간의 상호협력 거버넌스를 구성하는 데 매우 중요한 계기가 되었다고 볼 수 있다. 이러한 사례는 기존의 논의들이 포착하지 못했던 개성공업지구 특유의 의사소통 방식들이 존재하고 있었으며, 미시적인 차원에서 남북한의 행위자들이 서로의 요구에 대해 유연하고 능동적으로 대처하고 있었다는 것으로 해석해 볼 수 있다.

나가며: 남북경협의 미래지향적 관점으로서 모빌리티스 패러다임의 유용성

이 글은 개성공업지구 통근버스라는 새로운 모빌리티 시스템이 개성공업지구와 인근 지역에서 어떤 사회-공간 변화를 가져왔는지를 고찰하였다. 개성공업지구는 남한의 영토적 주권이 북한 땅에서 작동한 예외공간이었을 뿐 아니라 남북협력 거버넌스 체제의 최초 실험장이기도 한 역사적 장소이다. 또한 세계에서 가장 무장된 접경인 남북 접경지대를 한시적으로 와해함으로써 접경의 다공성을 상징적으로 보여 준 사례이기도 하다.

그러나 개성공업지구를 둘러싼 그간의 다양한 연구와 담론은 국제 지정학적 질서와 남북관계라는 지극히 (초)국가적인 맥락에서 개성공업지구라는 예외적 공간의 작동을 다룸으로써 국가주의적이고 영토주의적인 접근을 근간으로 하고 있다. 이러한 접근에서 다루기 어려웠던 부분은 바로 개성공업지구라는 공간 그 자체가 다공질적이고 탈영토적인 이종의 사회-공간이라는 점이다. 개성공업지구는 지정-지경학의 하나의 결과물이기도 했지만, 그 자체가 자기생산적이고 경로의존적인 방식으로 진화해 나갔으며 창발적인 결과를 가져오기도 했다는 점에서, 고정된 결과물이 아니라 과정적이고 해석을 필요로 하는 현상이다.

이 연구가 채택한 모빌리티 이론은 개성공업지구의 미시적인 사회-공간의 역동성을 포착하고 이를 해석하는 데 있어 몇 가지 지점에서 유용성을 보여 주었다. 첫째, 경계와 영토에 고정된 시선을 돌려 경계와 영토가 유연하게 구성되는 과정을 포착하는 데 유용한 개념 틀을 제공한다. 이는 향후 다양한 지점에서 공간이론과의 접목이 가능함을 시사한다. 둘째, 모빌리티 시스템은 이동의 주체뿐만 아니라 이동수단과 이를 지원하는 물리적 인프라, 이동을 통해 재구성되는 사회-공간적 관계를 아우르는 개념으로서, 통근버스를 통한 개성공업지구와 인근 지역의 물리적 공간 변화와 사회관계의 재구성을 종합적으로 해석하는 데에 통찰을 준다. 셋째, 네트워크 자본은 모빌리티를 통해 차별적으로 생산되는 비경제적 편익으로서, 이동성이 더욱 중요해진 현대사회에서 경제적 자본축적과 계급 분화를 추동하는 주요 기제로서 제시되었다. 이는 초이동성의 현대 도시에서만 적용되는 것이 아니라 전근대적인 도시 인프라를 지녔던 개성

지역이 개성공업지구를 통해 새로운 권력관계와 사회관계를 구성해 나가는 과정을 살펴보는 데에도 유용성을 준다. 이는 향후 북한의 변화와 도시 발전을 전망하는 데에도 고려할 지점과 쟁점을 제시해 준다.

통근버스 모빌리티 사례를 통해 개성공업지구와 그 일대의 공간관계와 사회관계의 역동성이 새로운 모빌리티의 도입을 통해 변화하게 되었음을 확인할 수 있었다. 개성공업지구 초기에는 고려되지 않았던 노동자들의 이동은 기업의 생산성과 근로자들의 안전에 직결된 문제였으며, 개별적으로 운영되던 통근버스 시스템을 통합적으로 관리하여 하나의 모빌리티 시스템으로 만들어 감으로써 새로운 공간의 발생과 공간을 둘러싼 권력의 변동이 야기되었다.

특히 기업들의 요구에 시시각각 대응하였던 버스 배차 시스템은 남북 간의 유연한 거버넌스 형성에 지대한 영향을 미쳤다. 그동안의 개성공업지구 논의가 국가와 정부 중심의 의사 결정 구조에만 집중하였던 것과는 달리, '버스'와 같은 네트워크 자본을 효과적으로 활용하기 위해 남북한의 미시적 행위자들이 능동적이고 상황적으로 협력해 나가는 과정을 살펴봄으로써 남북경제협력의 숨은 가치들을 확인할 수 있었다고 사료된다.

이와 같은 연구의 중요성에도 불구하고 연구의 한계를 지적하자면 다음과 같다. 통근버스 관련 자료 수집 과정에서 남측 관계자들의 의견과 관련 자료 수집에는 큰 어려움이 없었으나, 실제 통근버스를 이용했던 북측 근로자들의 이야기를 담을 수 없었다는 점에서 북측 관점에서 본 모빌리티의 효과와 가능성에 대해 좀 더 구체적인 연구가 추후에 진행될 필요가 있다고 생각한다. 또한, 모빌리티의 변화로 인하여 남북 간의 관계 변화가 어떻게 역동적으로 이루어졌는지도 충분히 다루기 어려웠다. 예를 들어, 도로의 개통 및 버스 운영 제도의 거버넌스 작동 과정 등이 시기에 따라 변화하는 부분들이 존재하였는데, 이를 설명하는 데 있어 관련 자료의 제한적 접근 때문에 상세한 설명이 쉽지 않았다는 점을 들 수 있다.

이러한 사안들을 보완하고자 연구에서 다루지 않았던 내용으로 개성공업지구 내에서 운영하였던 '애기어머니차' 사례도 개성공업지구 특유의 모빌리티 자원으로 추후 연구를 진행 중이다. 개성공업지구에서는 여성근로자가 임신하게 되면 일반 통근버스에서 애기어머니차로 배차가 옮겨지게 되고 아이가 만 한 살이 될 때까지 해당차를 타고 출퇴근할 수 있도록 운영되었다. 일반 출퇴근 차들은 입식 시내버스 형태였지만, 애기어머니차는 좌석버스로 운영하여 임산부와 아기를 데리고 타는 어머니들의 안전을 도모하였다. 개성공업지구 근로자의 약 70퍼센트가 여성근로자였다는 것을 고려할 때, 임신·출산·육아와 관련한 모성보호를 통해 안정적인 생산 인원 확보와 생산성 향상을 도모하였다고 볼 수 있다. 관련 인터뷰와 자료들을 보완하여 모빌리티의 개선으로 인한 젠더 관계와 모성의 변화와 함의를 후속 연구에서 탐색할 예정이다.

끝으로, 모빌리티스 패러다임을 공간적으로 전유하는 것은 학제적 접근을 위해서도 지리학자들에게 절실히 요구되는 작업이다. 국내 지리학계에서 모빌리티스 패러다임에 대한 소개가 미진하고 이 개념을 활용하는 경험 연구가 거의 없는 이유[18]도 사회학에서 출발

---

18 모빌리티스 개념을 지리학에 소개한 선구적 연구자는 윤신희, 노시학, 이용균 등으

한 이 개념을 지리학적 연구에 활용하기가 어렵기 때문이다. 즉, 지리학적 접근과 연구에 맞게끔 이론을 전유하고, 지리학적 이론과의 호환 내지 접목이 가능한 지점을 찾아내는 작업이 필요하다. 이 연구가 이러한 시도의 시발점이 되기를 희망한다.

로 매우 제한되어 있으며, 그마저도 새로운 개념을 지리학에 소개하려는 목적이 대부분으로, 이론적 전유나 경험 연구에의 활용은 전혀 없는 상황이다.

참고문헌

강동완 · 박정란, 〈북한주민의 통일의식 조사 연구: 북한 주민 100명의 면접조사를 중심으로〉, 《통일정책연구》 23(2), 2014, 1~31쪽.

김병로 · 김병연 · 박명규 편, 《공간평화의 기획과 한반도형 통일 프로젝트: 개성공업지구》(서울대학교 통일평화연구원 통일학연구 21), 진인진, 2015.

김재영, 〈북한의 보험제도 동향과 최근 보험법의 개정〉, 《북한법 연구》 16(1), 2015, 347~375쪽.

김효진 · 진규남 · 박신원 · 심영종 · 이정민 · 정종석, 《남북개발협력 대비 북한 건설인프라 현황분석 기초연구》, LH토지주택연구원, 2016.

미미 셸러, 《모빌리티 정의: 왜 이동의 정치학인가?》, 최영석 옮김, 앨피, 2019. (Sheller, Mimi, 2018, *Mobility Justice*, Verso, London)

박배균, 〈동아시아에서 국가의 영토성과 예외공간: 동아시아 특구의 보편성과 특수성〉, 박배균 · 이승욱 · 조성찬 편, 《특구: 국가의 영토성과 동아시아의 예외공간》, 알트, 2017.

박배균 · 백일순, 〈한반도 접경지역에서 나타나는 '안보-경제 연계'와 영토화와 탈영토화의 지정-지경학〉, 《대한지리학회지》 54(2), 2019, 199~228쪽.

백일순, 〈접촉지대로서 개성공업지구의 공간적 특성 분석〉, 《문화역사지리》 31(2), 2019, 76~93쪽.

_____, 〈개성공업지구 연구의 동향과 포스트영토주의 관점의 접목 가능성〉, 《공간과사회》 30(1), 2020, 322~355쪽.

윤신희, 〈모빌리티스 주요구성요인의 타당성 검증〉, 《대한지리학회지》 53(2), 2018, 209~228쪽.

윤신희 · 노시학, 〈새로운 모빌리티스(New Mobilities) 개념에 관한 이론적 고찰〉, 《국토지리학회지》 49(4), 2015, 491~503쪽.

이금순, 〈북한주민의 거주 · 이동 : 실태 및 변화전망〉, 《통일연구원 연구총서》 7(19), 2007.

이상용, 〈북한의 교통체계 실태: 대중교통발달로 읽는 북한의 사회변화〉, 《北韓》 573, 2019, 70~75쪽.

이승욱, 〈개성공단의 지정학: 예외공간, 보편공간 또는 인질공간?〉, 《공간과 사회》 56(2), 2016, 132~164쪽.

이용균, 〈모빌리티의 구성과 실천에 대한 지리학적 탐색〉, 《한국도시지리학회지》 18(3), 2015, 147~159쪽.

존 어리, 《모빌리티》, 강현수 · 이희상 옮김, 2014, 아카넷. (Urry, John, 2007, *Mobilities*, Polity Press, Cambridge)

존 어리, 《모빌리티》, 이희상 옮김, 2016, 커뮤니케이션북스.

지그문트 바우만, 《액체근대》, 이일수 옮김, 2009, 강. (Bauman, Zygmunt, 2000, *Liquid Modernity*, Polity Press, London)

삼정KPMG 대북비즈니스지원센터, 《북한비즈니스진출전략》, 두앤북, 2018.

정현주, 〈공간적 프로젝트로서 통일: 개성공단을 통해 본 통일시대 영토성에 대한 관계적 이해〉, 《한국도시지리학회지》 21(1), 2018, 1~17쪽.

지상현 · 이승욱 · 박배균, 〈한반도 경계와 접경지역에 대한 포스트 영토주의 접근의 함의〉, 《공간과 사회》 29(1), 2019, 206~234쪽.

피터 애디, 《모빌리티 이론》, 최일만 옮김, 앨피, 2019. (Peter Adey, 2017, *Mobility*, 2e, Routledge, London).

통일부, 《개성공단백서》, 2017.

한국토지공사, 《개성공단개발사》, 2009.

함영삼, 〈남북철도 연결의 미래 전망〉, 한국정밀공학회 춘계학술대회 발표자료, 2019.

현대아산, 《개성공업지구 개발총계획》, 2005.

Cresswell, T, 2006, *On the move: Mobility in the modern western world*, Taylor & Francis.

Cresswell, T. and Merriman, P., 2011, "Introduction: Geographies of Mobilities- Practices, Spaces, Subjects", in Cresswell, T. and Merriman, P. (eds.), *Geographies of Mobilities-Practices, Spaces, Subjects*, Ashgate. Fanham and Burlington.

Doucette, J. and Lee, S. O., 2015, "Experimental territoriality: Assembling the Kaesong industrial complex in North Korea", *Political Geography* 47, pp.

53-63.

Gregory, D., 2006, "The black flag: Guantánamo Bay and the space of exception", *Geografiska Annaler: Series B, Human Geography* 88(4), pp. 405-442.

Jessop, B., 2016, "Territory, politics, governance and multispatial metagovernance", *Territory, Politics, Governance* 4(1), pp. 8-32.

Minca, C., 2017, Space of exception, in Richardson, D., *International Encyclopedia of Geography: People, the Earth, Environment and Technology*, John Wiley & Sons, Chichester, UK and Hoboken, NJ.

Moisio, S. and Passi, A., 2013, "Beyond state-centricity: geopolitics of changing state spaces", *Geplolitics* 18(2), pp. 255-266.

Passi, A., and Prokkola, E. K., 2008, "Territorial dynamics, cross-border work and everyday life in the Finnish-Swedish border area", *Space and Polity* 12(1), pp. 13-29.

Purifoye, G. Y., 2020, "Transit boundaries: race and the paradox of immobility within mobile systems", *Mobilities* 15(4), pp. 480-499.

Rumford, C., 2007, "Introduction: Citizens and Borderwork in Europe", *Space and Polity* 12(1), pp. 1-12.

Shewly, H. J., Nencel, L., Bal, E. and Sinha-Kerkhoff, K., 2020, "Invisible mobilities: stigma, immobilities, and female sex workers' mundane socio-legal negotiations of Dhaka's urban space", *Mobilities* 15(4), pp. 500-513.

Sheller, M. and Urry, J., 2006, "The new mobility paradigm", *Environment and Planning A* 38, pp. 207-226.

Uteng, T. and Cresswell, T. (eds.), 2008, *Gendered Mobilities*, Ashgate, Hampshire, England and Burlington, VT.

개성공업지구지원재단, 통근버스 사진 자료 및 관련 통계자료. (https://www.kidmac.or.kr/index.jsessionid=8BFA23BF42B293FECE676601A3DD5336)(검색일: 2020년 8월 28일)

코트라(KOTRA), 〈북한정보뉴스: 북한 휴대폰 산업 발전 현황〉, 2018월 1월 14일 기사. (https://news.kotra.or.kr/user/globalBbs/kotranews/786/globalBbsDataView.do?setIdx=247&dataIdx=164208)(검색일 : 2020년 9월 7일)

한반도 평화와 개성공단의 미래

2021년 5월 31일 초판 1쇄 발행

지은이 | 백일순 · 정유석 · 박은주 · 홍승표 · 정현주 · 박소영
펴낸이 | 노경인 · 김주영

펴낸곳 | 도서출판 앨피
출판등록 | 2004년 11월 23일 제2011-000087호
주소 | 우)07275 서울시 영등포구 영등포로 5길 19(37-1 동아프라임밸리) 1202-1호
전화 | 02-336-2776 팩스 | 0505-115-0525
전자우편 | lpbook12@naver.com

ISBN 979-11-90901-35-2